A la

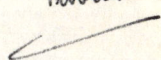

# L'Empire du silence

Du même auteur
Principaux ouvrages


AUX ÉDITIONS DU ROCHER
*Le Pavillon des affreux*
*Rue des Rosiers*
*On a retrouvé David*
*La vie commence à Marrakech*

AUX ÉDTIONS JEAN-CLAUDE LATTÈS
*Le Lama bleu* (prix Wizo)
*Le Septième Ciel*
*Marches et Rêves*
*Hôtel Sahara*
*Le Voleur de hasards*
*Le Dieu des papillons*

AUX ÉDITIONS ROBERT LAFFONT
*Le Têtard*
*Les Transsibériennes*
*Rue des Mamours*
*La Baleine blanche*
*Fou de la marche*

AUX ÉDITIONS JULLIARD
*Le Rat d'Amérique*
*Les Passagers du* Sidi Brahim

AUX ÉDITIONS DENOËL
*Qui vive !*
*Mémoires d'un amnésique*

AUX ÉDITIONS PLON
*La Horde d'or*
*Le Chant du voyage*
*N'oublie jamais qui nous sommes*
*Imagine la Terre promise*

AUX ÉDTIIONS RAMSAY
*Le Raja*
*Le Fils de l'Himalaya*

# Jacques Lanzman

# L'Empire du silence

*roman*

ÉDITIONS DU
ROCHER ▷

*À Edmond*
*À Yonathan*

# Chapitre 1

*Le désert ne se visite pas. Il se vit. Pour les uns, il raconte des
fables de sable. Pour les autres, il est muet, silencieux,
indifférent aux états d'âme. Pour les uns, il est l'âme. Il est le
retour aux sources et source d'inspiration. Il est littérateur et
poète, inventeur de chimères, pourvoyeur de légendes. Pour les
uns, le désert est comme une seconde naissance. Il les accouche.
Pour les autres, le désert n'est qu'un vaste cimetière.
Il les enterre.
Pour les uns encore, il représente la pureté, l'absolu.
Pour les autres, il est souffrance, péché, enfer.
À vrai dire, le désert est un exceptionnel révélateur
du caractère humain.*

On avait enfin prononcé le nom. Il s'agissait de Garame, l'oasis oubliée.

Victor Barski s'y terrait sans doute.

Garame, c'était la patrie des Garamantes, un peuple disparu dont on ne savait pas grand-chose. Pas assez guerrier. Pas assez dominateur pour marquer l'histoire de ses conquêtes. Seuls les massacreurs figurent dans le grand livre de la vie. Les pacifistes, les respectueux ne laissent de traces qu'à travers les effroyables exploits de ceux qui les ont persécutés.

De Garame et des Garamantes, on ne disposait que d'une légende orale, laquelle se mourait en même temps que les derniers vagabonds du désert. Ils prétendaient descendre de sang et d'esprit des Garamantes.

S'étant lui-même largement inspiré de cette légende, Barski en avait tiré un ouvrage à succès paru dans les années soixante.

Moins complaisante que les lecteurs, la critique y avait vu une fable politico-philosophique, mais elle s'était néanmoins gardée de descendre le jeune explorateur au visage déjà buriné. Ne revenait-il pas d'un long séjour éprouvant dans les ruines de Garame ? Il avait été porté disparu, puis donné comme mort.

Sur cette période, Barski restait fort discret.

Après *L'Empire du silence*, rien ni personne n'était venu rappeler l'existence des Garamantes au beau souvenir

13

des lecteurs et du public. Pas même la moindre communication sommaire adressée à la Société d'anthropologie. À vrai dire, les anthropologues du musée de l'Homme comme ceux du CNRS ne prenaient pas au sérieux la découverte de cette tribu, dont le chef spirituel professait l'athéisme à une époque où l'islam prenait peu à peu possession du désert. Difficile à croire ! La thèse de Barski semblait d'autant plus fantaisiste que son auteur se gardait bien de situer Garame en un point donné du gigantesque espace saharien. Malin ou prudent, il jouait sur le mystère et laissait à chacun le soin d'imaginer le décor.

L'oasis se trouvait-elle en Mauritanie, dans les ergs de Ghallamane ? Au Mali, vers l'Adrar des Iforas ? En Algérie, du côté de Tanezrouft ? Au Maroc, sous les sables de Merzouga ? Au Tchad, vers Djourab ? Au Niger, sur le plateau du Djado ?

Garame était-elle cachée parmi les châteaux de grès des Tassili du Hoggar ou enfouie sous les dunes du Ténéré ?


Claire Dumas jeta un œil affolé à la carte du Sahara qu'elle avait étalée sur la table de conférence. Elle débordait de tous les côtés.

Comment situer la mystérieuse cité des Garamantes dans ce vaste labyrinthe de papier glacé, bien plus difficile à plier qu'à déplier ?

Huit millions de kilomètres carrés s'étendaient là, dans le bureau de l'éditeur André d'Armentières. C'était grand comme sept fois la France mise bout à bout sept fois de suite. Énorme et fascinant !

*Ainsi va le Sahara, masse de dunes capricieuses et de plateaux écorchés vifs. Massifs fantomatiques creusés de cañons et de rides profondes comme des saignées. Horizons infinis laqués d'ocre jaune immaculé où se perdent les pas aussitôt recouverts, aussitôt oubliés. Regs couleur d'ombre à la caillasse tranchante. Ergs lissés ou tourmentés, quelquefois majestueux, imprenables. Quelquefois moutonnants, filant doux, ou bien battus au vent. Crissements du sable emporté. Effilochage des crêtes. Soubresauts des dunes soudain décoiffées. Plaintes lugubres ou refrains d'allégresse. Le chant des dunes, c'est une histoire d'amour entre la dune et celui qui la foule : sensuelle, elle le captive. Furieuse, elle en fait son captif.*

*Le marcheur des sables est à l'écoute. Il entend la voix des dunes. C'est tantôt une mélodie douce, une rythmique de soupirs. Tantôt des envolées symphoniques. Chant d'amour ou chant d'humeur ? La réponse est en nous, au plus près du cœur et de la solitude. Il faut le savoir, le désert charrie autant de vague à l'âme que de poussière de sable.*

Claire Dumas avait souligné ce passage au crayon rouge. Tout à coup, au détour d'un texte plutôt technique, ces lignes lui avaient paru sensibles.

Elle ne connaissait presque rien de Victor Barski. Comme tout le monde, étant étudiante, elle avait lu des papiers, des articles, des interviews, vu des photos et des reportages télé qui flattaient l'aventurier.

C'était de l'histoire ancienne. Plus rien depuis une dizaine d'années. On le disait déprimé, malade.

Boudé par la critique, délaissé par ses lecteurs, on le voyait parfois dîner seul chez Lipp. À cinquante ans, il avait une gueule à la Kessel, le regard sombre de Romain

Gary, un air suffisant où se lisait un certain mépris envers ceux qui l'observaient d'un air contrit.

Le type était fier, pas du tout au bout de ses forces. Il était encore capable de rugir et de frapper quelques grands coups dans cette fourmilière parisienne si prompte à vous enterrer parce que passé de mode ou bien trop âgé.

Curieusement, Barski avait frappé là où on ne l'attendait pas. Ni tapage, ni conférence de presse. Il s'était purement et simplement évanoui dans la nature. Et pas n'importe laquelle bien sûr, car la nature de Barski, selon toute vraisemblance, ne pouvait être que désertique.


Trente-trois ans, auteur d'un essai remarqué sur Alexandra David-Neel, Claire Dumas se demandait pourquoi son éditeur l'avait choisie elle, une débutante, pour mener la traque. Certes, elle ne déplaisait pas à d'Armentières. Autrefois, il s'était fait pressant.

L'expédiait-il au Sahara par dépit ? C'était possible.

En vérité, Claire Dumas terminait une aventure de vacances avec un jeune homme aussi fou que son âge : le fils de sa meilleure amie. Il en avait fait le siège jusqu'à ce qu'elle se rende. Cinéphile, le gamin l'avait traînée de salles obscures en salles obscures. Il lui tenait la main dans l'obscurité et compressait ses doits. Des lèvres, il effleurait l'envers du poignet, là où la peau est de soie.

Elle était gênée, ça ne l'amusait pas. Les mômes, ça ne lui disait rien. Elle avait un faible pour les hommes achevés. Comme beaucoup de petites bourgeoises bien élevées, elle était attirée par les beaux mecs un peu métèques. C'était son parfum d'interdit. Ça tenait à son éducation un peu trop stricte. On devait s'en dégager pour éviter d'attraper la rage. Alors, on s'imprégnait de la différence.

À la fin du week-end, Claire avait fini par céder. C'était juste pour faire plaisir, juste pour voir comment un môme de quinze ans allait se débrouiller avec un corps de femme adulte. Il n'y avait pas été par quatre chemins. Fini les doigts entrecroisés et les baisers peau douce derrière le poignet. Il s'était mis d'emblée à la chevaucher, à croire que cinéphile, il n'avait pas encore vu de films porno.

Il était venu en elle presque immédiatement, sans soupirer, sans crier. Et puis il avait recommencé aussitôt, mécaniquement.

Ça la changeait des hommes mûrs. Eux, ils reprenaient leur respiration. Ils espéraient du renfort. Parfois, c'était long ou bien vain. Elle appelait ça l'entracte de l'acte. Elle n'était pas sûre de voir la suite, mais ça lui plaisait d'attendre. C'était un instant fumoir, un moment balcon, où les deux acteurs recomposaient leur programme.

Claire se disait que d'Armentières n'était pas si mal que ça, leur liaison avait fait long feu. Ils étaient restés amis-amants. Elle avait un faible pour les hommes romanesques.

Barski, qu'elle s'apprêtait à pister à travers l'immensité saharienne, la séduisait déjà. De ce coureur de déserts, elle ne possédait que quelques clichés, pris à la sauvette en 1994 par un reporter-photographe retrouvé mort en Algérie dans son 4 x 4.

L'affaire avait alimenté la rubrique des faits divers. Vraisemblablement, Claudio Romeo était tombé par hasard sur l'ethnologue. Il avait volé son image au téléobjectif. On suppose que Barski ne s'en était pas rendu compte.

En y regardant de plus près, on distinguait la crinière blanche du vieux lion coiffée en natte. Bien tressée, celle-ci tombait, à l'indienne, le long du torse couleur cuivre. La peau était tannée, parcheminée.

L'enquête menée par la gendarmerie algérienne confirma les dires de l'agence Cripta pour laquelle Claudio Romeo travaillait en *free lance*. Il revenait du Zimbabwe à travers l'Afrique, porteur d'un sujet sur les fermiers blancs chassés de leurs domaines par leur propre personnel. Ça n'indiquait ni pourquoi ni par qui il avait été assassiné au quarante-quatrième jour de son harassant voyage de retour. Ça n'apprenait absolument rien de la situation géographique de Garame. Tout ce que l'on pouvait en déduire, c'est que le chemin du photographe avait croisé celui de l'ethnologue. Pour le reste, on s'en doutait, l'oasis mythique se trouvait bien quelque part entre l'Afrique du Sud et l'Afrique du Nord, à savoir dans l'une des cinq parties du monde dont la surface, 30310000 km$^2$, donne le vertige.

Plus précisément, et si l'on retranche les 1221000 km$^2$ occupés par l'Afrique du Sud, pays où le reporter-photographe n'avait pas mis les pieds, Garame, la cité perdue, se situerait éventuellement parmi une étendue de 29090000 km$^2$. Restait maintenant à la repérer. On pouvait abandonner l'Afrique noire et s'en tenir aux zones sahariennes. Cela donnait tout de même un sacré territoire à parcourir.

Claire se disait qu'il était plus facile d'écrire sur Alexandra David-Neel que sur Barski. Pour Alexandra, elle avait largement pioché dans les biographies, une bonne cinquantaine d'ouvrages auxquels il faut ajouter les écrits et la correspondance de l'aventurière : des milliers de pages. Cela faisait baisser la vue et monter la tension.

Claire n'avait pas eu besoin de quitter son deux pièces de la rue Bonaparte. Elle avait parcouru les austères provinces tibétaines et les royaumes himalayens par un phénomène de mimétisme qu'encourageait d'ailleurs d'Armentières. Il faisait coup double. D'une part, il économisait. D'une autre, il gardait son auteur sous la main. Cette fois, avec l'explorateur, Claire Dumas n'avait pas grand-chose à se mettre sous les yeux. Au propre comme au figuré, on avait l'impression d'avancer dans le désert. C'était même à se demander par quels sortilèges il entretenait sa célébrité. Rien de bien solide. Beaucoup de charme et de bluff. En dehors de *L'Empire du silence*, un récit foisonnant, on avait affaire à une œuvre inclassable. Barski écrivait comme il marchait : à l'épuisement, à l'étoile, parfois la bonne. Parfois la moins bonne. Tantôt en forme, tantôt en déforme. Qu'importe, il avançait et construisait malgré tout une œuvre dans laquelle la recherche identitaire prenait le pas sur l'aventure proprement dite.

Le plus intéressant chez Barski, c'était justement la façon qu'il avait de se débusquer lui-même à travers l'histoire des tribus et des peuples rares qu'il fréquentait. Il y avait là une démarche touchante qui intéressait Claire. Elle était elle-même en quête de ses racines : un mystère familial toujours pas élucidé.

On ne savait pas grand-chose de la vie privée de Victor Barski. Jusqu'alors, personne ne s'était vraiment penché sur la période française de l'explorateur. Le quotidien, l'ordinaire du bonhomme n'avaient jamais fait la une des magazines. On réservait les pages pour le sensationnel. Mais qu'en était-il exactement de ses exploits ? C'est Barski et Barski seul qui fournissait les photographies et les documents se rapportant aux expéditions lointaines qu'il organisait.

Voyageur solitaire, Barski s'entourait de guides et de porteurs indigènes recrutés sur le terrain. C'étaient des témoins muets et inquestionnables, des gens pas toujours fiables, pirates des sables, bandits de grandes randonnées engagés pour la circonstance.

Barski les décrivait avec autant de tendresse que de rudesse, à croire qu'il prisait particulièrement leur compagnie. La narration qu'il en donnait, les portraits qu'il campait, apportaient du piment aux récits. Il excellait dans les histoires de traîtrise comme dans celles qui exaltaient l'honneur et la fidélité.

Avec Barski, on n'était sûr de rien. Difficile de savoir quelle était la part de vérité. Quelle était celle de l'exagération. Barski transcendait. Il prolongeait les situations et les améliorait, les saupoudrant au choix de mystère et d'action. Avec Kessel et Conrad, il avait été à bonne école.

Barski n'avait peut-être pas le style de l'auteur des *Cavaliers*, néanmoins, ses récits se lisaient d'une traite. Ni lourdeur, ni longueurs. Il allait à l'essentiel tout en égarant volontiers le lecteur sur des pistes qui se terminaient quelquefois en cul-de-sac.

Claire Dumas cernait peu à peu Barski. Avec ce genre d'aventurier, on ne pouvait dissocier l'œuvre de l'homme. Ses écrits lui collaient à la peau. Parler d'une œuvre, c'était peut-être beaucoup dire. N'empêche, dans ses livres à succès comme dans ses ratages, le romancier Victor Barski se plaisait à mettre en scène l'acteur Victor Barski. Il centrait ses ouvrages sur lui-même. Ainsi, on accédait aux choses et aux événements à travers sa propre expérience.

Claire n'y voyait pas de mégalomanie. Il s'agissait plutôt d'un style, d'une technique propice aux récits de voyages et d'épopées. Comment pourrait-on se gommer quand on est le héros d'une histoire qui se déroule au fil de l'existence ? Et pourquoi s'effacerait-on ?

Claire appréciait l'écriture de Barski. Elle lui reprochait cependant un manque de tripes. Elle trouvait sa plume un peu trop caressante. Il y avait un décalage entre l'action et la manière de raconter. Quelquefois, c'était dit avec préciosité. Ça faisait XIX<sup>e</sup> siècle, à croire que Barski se cachait aussi derrière la pudeur, tout comme il se cachait au milieu du désert.

Claire aurait aimé une griffe plus couillue. Le type en possédait, c'est sûr. On n'enchaîne pas semblables exploits, pareilles traversées, sans en avoir dans le pantalon. L'image plaisait à Claire. Elle sourit. Elle se disait qu'un jour ou l'autre, elle aurait certainement l'opportunité de s'en rendre compte. Ça la changerait du gamin.

\*

Installée au volant, voiture à l'arrêt, Claire Dumas alluma le miroir de courtoisie. Elle releva sa longue chevelure de boucles brunes qui masquait une partie des joues. Elle montra ses oreilles de louve : deux petites merveilles sans lobes dessinées à la perfection.

Le portable tenu près de la bouche soulignait la gourmandise des lèvres.

Claire écoutait en se regardant. La conversation était ennuyeuse. Soudain, la métamorphose. Les grands yeux sombres s'éclairèrent d'une lueur malicieuse. Puis, quand vint le sourire, tout le visage profita de l'émerveillement.

Il n'y avait rien eu de spécialement drôle. C'était juste une satisfaction. Ne venait-elle pas d'obtenir la permission de visiter la maison de Victor Barski ? Il n'y vivait plus depuis une douzaine d'années. La demeure, paraît-il, était restée en l'état.

Claire marquait son contentement. Voir l'endroit où vécut Barski, c'était un bon début pour la biographie. Elle se jeta un dernier coup d'œil et se trouva belle. Elle était fière de son teint. Sous la peau mate, comme satinée, coulaient quelques gouttes de sang maori. C'était le cadeau d'un arrière-grand-père néo-zélandais. En elle, il y avait le sang, bien sûr, mais encore le maintien, cette allure que toutes les filles des îles reçoivent comme un don, à la naissance.

Barski n'avait pas choisi la Touraine. Plus naturellement, il avait été choisi par la maison. Le coup de foudre. Quelque chose d'instinctif et d'irréfléchi. Peu importait la Touraine. Il se fichait de la région. En Normandie, en Auvergne, dans les Causses, il aurait agi de même. La maison s'était imposée en bloc. Il avait été happé par elle.

Au premier contact, subjugué, il s'arrangea pour y passer la nuit. L'agent immobilier lui laissa les clefs. C'était inhabituel. Il connaissait l'explorateur : un fantasque, un artiste.

Dans la nuit, Barski s'était déplacé d'une pièce à l'autre, comme il le faisait au désert, le long de la dune qui l'abritait pour un soir.

Il écoutait la maison respirer. Elle avait un souffle singulier, entrecoupé d'une légère arythmie. On aurait dit que les murs s'apprêtaient à parler.

Barski se disait qu'elle était, comme lui-même, sous le coup de l'émotion. On ne passe pas, comme cela, d'un propriétaire à un autre, sans montrer ses sentiments. Il y avait sans doute une affinité, une correspondance instinctive entre l'explorateur et cette demeure du XIII\* siècle.

Il raisonnait en ethnologue habitué à interpréter les signes, les brouilles et les silences se rapportant aux rituels animistes. En effet, de cette demeure émergeaient d'étranges chuintements, toute une gamme de bruissements qui n'étaient pas sans rappeler le chant des dunes, voire le chuchotement des Touaregs lorsqu'ils conversent avec les étoiles.

La Clio bordeaux traversa Beaulieu-lès-Loches. Austère, la ville s'étendait le long de la route. «Un serpent de pierres», pensa Claire. Elle n'aurait pas aimé vivre dans ces murs. C'était triste et froid, figé dans le temps et saccagé au XIX\* par le mauvais goût de l'époque. On avait construit n'importe quoi et n'importe comment au milieu du médiéval, s'employant à défigurer et à rétrécir tout ce qui était authentique et présentait quelque allure.

La zone pavillonnaire qui prolongeait la ville paraissait plus gaie. Au moins, le parpaing nouveau s'harmonisait avec le parpaing plus ancien, de même que les façades peintes en blanc cassé formaient un ensemble cohérent.

Une fois Beaulieu dépassée, la campagne reprenait ses droits. Oh, rien d'époustouflant: des terrains de maraîchers sans cesse traités et maltraités. Des semis recouverts de plastique blanc qui faisaient penser à des plaques de neige. Des champs en jachère. Des chaumes, des tournesols, un petit bois sur la droite. Une ferme sur la gauche.

23

Claire poussa un peu plus loin et s'arrêta. Elle chaussa ses lunettes et consulta ses notes. Ça correspondait. Elle repéra l'allée bordée de noyers.

À demi caché par la frondaison, le manoir du XIII<sup>e</sup> siècle, tapi tout au fond, semblait dormir.

Elle se remit en route et avança dans l'allée. Le gravier crissait sous les pneus.

La bâtisse en imposait. Une tour appuyée sur ses contreforts paraissait fière de ses fenêtres à meneaux.

Dans le prolongement de la tour, un bâtiment tout en longueur flanqué d'une porte monumentale contrariait un peu le style de l'époque. Manifestement, on avait rajouté cette aile au XVI<sup>e</sup> siècle. Une vigne vierge touffue, qui devait dater des croisés, masquait l'épaisse façade en pierre de tuffeau.

Claire gara sa voiture auprès d'un vieux 4 x 4 couleur sable. Il était couvert de blessures. On y voyait même des traces de balles et des inscriptions en arabe. À moins que ce ne fût du tamajeq ou du berbère. Claire avait beau s'intéresser depuis peu aux idiomes du désert, elle n'était pas encore en mesure de les déchiffrer.

Le parc – mais pouvait-on encore parler de parc? – allait à vau-l'eau. Hormis les deux cèdres qui avaient défié les vents et les siècles, la plupart des arbres, chênes et charmes, gisaient couchés à l'endroit même où la tempête les avait déracinés. Pour le reste, ce n'étaient qu'herbes folles et massifs en friche, minés par les taupes.

Claire ne semblait guère déroutée. Elle s'attendait à pire. Dans l'ensemble, la propriété faisait terrain vague, mais elle valait encore le coup d'œil. Et puis, il y avait l'ambiance, un climat pesant propice aux frissons.

Elle descendit de voiture en tenant son appareil photo numérique. Elle s'apprêtait à cadrer la porte d'entrée surmontée d'un cadran solaire taillé à même le fronton, quand une silhouette hirsute se présenta dans l'encadrement.

L'homme cacha son visage dans ses mains et s'écria :

– S'il vous plaît, pas de photos. On n'est pas chez les singes, ici.

Claire eut un choc. Le bonhomme ressemblait à Victor Barski. C'était à s'y méprendre.

Il fourragea dans sa tignasse et ajouta, de mauvaise humeur :

– Vous ne m'aviez pas dit que vous étiez photographe.

– Je ne suis pas photographe. Cet appareil me sert d'aide-mémoire. C'est tout.

– Je m'en fous. Rangez-le ou je ne vous laisse pas entrer.

Claire déposa l'appareil dans la voiture et demanda :

– Vous êtes le frère de Victor Barski ?

Il s'écria :

– Pas du tout, je suis le gardien ! Monsieur Barski n'a pas de frère.

Elle en doutait. Le type mentait certainement. Elle pensa : et si c'était Barski lui-même ? Barski en personne. Barski en Touraine, alors que tout le monde le croit dans le Sahara.

Elle dit :

– Je n'ai jamais vu Victor Barski autrement qu'en photo, mais vraiment, vous êtes son sosie.

Il eut un petit sourire, un air dissimulateur et dit :

– Sosie, c'est beaucoup dire. On se ressemble, c'est vrai. Mais ça s'arrête là. Lui, il est authentique. Moi, je suis un faux, je le copie, j'agis par mimétisme.

– Ça dure depuis longtemps ?

– Ça remonte à notre première expédition. À l'époque, je l'admirais.

– Vous ne l'admirez plus ?

— Non, je le hais. Regardez plutôt ce qu'il a fait de moi ! Un double crasseux, tout juste bon à garder une propriété dans laquelle il ne reviendra jamais.

Il parlait d'une voix rauque, en aboyant. On aurait dit un vieux loup blessé.

Il traînait la patte. Il se montait la tête.

Intriguée, elle demanda :

— Il vous paie, au moins ?

— Lui ! Mais comment pourrait-il me payer ? Avec des mandats ? Vous croyez peut-être qu'il y a une poste à Garame ?

— Il ne vous a rien laissé avant de partir ?

— Bien sûr que si. J'ai tenu le coup quelques mois. La seule chose qui me restait, c'était d'être son gardien. Alors je me suis raccroché à cette idée. J'étais et je suis toujours le gardien de Victor Barski. Un point c'est tout.

— Et vous gardez quoi ?

— Je garde le vide.

— Vous voulez dire qu'il n'y a plus rien à l'intérieur de la maison ?

— Plus grand-chose, en effet. Du temps de Victor, on se serait cru dans un musée, tellement les objets et les curiosités foisonnaient. Maintenant, on se croirait dans un vestiaire inoccupé. Il reste les socles, les crochets, les patères.

Il fut pris d'une quinte de toux et confia :

— Je n'ai jamais touché aux grosses pièces, mais les voleurs ne s'en sont pas privés. Et, croyez-moi, c'étaient pas des Gitans, pas des amateurs. Ils étaient parfaitement informés de ce qu'ils trouveraient à l'intérieur.

Il soupira bruyamment et lança :

— Vous ne me croirez pas, mais ça m'a fait mal. Il n'y a rien de pire pour un gardien que de se faire blouser comme cela en plein sommeil.

Elle dit :

— Vous aviez peut-être bu un peu trop ?

Il la contredit sèchement :

— Je ne bois que de l'eau, mademoiselle. Et pas n'importe laquelle : l'eau de pluie ! De toute façon, je n'ai pas les moyens de me payer un grand Chinon. Voyez-vous, Barski a disparu depuis si longtemps. Et depuis, je ne mange plus à ma faim. Enfin, disons que si je ne vendais pas quelques curiosités pour vivoter, je serais déjà mort et enterré.

Il toussa à s'en arracher les poumons et dit :

— Vous désirez peut-être entrer ? Il y a encore deux ou trois bricoles à prendre.

Il s'effaça et la laissa passer devant lui. Un portrait de Barski, perroquet sur l'épaule, trônait dans le vestibule. On ne voyait que lui.

Elle dit :

— Entre l'explorateur et vous, la ressemblance est troublante.

Il la regarda d'un air provocateur et proposa :

— Si je vous dis la vérité, me débarrasserez-vous de cette peinture ?

Elle marqua la surprise et s'approcha du portrait en pied.

— C'est quoi, votre vérité ?

— Je vous donne d'abord le prix : mille euros. Ça vous va ?

— Comment je la transporte ?

— Bien roulée, elle entre dans votre voiture. À mon avis, vous faites une bonne affaire.

Il n'attendit pas et décrocha la toile. C'était un grand format, un mètre quatre-vingt sur un mètre vingt. Il fit sauter les punaises qui fixaient la toile au châssis et commença à la rouler.

Il dit :

– Puisque vous êtes à la recherche de Victor Barski, cette peinture vous mènera peut-être à lui.

Elle écoutait, perplexe.

Il continua :

– Si vous croyez aux signes, aux indices, eh bien, ce tableau vous aidera. Elle dit :

– Vous me faites marcher ou quoi ?

Il simula l'indignation :

– Que Dieu ait mon âme !

Il rectifia aussitôt :

– J'invoque Dieu, mais je ne crois pas en lui. Je partage d'ailleurs le point de vue de Victor. Dieu, c'est le mal absolu.

Jugeant qu'il choquait peut-être sa visiteuse, il s'expliqua :

– Les Garamantes, eux non plus, ne croyaient pas en Dieu. C'était un peuple libre à la pensée libre. Ils croyaient en eux-mêmes, en leur corps, en leur âme, en leur originalité. Ils aimaient cette idée et la professaient. Évidemment, dans ces temps lointains, ils vivaient en autarcie, un peu comme je le fais moi-même ici. On peut être roi à bon compte, il suffit de fermer les yeux. Vous verrez, dans cette baraque, rien ne va plus. Tout est bouché : les lavabos, les toilettes, les cheminées. Tout est cassé : les carreaux, la pompe à eau, le chauffage. Tout est coupé : l'électricité, le gaz, le crédit. Plus rien ne fonctionne, et c'est pareil avec le monde. Aujourd'hui, il n'y a que Dieu qui marche. Il marche même sur l'eau. Bien entendu, ceux qui s'occupent de Dieu ont de quoi entretenir le mythe. Le pognon coule à flots. Et puis, il y a les ors, les pompes, le cérémonial. Avec ça, Dieu est sur toutes les lèvres. Il est évoqué et invoqué à tout bout de champ. Qu'il soit Allah ou Jésus, l'Éternel ou Jéhovah, gourou ou Bouddha, il fascine les masses. Il inspire le sacrifice. Il fabrique des kamikazes.

Il s'interrompit et demanda :

— Je vous ennuie avec ma marotte ?

Il ne l'ennuyait pas. Elle trouvait même du vrai dans ses propos. Décidément, il parlait comme Barski. Peut-être tenait-il le rôle du perroquet. Était-ce cela l'énigme du tableau ?

Elle demanda :

— À quel ordre j'établis le chèque, s'il vous plaît ?

Il ménagea le suspense et lâcha :

— Mettez Serge Barski.

Elle le regarda, consternée.

Il ajouta :

— Vous aviez en partie raison, je suis le frère cadet. On se ressemble, mais là s'arrête la comparaison. Il est célèbre, je suis inconnu. Il est brillant, je suis terne. Il court les déserts, je tourne en rond dans sa maison. Victor fréquente des peuples rares, moi, je vis avec les fantômes qu'il a ramenés de ses voyages.

Il grommela :

— Ce n'est pas toujours bon d'être frères. Quand l'un réussit sa vie, l'autre la rate.

Elle le trouvait touchant :

— Il me semble que vous vous dépréciez. Il faut vous reprendre. La déprime, ça se soigne !

Vexé, il répliqua :

— Ça se soigne avec l'amour, avec l'amitié. Ce sont des sentiments que l'on ne rencontre pas ici. Voyez-vous, ici, les cœurs ne battent pas, ils cognent. La solitude, c'est bon pour Victor. Il en joue, moi, j'en crève.

Il s'écarta et fit entrer Claire dans la pièce principale. C'était une vaste salle en croisées d'ogives. Il lui fit remarquer les clefs de voûtes. L'une représentait le Christ. Il était assis, les mains tendues devant lui. Le geste bouddhiste du non-refus. L'autre était plus difficile à reconnaître. Au bout d'un moment, tandis qu'elle cherchait à la discerner, il dit :

— Le temps a fait des siennes. Il s'agit de l'agneau mystique. Regardez bien, il est transpercé d'une flèche.

Claire écoutait. Au fond d'elle-même, elle se foutait de la flèche comme de l'agneau. Elle était prise par l'ambiance de cette salle médiévale. Elle était bien plus intéressée par les armes, de toute provenance, de toute époque, qui ornaient encore les murs. Certes, à en juger par les pitons et les crochets qui n'attachaient plus rien, il en manquait pas mal.

Aux poignards tibétains, aux couteaux kampas ou de l'Amdo, aux kukriss du Népal, aux jumbia du Yémen et d'Afghanistan, aux coupe-choux tonkinois, aux cimeterres turcomans, aux épées de Tolède, aux sabres chypriotes, se mêlaient des criss malais et javanais, des piques et des hallebardes japonaises, des barbaries coréennes, des casse-tête chinois, des arbalètes mongoles.

Il y avait aussi une corne de narval posée sur son socle de bois noir. C'était une sorte de lance en ivoire, torsadée par l'océan. Narval ou licorne ? Claire n'osa pas demander. Elle pensa à la dame, à la tapisserie. Elle ne pouvait pas imaginer quel genre de poisson était affublé d'une semblable défense. Existait-il vraiment ou relevait-il, telle la licorne, de l'affabulation mythologique ?

Jetés un peu n'importe comment, pour meubler les vides, on voyait, pêle-mêle, des croix touaregs voisiner avec des colliers ethniques : pendentifs nagas, grigris peuls et massaïs, reteneurs d'âmes birmans.

Dans un coin, à droite de la cheminée monumentale, des

étuis péniens d'origine papoue pendaient, vides et inutiles. Ils voisinaient avec des arcs, des flèches, des lances, des massues, des masques nègres, des boucliers océaniens, des fusils arabes, des épées touaregs, des portes de greniers dogons, des totems indiens. Tout un bric-à-brac de valeur relative, fort difficile à estimer pour un non-spécialiste.

À gauche de la cheminée, des tankas aux motifs géométriques et cosmogoniques formaient un fond ésotérique sur lequel se détachait un grand bouddha siamois.

Non loin du bouddha de bronze couvert de moisissures vertes, on voyait d'authentiques guerriers de Xian, des soldats de terre cuite sortis de Chine grâce aux combines d'un ami archéologue.

Claire se demandait comment Barski avait pu se procurer ces statues retrouvées en 1974 dans le tombeau de l'empereur Qin. Elle avait lu *N'oublie jamais qui nous sommes*, le roman d'un écrivain voyageur. L'épopée des guerriers y était contée. Maintenant, elle en connaissait la légende. Leurs effigies en terre cuite avaient remplacé dans la fosse une armée de huit mille vrais soldats que l'on s'apprêtait à sacrifier selon la tradition, afin qu'ils aillent servir l'empereur dans le monde de l'au-delà.

Tout ce qui restait des raretés accumulées par Victor Barski tenait dans cette salle aux ogives finement ciselées. Ailleurs, hormis quelques dessins et gravures, les pièces paraissaient vides.

Claire s'arrêta devant une collection de sables. C'était impressionnant. Les bocaux étaient étiquetés comme des pots de confiture. Toutes les dunes du monde avaient été mises en conserve ici. Elles étaient toutes là, celles des déserts américains : mojave, sonora, chihuahua, jusqu'au désert chilien, le fameux Atacama, où l'on récolte d'ailleurs davantage de sel que de sable.

Une cinquantaine de bocaux contenaient le Sahara dans toute sa diversité. On y trouvait du sable de Tunisie, du Maroc, d'Algérie. Rien que pour l'Algérie il n'y avait pas moins de vingt récipients : le Hoggar, le Tassili, le Tefedest, l'Adner, les Ajjers, le Tadrart, le Mehedjebat, l'Immidir. C'étaient des échantillons prélevés un peu partout, et l'on remarquait la différence de grain, de couleur, de consistance.

Claire Dumas n'en revenait pas. Cette fois, c'était mieux qu'une carte, elle avait le Sahara sous les yeux. Les sables étaient classés par régions : le Chingutti, l'Ouarame, l'Adrar, le Tagant, le Fezzan, l'Azaouad, les Iforas, le Ténéré.

Coincée entre le Dallal et le Tibesti, Claire remarqua une fiole qui portait l'inscription : «Sable de Garame.» Elle se saisit du récipient et le leva à hauteur des yeux. Il s'agissait d'une poussière compacte de couleur blanchâtre.

Elle se tourna vers Serge Barski et demanda insidieusement :

– Garame, c'est au Mali, n'est-ce pas ?

L'autre se contenta d'un raclement de gorge.

Elle insista :

– Garame, c'est tabou pour vous ?

Une petite toux sèche ne la renseigna guère.

Elle continua ses découvertes : sable du Néguev, du Sinaï, de Nubie. Sable du Wadi Rum, du Rub el Khali.

Elle venait justement de lire Wilfred Thesiger et Lawrence d'Arabie. Ils avaient tous les deux foulé ces dunes. Elle pensa qu'un peu de leur esprit se cachait peut-être encore dans la dérisoire étroitesse des bocaux.

L'Afrique australe était également échantillonnée. La Namibie, le Kalahari.

Plus à l'est de notre monde, encore des déserts : le Thar, le Gobi, le Lop-Nor, le Taklamakan.

Les déserts australiens n'étaient pas en reste. Quatre pots en imposaient par la taille. Le contenu ressemblait davantage à de la terre qu'à du sable. Dans le bocal étiqueté Simpson, il y avait même une sorte de boue séchée.

Serge Barski se taisait. Il suivait Claire de pièce en pièce. Quand elle arriva devant une figure de Bouddha taillée dans le tronc d'un cèdre, il voulut l'impressionner et débita une formule toute prête :

— Regardez-le bien. Quel que soit l'endroit où vous êtes, il ne vous lâchera pas des yeux. C'est une sorte de gardien du temple. Il est beaucoup plus efficace que moi-même. L'ennui, c'est qu'il ne dénonce pas les voleurs.

Claire était fascinée par le regard du Bouddha. Il lui souriait façon Joconde.

Elle demanda :

— De quelle région provient-il ?

— D'Afghanistan. C'est un masque gréco-bouddhique.

Elle fit l'étonnée.

Il expliqua :

— Trois siècles avant l'ère chrétienne, Alexandre le Grand a conquis la Perse, la Sodgiane et la Bactriane. Sur sa lancée, il a même atteint les rives de l'Indus. Eh bien, le gréco-bouddhique, c'est le résultat de ce fabuleux choc des cultures entre civilisations hellénistes et civilisations hindouistes.

Claire se demandait quel était le Barski qui lui faisait face. Était-ce vraiment Serge ? N'était-ce pas plutôt Victor ? Celui-ci ne se camouflait-il pas dans la peau d'un soi-disant frère ? Et d'où sortait-il, ce fameux frère ? Nul reportage, aucun document ne relatait son existence. Pas

33

un mot sur Serge dans les écrits de Victor. Tout à l'heure, elle irait se renseigner au village.

Il décrocha le masque et le présenta en pleine lumière. Il dit :

— Si vous l'aimez, il est à vous. Mes visiteurs n'en ont pas voulu. C'est pourtant une pièce unique.

Elle s'exclama :

— Je le trouve très beau. Le prix aussi, certainement ?

Il dit :

— Il n'a pas de prix. C'est l'objet fétiche de Victor.

Il émit un soupir de regret et prit un air mystérieux :

— Il en avait un second, peut-être son préféré, mais ceci, c'est une autre histoire !

Elle interrogea :

— Un autre Bouddha ?

— Non, un livre. Enfin, le Livre, des tas de pages, des paquets de manuscrits ficelés à l'intérieur de leurs couvertures de peau. Ils occupaient tout un rayonnage. Voulez-vous voir le vide que cela fait dans la bibliothèque ?

Intriguée, elle demanda :

— Ils n'y sont plus ?

Il ne répondit pas et entraîna Claire à travers un corridor rongé de salpêtre. Au bout du corridor, une porte capitonnée ouvrait sur la bibliothèque. Les livres s'étageaient et s'empilaient n'importe comment. Un vrai foutoir. Rien de bien intéressant pour les bibliophiles. C'était plutôt le genre bouquiniste. Beaucoup de revues et d'albums, des romans à foison et presque autant d'ouvrages spécialisés dans l'ethnologie et l'archéologie tous azimuts. Bien sûr, on y voyait en bonne place les publications signées Victor Barski. Le nombre des exemplaires frappait, à croire que l'éditeur lui avait soldé ses propres ouvrages invendus. Des rangées entières portaient la griffe de l'auteur.

Serge Barski désigna les quatrième et cinquième rayonnages.

Il dit :

— Vous voyez le vide que ça fait. Eh bien, le Livre occupait toute cette place. Il s'agissait d'une chose informe, inclassable. C'était des cahiers de peau, des sortes de gros volumes cousus les uns aux autres. Certains étaient à peu près lisibles, d'autres dans un état lamentable, avec des centaines de pages déchirées et indéchiffrables.

— Ça ne ressemblait pas à un livre, alors ?

— Pas du tout, aucun rapport avec un format ordinaire, ni même extraordinaire, d'ailleurs. Ça ressemblait plutôt à un baluchon, à une botte de pages, à une malle de cuir bourrée de papiers qui aurait été cabossée de partout avant d'être éventrée.

Claire marquait la surprise :

— Vous êtes en train de me raconter que le livre s'était bagarré ?

— Oui, je pense qu'à un moment donné, il en a pris plein la gueule !

— Au cours d'une révolte ?

— C'est possible.

Il toussa jusqu'à s'arracher la gorge et reprit :

— De ce fatras, il se dégageait quelque chose de puissant, c'en était même intimidant !

Il secoua la tête d'un air de regret et conclut :

— En fait, je me demande si ce putain de livre ne nous a pas porté malheur.

Elle reprit le mot :

— Malheur, vous croyez ?

Il hésita et grommela :

— Oui, il n'aurait pas dû s'en emparer.

Il respira fortement et ajouta :

– Bon, n'en parlons plus. Ce qui est fait est fait. L'être humain a sans doute les moyens d'influencer son destin mais, après coup, c'est difficile de retourner au point zéro.

Claire ne suivait plus très bien. Barski la déroutait.

Elle demanda :

– C'était un manuscrit original, n'est-ce pas ?

Il la foudroya du regard :

– Ça, pour être original, il l'était. On a passé cinq années, mon frère et moi, à lui donner un sens. C'était une écriture inconnue, unique au monde, quelque chose d'impossible, aussi difficile à déchiffrer que du sumérien, un idiome émaillé de pièges et de chausse-trappes. Un truc dingue, à peine croyable !

– Si je comprends bien, c'était du garamantin ?

Il eut un geste de surprise.

Elle alla au-devant de sa question.

– Ne me prenez pas pour une idiote. J'ai lu *L'Empire du silence*, Barski en parle. Il emploie même le terme de « manuel de l'athéisme ».

Il haussa les épaules et dit :

– C'est beaucoup plus fort que ça. Il s'agit d'un texte exceptionnel. D'abord pour l'époque car, que je sache, au XIᵉ siècle peu de peuples, sinon aucun, rejetaient les dieux. C'est d'un modernisme incroyable. Il précède Marx et Hegel de neuf cents ans. Il court-circuite les anarchistes, les libres penseurs. Bref, c'est un livre inspiré, une bible laïque d'une grande élévation de pensée.

Il s'était animé. Claire le trouvait rajeuni, presque beau. Elle demanda :

– Comment avez-vous réussi à décoder le texte ?

– Ça, c'est une autre affaire, un miracle à la Champollion, Victor a trouvé sa pierre de Rosette.

Il soupira :

– Victor est beaucoup plus calé que moi. Mais, après tout ce temps, je me demande si son érudition ne nous a pas été fatale.

Il eut un regard sombre. Une sorte de frayeur passa dans ses yeux. Il reprit :

– Victor n'aurait pas dû exhumer ce livre du tombeau où il reposait depuis des siècles. Sur le coup, il ne s'est pas rendu compte de l'importance de sa découverte. Il l'a ramené ici avec d'autres objets. Il y en avait plein le 4 x 4 qui est en train de pourrir dehors. Je crois même qu'il l'a porté sur son dos en quittant Garame. Ça pesait dans les soixante-dix kilos.

Il regarda Claire et marmonna :

– Il n'aurait pas dû. C'était un sacrilège.

Il fut pris d'une toux caverneuse et s'excusa. Il cracha dans un coin et reprit :

– Nous ne pensions plus au livre. Certes, nous avions prévu de le traduire selon la méthode Champollion. Je ne sais pas pourquoi, on remettait sans cesse la chose à plus tard. Nous avions juste commencé à transcoder les passages les plus marquants.

Il fut pris d'une nouvelle quinte de toux, et continua avec difficulté :

– Et puis, un jour de l'été 1972, deux étranges personnages se sont présentés à la porte de la propriété. L'un d'eux, un certain Gad, était habillé à l'européenne, grand, sec, raide, cassant. Il avait une haute idée de lui-même. L'autre, Yoz, un drôle de type, vêtu d'un burnous et d'un saroual, pieds nus dans ses ératimen, le genre Touareg. Il faisait penser à un Saharien. Le premier parlait français, l'autre s'exprimait dans une espèce de jargon guttural. Ils paraissaient traqués. Ils n'arrêtaient pas de se retourner, à croire qu'ils étaient suivis ou qu'ils avaient commis un mauvais coup. Je leur ai d'abord refusé l'entrée. Et puis, partageant leurs craintes, j'ai cédé. Ils voulaient voir Victor Barski à propos d'une affaire de la plus haute importance. J'ai tout de suite pensé qu'ils étaient d'origine garamante. Je ne me trompais pas. Je suis monté prévenir Victor. Il travaillait dans son bureau. Il s'est saisi d'un revolver et s'est levé d'un bond. J'ai demandé : « Où vas-tu avec ce flingue ? » « Je vais au diable, qu'il m'a répondu. Ils vont me tuer. »

Il disait n'importe quoi. Il était aussi fou, aussi excité que les deux types. Lorsqu'ils ont vu mon frère venir vers eux avec le flingue à la main, ils se sont jetés à ses pieds et l'ont imploré dans leur langue. Je ne comprenais rien à ces jérémiades, mais j'ai compris qu'ils venaient chercher leur bible.

Irrité par ma présence, Victor m'a intimé l'ordre de déguerpir. Il était cassant, hors de lui. J'ai toujours redouté ses colères. Elles me glaçaient le sang. Le droit d'aînesse devrait être aboli une fois pour toutes !

D'un geste mécanique, il chassa une longue mèche de cheveux qui lui tombait sur les yeux et continua :

– J'ai obtempéré. Au bout d'un moment, intrigué par le silence persistant, je suis revenu. Ce que j'ai vu m'a beaucoup touché. Ils étaient tous les trois penchés sur le livre. On aurait dit des enfants au catéchisme. Un même sourire les transfigurait.

Claire le coupa :

– C'étaient de vrais Garamantes ?

– Des Garamantes de la dernière génération. Ils n'entendaient rien au garamantin ancien. Leur langage était parsemé de locutions arabes modernes et de mots français. Figurez-vous, Victor leur faisait la lecture. Ils écoutaient, émerveillés. Ils découvraient enfin ce qu'ils étaient venus chercher : le sens caché d'une civilisation éphémère disparue du désert en moins d'un demi-siècle. À croire qu'elle avait été engloutie sous les sables comme les oasis du Taklamakan. Ou mieux encore, telle l'Atlantide, avalée par la mer. Un monde d'illusions qui prête encore à toutes les affabulations.

En fin d'après-midi, Claire avait fait le tour de la maison et visité les pièces principales. Elle avait écouté Serge Barski relater l'entrevue entre son frère et les Garamantes. La rencontre avec les hommes du désert ne s'était pas déroulée aussi bien que prévu. Barski avait accepté de commenter le livre et de les instruire de son contenu. En revanche, il n'admettait pas de s'en séparer avant d'en assurer la traduction complète. Les émissaires avaient argumenté. À leurs yeux, le livre était la propriété des Garamantes. Ils n'osaient pas dire « le peuple garamante ». Ils n'étaient qu'une poignée à revendiquer leur origine. Quelques-uns seulement désiraient ressusciter le culte des ancêtres. Ils disaient « culte », mais chez les Garamantes, il s'agissait plutôt de n'en pratiquer aucun. C'était le fin du fin. Le *nec plus ultra* de la pensée libertaire. Neuf siècles après la disparition de la cité entourée de musulmans et même d'islamistes radicaux, l'oasis de Garame s'apprêtait à entrer dans l'Histoire pour la seconde fois. Il fallait le faire ! À froid, comme cela, ça relevait de la folie pure, de la névrose obsessionnelle. Lorsque les racines sont si profondément enterrées et qu'on les croit à jamais perdues, on est évidemment tenté de les réinventer. Les Garamantes, eux, réclamaient leur livre. Le livre, c'était à la fois les racines et le terreau. C'était aussi un drôle de détonateur qui risquait de mettre le feu aux poudres dans toute la région.

Les émissaires avaient évoqué les richesses de l'ancienne patrie qu'ils comparaient à la Terre promise. Barski les avait prévenus. Jadis, l'expérience s'était avérée désastreuse. La Terre promise devint bientôt une terre d'enfer. L'islam avec ses imams et ses mollahs, l'animisme avec ses superstitions et ses sorciers, mais surtout les moustiques avec le paludisme, eurent vite raison de cet îlot de laïcité.

À Garame, il n'y avait ni maître, ni vieux, ni chef, ni serviteurs, ni pauvres, ni riches. Ce mouvement utopique, ô combien précurseur, fut ressenti comme intolérable. On en disait pis que pendre. On y voyait diableries et maléfices. Et quand certains voisins, déçus par Mahomet ou par leur chef de tribu, passaient à Garame comme on passe à l'ennemi, ils étaient aussitôt considérés comme des parias. On parlait d'intox, de lavage de cerveau, de poux, de peste, de lèpre. On montait alors des expéditions punitives. On s'emparait des renégats que l'on ramenait au pays. Là, on les traînait sur la place publique et on les laissait au bon plaisir des lapideurs.

Les deux Garamantes ne s'étaient pas contentés d'une simple lecture en diagonale. Ils avaient réclamé le livre à grand tapage. On en était même venu aux mains, aux insultes, à l'hystérie. Pire encore, aux coups de feu.

Sur ce sujet, Serge Barski resta évasif. Plus de peur que de mal. Les Garamantes se seraient enfuis à travers champs.

Victor se méfia. Il acheta un coffre-fort de banque et y enferma le livre. On ne le sortait que pour les besoins de la traduction. Une fois la séance terminée, on l'enfermait à nouveau.

Les émissaires étaient revenus à plusieurs reprises. Interdits de propriété, ils logeaient à l'hôtel Saint-Antoine où Barski les rencontrait.

Loches n'était qu'à cinq kilomètres de chez lui. Il descendait à pied, à travers champs, son petit sac suspendu à l'épaule. À l'intérieur, des documents faisant état du travail accompli.

En réalité, Barski tenait les Garamantes en otage. Personne d'autre que lui n'était capable de déchiffrer le message des ancêtres. Il fallait faire avec. C'était à prendre ou à laisser. Ils repartaient avec quelques notions supplémentaires. Fragments après fragments, ils prenaient connaissance de l'héritage du passé et s'en pétrissaient l'esprit. Néanmoins, ils réclamaient toujours le manuscrit à cor et à cri. C'était tout ce qui restait de Garame, la seule preuve tangible d'une civilisation libérale, en avance sur son temps. Les Garamantes n'avaient-ils pas déboulonné les dieux et les idoles après les avoir adorés ? Le livre n'était-il pas l'aboutissement d'une émancipation exceptionnelle, d'une réflexion des plus osées et des plus éclairées.


Claire ne savait que penser de Serge Barski. Tantôt sur ses gardes, tantôt loquace, amer ou bien trop aimable, il la déroutait.

Entre deux accès de toux, il avait allumé un feu de cheminée, et traîné deux selles de chameau devant l'âtre. Les styles contrastaient. Le blason fleur de lys s'accommodait mal des armoiries touaregs.

Claire ne savait pas comment s'asseoir. Devait-elle enfourcher la selle ou la monter en amazone ?

Il donna le ton et s'installa à la méhariste. Elle fit de

même. Il n'avait pas pu s'empêcher de contempler ses jambes.

La jupe fendue permettait d'apercevoir juste ce qu'il fallait pour s'émouvoir.

Gênée, Claire n'arrêtait pas d'en ramener les pans au-dessus du genou. C'était un mouvement continuel et irritant.

Le thé en brique, *made in Niger*, n'avait aucun goût. Elle le but quand même avec grâce, et ne put s'empêcher de demander :

– Quel rapport entre Garame et le Niger ?

Un bref instant, Barski parut décontenancé. Il se racla la gorge et répondit :

– Franchement, je n'en sais rien. Ce thé est ici depuis plus de vingt ans. Mon frère l'aura sans doute ramené d'une de ses expéditions.

Le charme, l'attirance de Claire opéraient sur Barski. Elle en était gênée. Elle se demandait déjà comment faire pour partir avant la nuit, quand il lui proposa abruptement de monter voir la chambre de son frère.

Tout en se méfiant, elle le suivit à l'étage. Dans l'escalier à vis, leurs doigts s'effleurèrent le long d'une main courante. Elle se sentit électrisée. Ça faisait comme à la neige les jours de grand froid, une décharge statique.

Spacieuse, la chambre occupait toute la surface de la tour. Une grande baie à meneaux donnait sur le château de Loches.

Barski s'occupait d'allumer les bougies d'un chandelier. Humides, les allumettes résistaient. Il s'excusa :

– Sans électricité, on fait avec ce que l'on peut. Auriez-vous un briquet ?

Elle prêta son briquet. Il ne le lui rendit pas.

Elle s'approcha de la fenêtre. Il faisait encore jour. Une lumière entre chien et loup.

La campagne faisait des vagues. Les blés et les orges, encore verts, ondulaient au gré du vent. C'était vallonné, moutonnant.

Conquise par cette aquarelle tourangelle, Claire se demandait ce qui avait bien pu pousser un passionné du désert à l'achat d'une telle propriété. Semblable environnement de verdure agissait-il comme un contre-poison chez les avaleurs de sable ?

Elle imagina Garame, oasis poussiéreuse et desséchée. Elle vit les cases de terre cuite brûlées au feu du ciel. Elle entendit la plainte des maigres dattiers aux palmes jaunies, brisées, déchirées par le souffle dément du sirocco.

Elle se dit que Barski avait choisi la Touraine pour s'y ressourcer. Ivre de chlorophylle, il pouvait alors repartir pour Garame.

Elle se fourvoyait sans doute. Elle n'était sûre de rien. L'image n'était pas bonne. Ça devait être le contraire. Lassé de chlorophylle, Barski était parti au désert pour s'y ressourcer. L'image lui parut plus conforme à l'idée qu'elle se faisait de l'explorateur.

Claire s'écarta de la fenêtre et essaya de s'y retrouver parmi le bric-à-brac qui s'entassait n'importe où. L'éclairage était seyant. Peut-être même un peu trop chaleureux.

C'était un vrai champ de bataille, à croire que des gens s'y étaient étripés en échangeant leurs vêtements. Il en traînait de toutes sortes. Et pas seulement des habits d'homme. Des robes, des soutien-gorge, des jupons, des culottes s'éparpillaient un peu partout sur les fauteuils et les chaises. À terre, les babouches, les bottes, les Pataugas, les tennis se disputaient la moquette râpée avec des chaussures à talons aiguilles et des bottillons de petite pointure.

D'à peu près libre, il n'y avait que le lit, un double tatami japonais à tiroirs. On aurait pu y dormir à quatre.

Barski savait Claire troublée. Il l'observait d'un regard lourd. Il attendait un mot, une question.

Comme cela ne venait pas, il prit les devants. Il s'excusa pour le foutoir. Il ne se sentait pas capable de ranger le bordel de son frère. Certes, il faisait le ménage, mais il n'osait pas toucher à toutes ces choses. Ça n'était pas sa chambre. Il n'avait aucun droit sur cette pièce. Ah, bien sûr, il gardait le lit en état. Sait-on jamais, Victor pouvait revenir d'un jour à l'autre. Il n'était pas du genre à prévenir.

Tout à coup, en une phrase, il désarçonna Claire :

— Vous devriez passer la nuit ici, les routes sont dangereuses.

Il rejeta le couvre-lit d'un geste sec et poursuivit :

— Voyez les draps ! Ils sont tout frais. Je les ai changés juste après votre coup de fil. J'ai pensé qu'une biographe devait commencer par s'imprégner de son sujet.

Elle s'approcha. C'était vrai. Les draps étaient frais, brodés main. Des draps de grand-mère. Du pur lin.

— Vous pouvez toucher !

Elle obéit. Elle toucha la taie d'oreiller. Ça faisait rugueux sous les doigts.

Elle se redressa. Il était tout près d'elle. Il avait le souffle court, l'haleine forte.

Elle le fixa droit dans les yeux et soutint son regard. Elle dit :

— Vous m'invitez à m'imprégner du sujet. Mais le sujet est à des milliers de kilomètres d'ici.

— En êtes-vous si sûre ? Le sujet est peut-être plus proche que vous ne le pensez. Et d'ailleurs, peu importe qu'il soit présent ou non.

Il eut un sourire ambigu et poursuivit :

— Si vous devez cerner un être d'un peu plus près qu'en l'examinant, le mieux, c'est tout de même de passer la nuit avec lui. Vous savez, quand on veut prendre le pouls d'un pays, on doit se mélanger à la population. Il faut avoir des maîtresses ou des amants, frayer avec les familles, goûter à la nourriture, observer les habitudes, les rituels. Ne pas hésiter à changer d'amis, de milieu. Comment peut-on évoluer si l'on ne chamboule pas ses fréquentations ? Il faut savoir innover, mademoiselle.

Elle avait envie de répondre. Envie de le moucher. Envie de dire que l'on peut innover sans coucher. Envie de préciser que coucher n'apporte aucun élément sérieux sur le comportement public de l'autre. Envie de lui faire remarquer que la libido n'est porteuse d'aucun renseignement sur le caractère profond des gens. Envie d'expliquer que la probité et le courage ne se mesurent pas à l'intensité de la jouissance.

Elle se garda pourtant de le dire. Elle ne savait pas ce qui lui arrivait. Elle avait tout simplement envie de lui obéir.

Envie de se déshabiller. Envie de se glisser dans les draps. Envie de s'endormir dans le lit de Barski. Que ce soit avec Victor ou avec son frère. Elle s'en fichait. Le lit, ce n'était que la première étape d'une longue initiation. Demain, elle se mettrait en route pour Garame.

Les propos de Barski l'avaient marquée. Juste avant de s'endormir à ses côtés, il s'était mis à évoquer quelques-unes de ses expéditions passées. Difficile de savoir qui parlait. Était-ce Victor ou Serge ? À vrai dire, que ce fût l'un ou l'autre, au lit, il n'avait pas vraiment brillé. Il avait

même fredonné le couplet suivant : « Vous savez, la première fois, ça ne marche jamais très bien. »

Elle avait approuvé et ajouté : « C'est normal, on ne
connaît pas la mécanique du partenaire, alors on bricole
comme on peut. »

Ça l'avait fait rire. Peu après, en s'étirant, en bâillant,
il s'était lancé dans un long monologue concernant les
déserts. La voix était monocorde, hachée par un mauvais
râle. Ça venait des poumons, ça sifflait. Le charme passait
tout de même.

Claire se doutait qu'il allait dévoiler quelque secret.
Quand le sexe a failli, le verbe prête à l'orgueil. On se
rattrape comme on peut.

Elle pensait à Garame. Elle écoutait. Elle était à l'affût
d'un indice susceptible de la guider vers un espace géographique un peu précis. Certes, elle n'était pas à une
frontière près. Elle hésitait entre Niger et Mali, entre
Tchad et Libye. Entre Égypte et Mauritanie. Ça faisait
un sacré bout de chemin à parcourir. Elle s'y apprêtait.
C'était le début de l'apprentissage. On n'arrive pas à
Garame comme on arrive à Marrakech. Pour mériter
l'oasis oubliée, on devait d'abord réussir à sortir du labyrinthe où se renvoyaient dans un jeu de miroirs mythes,
affabulations et tranches de réel. Restait ensuite à trouver
sa propre voie.

Le chemin de Garame passait par l'islam. L'islam avait
avalé Garame comme le désert avale le reste du monde.
Barski n'avait-il pas émis cette vérité première, à savoir
que les déserts eux-mêmes sont islamisés ? « *Du Sahara au
pays ouighour, d'Algérie à la vaste Chine, de Mauritanie,
de Libye, du Tchad, du Maroc jusqu'en Mongolie. Du Gobi
au Yémen, du Niger, du Mali et de Namibie, de Jordanie et
d'Arabie, d'Irak, d'Iran et d'Afghanistan, d'Égypte et du*

*Kazakhstan, du Turkestan, du Pakistan, du Sinaï au Takla-makan, de Somalie, et même du Tahar, les déserts sont acquis à Mahomet. Il n'y a que les déserts australiens, l'Atacama au Chili, le Sonora au Mexique, le Mojave en Arizona qui échappent à l'influence de l'islam. Pour combien de temps ?...* »

Bercé par ses propres mots, Serge s'était assoupi. Presque aussitôt, Claire l'entendit ronfler. Décidément, l'asthme n'arrangeait pas les choses.

Elle resta un moment à regarder le visage du dormeur : menton volontaire, pommettes saillantes, sourcils brous-sailleux, nez proéminent, lèvres minces et serrées. Partout des rides, des ravines creusées par les ans et le sel. Le sel, elle n'en était pas sûre. Était-ce le vrai Barski ? Était-ce le faux ? Était-ce l'aventurier, était-ce son gardien ? Pas un ange, bien sûr. Pas un démon non plus. D'une part, un brave type un peu paumé qui ramasse les miettes de son frère. De l'autre, son contraire, un bonhomme au cerveau bien structuré, doué d'ubiquité. Quelqu'un qui est partout à la fois et qui joue sur tous les registres.

Lassée de le regarder dormir, Claire s'était plongée dans la lecture du livre secret, une centaine de pages manuscrites, des extraits que lui avait confié Barski.

La simplicité du texte, la morale qui s'en dégageait, surprenaient la biographe. En apparence, c'était du genre judéo-chrétien. On y parlait de fraternité, de partage des biens terrestres, de troc, d'aide mutuelle, d'égalité des chances, du respect d'autrui, de l'amour que l'on doit porter à sa propre personne. Le fond était plus étonnant, le ton nouveau. La société garamanesque reposait en effet sur la décomplexion de l'individu. Sans chercher à en faire des orgueilleux, on enseignait aux enfants qu'ils étaient le fruit de l'union harmonieuse entre terre et ciel.

On les présentait comme des chefs-d'œuvre de la nature, des créations uniques nées sous les bienveillants auspices des esprits cosmogoniques.

Ainsi élevait-on l'individu, qu'il soit fille ou garçon, à un niveau proche de la déification. Tout enfant était donc semblable à Dieu. Un Dieu pourvu de son seul pouvoir d'homme.

L'ésotérisme s'arrêtait là. Le texte redevenait précis, presque terre à terre.

Ni temples ni églises. Ni pompes ni rituels, si ce n'était ceux qu'imposait la nature au rythme des saisons et des cultures. On célébrait ces dernières par des offrandes suspendues au faîte des arbres. Une manière de se rapprocher du ciel sans pour autant construire des pyramides ou s'embarquer dans des bateaux célestes.

Chaque Garamante était tenu d'effectuer un temps de travail minimum au service de la société. Qu'il soit artisan, paysan ou soldat, il était dispensé d'impôts. Mieux encore, l'impôt n'avait pas cours à Garame. Les biens, les récoltes, la nourriture, les produits de l'industrie locale: briques de terre cuite, outils, vêtements, instruments agraires étaient stockés et mis à la disposition de chacun. Et chacun de se servir selon ses besoins et ses appétits.

Plus elle s'enfonçait dans la lecture du livre secret, plus Barski y allait de ses ronflements. Elle lui pardonnait. N'avait-il pas planché, avec son frère, durant des années, sur la traduction de ce texte d'où le mysticisme semblait exclu? En réalité, il s'agissait d'un manuel de bien vivre. Bien vivre sans l'aide d'une religion quelconque. Bien vivre entre frères et sœurs. Entre parents et enfants. Entre voisins et voisines. Bien vivre entre sexes opposés. À l'heure où l'on débattait en France de la parité, cet essai datant du XIᵉ siècle saharien battait tous les records de modernisme.

Les sociologues du XX<sup>e</sup> siècle, ceux que l'on qualifie de précurseurs, n'avaient plus qu'à revoir leur copie.

On y parlait en effet d'égalité entre mari et femme. Chacun étant tenu de partager le travail des champs comme celui du foyer. Mieux que cela, les époux n'étaient pas dans l'obligation de se donner l'un à l'autre quand le cœur et l'envie manquaient. Il faut dire que les Garamantes pratiquaient aussi bien la monogamie que la bigamie. Ça n'empêchait pas les hommes de se contrôler. Il s'agissait d'une contraception mentale. Dès qu'un adolescent était en âge de faire l'amour, on lui apprenait à se retirer. Seuls les maris, avec l'accord de l'épouse, se permettaient d'éjaculer librement.

La chose stupéfia Claire. Les Garamantes avaient donc inventé le retirement calculé. Ça lui rappelait les années soixante, quand la pilule n'était pas encore apparue sur le marché du plaisir. Les filles se repassaient les bonnes adresses, celles des amants bien élevés.

Claire tenait l'anecdote de sa mère. Les bonnes adresses, c'étaient celles des amants fiables. D'ailleurs, se retirer était devenu, chez eux, une sorte de réflexe pavlovien. Plus tard, quand la pilule devint une institution, nombre d'entre eux ne purent pas profiter de cette liberté. Incapables de rester, de s'épancher, ils se retrouvaient désemparés, impuissants.

Claire n'en revenait pas. À leur façon, les Garamantes avaient donc instauré une société du jouir où plaisir et contrainte se conjuguaient sans histoires.

Imposer le retirement équivalait à mettre en place ce que l'on appelle, chez nous, aujourd'hui, le planning familial.

Claire se disait qu'il y avait tout de même un côté Big Brother dans cette société idyllique de Garame, car tout y était consigné et ordonnancé.

Elle se trompait. À Garame, il n'y avait ni Big Brother ni chef. Chaque individu était placé sous son propre contrôle et répondait lui-même de ses actes devant un conseil des Sages dit conseil de l'Existence. Lorsqu'il y avait manquement aux règles ou faute plus ou moins grave, le Conseil infligeait des amendes, des punitions. La plupart du temps, les Sages recommandaient des peines de substitution, à savoir des peines de réflexion. Ainsi le condamné réfléchissait-il, en toute liberté, sur le sens de la vie comme sur le sens du devoir communautaire.

Cette condamnation à réfléchir et à penser l'existence, y compris dans son absurdité, emballait Claire. Y avait-il déjà un Heidegger ou un Sartre pour philosopher dans cet espace intellectuel saharien du premier millénaire ?

Elle comparait également Garame à l'Israël des années vingt et trente. C'était l'époque où les pionniers juifs non religieux s'achetaient quelques hectares de terre qu'ils fortifiaient aussitôt pour se protéger des attaques arabes. Il y avait en effet quelques parallèles entre la vie à Garame et la vie au kibboutz : le désert bien sûr, l'isolement, la société communautaire et agricole, mais encore la laïcité, cette détermination d'en sortir par soi-même sans attendre l'aide de Dieu ou la venue du Messie.

Néanmoins, plus elle avançait dans la lecture, plus elle se rendait compte que l'oasis oubliée ne supportait guère les similitudes. Garame, ça n'était ni le kibboutz ni Big Brother, ni le Café de Flore. C'était quelque chose d'incomparable, à croire que les avancées sociales et humanitaires du XX$^e$ siècle s'étaient forgées là-bas, dans cette parcelle de désert.

Claire n'osa réveiller Barski. Elle craignait sa réaction de mâle vexé. Mieux valait guetter le matin. Et le matin mit très longtemps à venir. En attendant, elle voyagea complaisamment dans la nuit blanche. Elle escalada des châteaux forts, elle traversa des labyrinthes, elle échappa aux pièges des dunes. Vaille que vaille, elle se rapprochait inexorablement du vrai Barski. Pas assez pour le voir. Juste assez pour y croire. Avait-il réussi son pari ? L'oasis était-elle florissante, havre de paix et de réflexion ? Ou bien l'oasis n'était-elle qu'un malheureux corridor de sable balayé par des vents brûlants ?

Dans son roman *L'Empire du silence*, paru en 1962, Barski la décrivait ainsi : «*Garame est une cité fantôme. Elle effraie, elle terrorise. Quand on s'y approche pour aussitôt la contourner, elle pue la mort. Nul n'y pénètre jamais sous peine d'y être maudit. Il y règne un silence d'après massacre. Celui qui, comme moi, passe outre l'interdiction des guides ou des porteurs pour y entrer malgré tout, entend clairement des supplications et des implorations faites aux bourreaux. Pas la moindre prière ou autre évocation se rapportant à Dieu. Garame, l'oasis impie, est restée jusqu'au bout fidèle à ses dogmes.*»

Et d'ajouter, quelques lignes plus loin : «*J'entame aujourd'hui ma première journée d'étude se rapportant au mystère de Garame. Toute la bande de chenapans qui m'accompagnait s'est enfuie. Je suis seul et irrémédiablement seul. Je me mets à la recherche d'un puits et de quelque aliment. Si je ne trouve rien à manger et rien à boire, devrais-je me résoudre à sacrifier mon chameau ?*

*Je rédige ce mot à épingler sur ma carcasse : "Je m'appelle Victor Barski. J'ai vingt ans. Nous sommes le 27 mai 1961. Au risque de me tromper, j'ose prétendre qu'en un peu plus d'un millier d'années nul autre que moi n'a foulé ces ruines. L'aventure commence !"*»

Barski était-il retourné à Garame en 1993 ? Y était-il toujours ? Une chose est sûre, il avait emporté le livre. Plus exactement, il l'avait rapporté. Cela faisait un sacré trou dans la bibliothèque.

Jusqu'alors, en Touraine, les Garamantes se tenaient tranquilles. Aucun n'était revenu rôder dans le coin.

\*

Claire imaginait Barski. Elle le voyait en gourou, en maître fou, régnant sur une cinquantaine d'illuminés plus ou moins dépenaillés. Barski, c'était le genre manipulateur. Sans doute avait-il sa cour : une favorite, des esclaves, des serviteurs à tout faire. Pour la biographie, c'était du tout bon, du plain-pied.

L'image qu'elle se faisait du personnage ne collait pas avec le livre qu'elle lisait. Elle dut revoir son approche, corriger ses pensées, appréhender une autre trajectoire. Ce ne fut pas facile. Claire se plaisait à diaboliser Barski. Celui qu'elle voyait en meneur n'était peut-être qu'une victime. Plus probablement une sorte d'apprenti sorcier dépassé par son propre mysticisme.

Comment pourrait-on recréer un monde disparu sans y mettre sa touche de folie personnelle ? Bien malin qui peut distinguer la frontière qui sépare la sagesse extrême de l'égarement ordinaire. À vrai dire, plus Claire avançait dans le texte, plus elle confondait les deux. C'était à se demander si cette traduction des frères Barski correspondait au livre des Garamantes. N'était-elle pas repensée ou bien même carrément inventée ?

Les paragraphes concernant la mort laissèrent Claire assez dubitative. Lorsqu'un Garamante passait de vie à trépas d'une façon dite naturelle, il n'y avait pas lieu de se morfondre. La tristesse, les lamentations paraissaient superflues. Tout juste accompagnait-on le décédé sur un rocher où il était découpé et jeté en pâture aux hyènes et aux oiseaux de proie.

Claire savait, par les écrits d'Alexandra David-Neel, que de telles pratiques existaient au Tibet et dans divers royaumes de l'Himalaya.

Si les Garamantes acceptaient la mort dite naturelle sans émotion apparente ni rituels funéraires, en revanche, la disparition prématurée d'un enfant était ressentie comme un grand malheur dans la communauté. Chacun était alors convié à réfléchir sur la cruauté de l'existence comme sur le sens de la vie. Bien entendu, on ne parlait pas de résurrection dans le monde de l'au-delà, car le monde des Garamantes était essentiellement terrestre. Ça ne voulait pas dire que l'on faisait fi de l'âme. Au contraire, l'âme était associée à l'esprit du disparu. L'âme allait et venait constamment. Elle était véhiculée par la mémoire, entretenue par le souvenir qui s'attachait au mort. Ainsi était-il important, non pas de se recueillir mais plutôt de se réunir, tous ensemble, à des dates lunaires. C'était une sorte de calendrier de la pensée. On faisait revivre le défunt par la grâce des réminiscences. On évoquait des faits, des réflexions, des gestes qui lui étaient habituels. On écoutait les parents, les frères, les amis. De ces palabres, de cet éloge se dégageait une présence quasi réelle. Ce genre de cérémonie du souvenir, ce rappel de l'âme s'achevait généralement autour d'un repas de dattes et de mil.

Chez les Garamantes, nul n'éprouvait peur ou terreur à l'idée d'une fin prochaine. On admettait l'interruption du cycle de la vie. Dès le plus jeune âge, on apprenait à l'enfant qu'il venait de la terre pour retourner tôt ou tard à la terre, à l'espace. Après la terre, il n'y avait rien d'autre que le néant. Rien d'autre pour le rattacher au monde des vivants que la mémoire des autres, que l'amour des parents, que l'admiration ou la compassion des proches et des amis. On s'y habituait fort bien, et l'on se gaussait des juifs, des musulmans et des chrétiens avec leur purgatoire, leur paradis, leur enfer. Les Garamantes refusaient toutes ces croyances qui obligent l'homme à supporter la pression et l'obsession des dogmes en cheminant plus ou moins hypocritement entre les fautes terrestres et les châtiments célestes.

Claire se demandait lequel des deux Barski avait donné un ton volontairement simpliste à ce texte élaboré au début du XIᵉ siècle dans un style certainement beaucoup plus pompeux. Elle se disait que l'athéisme a aussi ses règles, ses ordres, son côté tranchant et doctoral. Ici, tout était clair sans être vraiment expliqué, à croire que l'on avait procédé à des coupes, ou du moins supprimé des effets de style. C'était sec, sans lyrisme.

Un peu déçue, elle finit par s'endormir...

Au matin, Claire refusa carrément les avances de Barski. À peine réveillé qu'il voulut remettre ça. Sait-on jamais, avec un peu de chance, la forme serait au rendez-vous.

Claire ne lui en laissa pas le temps. Elle se leva promptement et drapa sa nudité dans un kimono qui traînait à terre.

Il remarqua la souplesse du corps, la cambrure des reins. C'était beau à voir, éloquent à contempler. En homme du désert, il pensa tout de suite à une gazelle. C'était une image imbécile et il s'en voulut. On n'était pas dans les souks de Tunis ou de Marrakech. On était dans le lit de Victor Barski. Il se traita de con. Elle l'attaqua aussitôt :

— Merci pour la lecture, mais ça ne me dit pas où est située Garame. Vous pourriez peut-être me mettre dans le coup.

Il se contenta de grogner. Elle insista :

— Voyons, un peu de logique. Vous m'acceptez chez vous, vous me montrez votre musée, vous me vantez les exploits de votre frère, vous me glissez dans son lit, vous abusez de moi...

Il la coupa :

— Abuser n'est pas exactement le mot.

Elle devint cinglante :

— Abuser ou pas, j'ai perdu mon temps, et je déteste vos méthodes de vieux salaud !

Il la moucha :

— Merde ! Vous vous prenez pour qui ? Je vous refile un document millénaire, je vous fais partager le lit de mon frère, je vous mets dans l'ambiance des Garamantes, et ça ne vous suffit pas !

Piquée au vif, elle répliqua :

— Non, ça ne me suffit pas. Et vous devriez m'aider au lieu de vous complaire dans un mystère aussi éculé que vous-même !

Il ne releva pas l'attaque et se contenta de rétorquer :

— Je ne fais aucun mystère. Je respecte la volonté de mon frère.

Elle s'emporta :

— Voyons, monsieur vous savez très bien que je suis la chance de votre frère. En dehors de mon éditeur, personne ne s'intéresse à Barski. C'est un has-been, il est rayé de la liste, absent des mémoires et des médias depuis des années.

Elle appuya son regard d'un sourire ironique et poursuivit :

— On ne sait même pas s'il est retourné à Garame. Peut-être est-il en train de se la couler douce à Miami ou à Rio. Peut-être n'a-t-il jamais quitté sa maison de campagne…

Il trouva qu'elle y allait un peu fort et le lui dit :

— Personne ne vous autorise à proférer pareille connerie. Vous insinuez quoi, au juste ?

Jugeant qu'elle avait été trop loin, elle se calma :

— Essayez plutôt de comprendre. J'ai été engagée pour écrire la biographie de votre frère. J'ai besoin de le voir, besoin de le comprendre, besoin de l'écouter.

Il fut pris d'un râle caverneux et murmura :

— Besoin de l'aimer, peut-être ?

— Pourquoi pas ? J'espère qu'il s'en tirera mieux que vous !

Il se leva d'un bond et arracha son kimono.

Elle se cabra :

— Pas touche ! Ôtez vos sales pattes !

Sans la lâcher, il proposa :

— On pourrait faire donnant, donnant.

— C'est-à-dire ?

Elle s'était donnée.

Cette fois, ce fut à peu près correct. Mais ça ne valait pas le fils de son amie. Encore moins d'Armentières, son éditeur. Pour abréger, elle avait fait semblant. Il était venu aussitôt.

L'échange fut parcimonieux. Il avait déplié une carte de l'Afrique et tracé une piste imaginaire qui traversait le Sahara de part en part. Il s'agissait d'une zone orientée ouest-est, qui allait du Sénégal au Soudan, en passant par le Niger et le Tchad : un sacré territoire plus ou moins désertique.

Comme elle exigeait un itinéraire plus affiné, il s'était mis à zigzaguer autour de cette ligne, marquant de-ci de-là des points rouges susceptibles de correspondre à l'oasis oubliée.

Il n'alla pas plus loin dans sa démonstration, jurant qu'il n'avait jamais été à Garame et qu'il ne possédait aucune indication sérieuse sur la position exacte de l'oasis. En dehors de son frère, personne n'avait mis les pieds en cet endroit du monde. Et d'ailleurs, Victor s'était bien gardé de la situer. Il avait fait croire qu'elle serait bientôt envahie par les sables, telles les oasis de la Route de la soie, aujourd'hui sous les hautes dunes du Taklamakan.

Ils s'étaient quittés sur un quiproquo. Claire avait le sentiment d'avoir été manipulée. Lui, au contraire, pensait avoir trop donné. Et puis, il y avait ce portrait de Barski en pied, un ara perché sur l'épaule gauche. D'après Serge, la toile fournissait des éléments appréciables à condition de savoir l'explorer.

Intriguée, elle quitta le manoir et se rendit à Loches. Elle tourna une bonne demi-heure, croisant et recroisant les mêmes rues à la recherche d'une place où stationner. C'était pire qu'à Paris.

Elle se gara n'importe comment. Elle avait besoin de souffler, de prendre l'air. Besoin d'apaiser ou de confirmer ses doutes.

Une secrétaire de mairie la renseigna sans se faire prier. Serge était bien le frère de Victor. Quant à ce dernier, alors là, on ne savait pas vraiment où il était passé, ni même s'il était encore en vie.

Rentrée chez elle, Claire s'empressa de dérouler la toile.

Agenouillée, une loupe à la main, elle chercha l'énigme jusque dans les cheveux broussailleux de Barski, dans les plumes jaunes et bleues du perroquet.

Elle passa au crible toute la surface peinte : les vêtements, bien sûr, le short aux multiples poches, les spartiates éculées. Elle inspecta poil après poil la toison qui couvrait le torse de l'aventurier. Puis, méthodiquement, elle examina les traces des pneus laissés par un 4 x 4 dans la caillasse du reg. Elle s'attacha ensuite à détailler les rubans de dunes qui se succédaient plan par plan jusqu'à l'horizon. Elle ne trouva rien, non plus, dans les branches de l'acacia, un vieil épineux encore verdoyant.

La crête de la falaise, le ciel au couchant ne révélèrent aucun indice.

Dépitée, Claire retourna la toile d'un geste rageur. Bousculée, celle-ci livra alors son secret : quelques mots inscrits au pinceau léger et signés : « *Claudio Roméo, mai 1987. Ce portrait d'après cliché pour convaincre Victor Barski que je donne moins bien dans la peinture que dans la photo.* »

Roméo ? Ce nom disait quelque chose à Claire. Elle chercha à le situer. S'agissait-il d'une réminiscence très ancienne ou d'un souvenir récent ? Par quel hasard, par quel sortilège se remémorait-elle ce nom ? Roméo, Roméo… Elle puisait au fond d'elle-même. Elle accola le nom à Juliette, à Alfa. En vain, ça ne venait pas.

Excédée, elle décida de ne plus y penser. Rien à faire. Elle avait cherché à le débusquer, maintenant c'était le nom qui la pourchassait. Impossible de s'en débarrasser. Claudio Roméo ne la lâchait plus. Et brusquement, il s'imposa. Lumineux ! Si le tableau offert à Barski était daté 1987, les dernières photos de Barski avaient été prises par Roméo en 1994. Il s'agissait d'instantanés réalisés à la sauvette, quelque part entre le Zimbabwe et l'Algérie. Claire s'était procuré un vieux numéro de *Paris Match* dans lequel figuraient ces quelques portraits de Barski exécutés au flash. L'exemplaire de *Paris Match* s'entassait avec d'autres documents sur le bureau de la biographe.

On avait retrouvé Claudio Roméo assassiné dans son 4 x 4 non loin d'In Sallah, en Algérie. Un meurtre sans mobile apparent. Roméo revenait du Zimbabwe en voiture. Un long périple à travers l'Afrique qu'il souhaitait accomplir en toute simplicité. Une récompense que le reporter s'octroyait après avoir séjourné trois mois chez des fermiers blancs méchamment assiégés.

Surexcitée, Claire prévint d'Armentières, son éditeur. Elle tenait une piste sérieuse et elle ne tarderait pas à se mettre en route. Or il lui fut difficile d'obtenir une promesse de billet d'avion ouvert et le versement des frais, dix mille euros, sur son compte en banque. La discussion achoppait sur les frais. D'Armentières les incluait dans l'à-valoir. Claire exigeait qu'ils soient comptabilisés hors droits d'auteur. À vrai dire, elle bataillait pour la forme. Rien, pas même un refus catégorique de son éditeur, ni l'annulation pure et simple du projet, ne la retiendrait dans son deux pièces de la rue Bonaparte. Elle se voyait déjà traquant Barski d'oasis en oasis, de dune en dune. Barski, c'était devenu sa baleine blanche à elle. Il comptait bien davantage que les Garamantes eux-mêmes.

Regrettant des mots pas très gentils lâchés dans la discussion, d'Armentières rappela Claire. Cette fois, ça ne concernait plus les frais ni les droits, mais un somptueux cadeau qu'il avait offert à son auteur deux ans auparavant : un ensemble de déshabillé en soie sauvage de Vanina Vesperini, une merveille de lingerie à caresser du bout des doigts, juste pour le frisson.

Deux ans déjà. Claire ne s'en était pas encore parée. Elle le gardait pour la grande aventure, pour l'homme de sa vie. Ça n'était pas programmable. La chose pouvait survenir à tout moment ou bien ne jamais se réaliser.

Superstitieuse, l'ensemble la suivait partout. Il était de tous les week-ends, de tous les rendez-vous, sans cesse omniprésent. Tantôt dans son sac de voyage, tantôt dans son grand sac à main de chez El Bizonte. L'incroyable c'est que strings, boxers, caracos, brassières, jupons reposaient toujours dans leur emballage originel, une élégante pochette de soie noire, tout juste entrouverte, d'où s'échappait néanmoins un troublant parfum de sensualité.

Claire n'avait pas jugé bon de se vêtir de soie sauvage pour honorer le porteur du présent. Elle s'était donnée à lui toute nue. Il avait protesté, déclaré qu'il se sentait frustré, qu'il s'agissait là d'une création artistique non aboutie, d'une exception culturelle refusée. Il l'avait même traitée d'intermittente du spectacle ratée.

Elle avait résisté. Usant de son charme, elle promit le spectacle pour plus tard.

Deux ans de cela. L'ensemble avait déjà pas mal bourlingué. Cette fois, il se préparait pour une sacrée expédition. D'ailleurs, d'Armentières ne se priva pas de jouer sur les mots :

— N'oubliez pas d'emporter votre «virginité». Vous aurez sans doute l'ineffable bonheur de la perdre à Garame !

La virginité ! C'est ainsi qu'il nommait les superbes dessous qu'il lui avait offerts. Claire s'en amusait. Elle le trouvait «chou» de l'avoir rappelée. Cela méritait un encouragement:

– Je vous le prédis, mon cher, si je reviens d'Afrique dans l'état que vous me prêtez, eh bien, juré, je vous fais le coup du déshabillé !

*

Condescendant, Papatakhios, le patron de l'agence Cripta, détailla Claire Dumas. Cette créature était trop bien roulée pour s'aventurer seule à travers le plus grand désert du globe. Barski, à supposer qu'ils se rencontrent, n'en ferait qu'une bouchée. Le vieux devait en avoir ras le bol de partouzer avec des indigènes. Alors, bien sûr, on ne crache pas sur un lot de cette envergure. La fille respirait l'amour à plein nez, pas de doute. Il s'y connaissait aussi bien en femmes qu'en matériel photo. Cette Claire Dumas était une super-nana numérique, une sorte de Nikon capable de développer dix-sept millions de pixels. Ni pute ni soumise, mais bourgeoise offerte, le genre à jouir avec des métèques de son espèce. Gréco-Nubien, il se voyait une chance. Macho jusqu'à la moelle, Papatakhios espérait bien «se faire» Claire avant que Barski ne la lui pique. Il ne connaissait l'aventurier que de ouï-dire et de clichés, ce qui ne l'empêcha pas de taper sur lui à grands coups de gueule: Barski n'était qu'un mythomane, qu'un bluffeur médiatique. Pourquoi cette volonté de le remettre en selle ? Mieux valait le laisser crever de syphilis dans son coin pourri !

Claire ne répondait pas. Elle se contentait de sourire. Elle était aussi calme qu'il était agité. Aussi sûre d'elle qu'il ne l'était pas de lui-même.

Tout en crachant sur cette «lope» dont il avait pourtant vendu douze ans plus tôt les dernières photos à *Paris*

*Match*, Papatakhios ouvrit un classeur étiqueté «Dossier Roméo».

— Approchez, je vais vous montrer quelque chose qui va vous faire mouiller.

Il réussit à la faire rougir. On ne lui avait jamais parlé comme cela.

Il sortit un bloc-notes du dossier et le feuilleta négligemment :

— Regardez, c'est le livre de bord de Roméo. Il y a noté toutes sortes de réflexions – il y en a d'ailleurs certaines qui se réfèrent à Barski –, mais le plus intéressant, c'est sans doute l'itinéraire emprunté par mon photographe au départ du Zimbabwe et jusqu'en Algérie…

Il reposa le journal de bord et lâcha :

— Avec ça, vous pouvez suivre Claudio Roméo jour après jour.

Il la regarda avidement :

— Avouez que je vous mâche le travail !

Elle avoua, en effet. Elle accentua son sourire. Ses lèvres devinrent gourmandes, irrésistibles.

Il s'exclama :

— Ma parole, il y a longtemps que je n'ai pas tenu une nana comme vous dans mes bras.

Elle le rembarra aussitôt :

— Vous croyez me flatter, mais vraiment, ça ne me fait aucun effet !

Il parut sincèrement contrarié. Mi-sérieux, mi-plaisantin, il essaya de se justifier :

— Je sais, je sais. J'attaque trop franchement. Ça fait peur…

— Je peux vous dire une chose ? demanda Claire.

— Vous pouvez.

— Rien ne vaut le flirt.

– Le flirt, le flirt, d'accord, mais il faut avoir le temps.
Elle risqua :
– Ça veut dire que vous devez faire ça comme un lapin ?
Il parut vraiment décontenancé.
– Et ben, vous, dites donc, vous n'y allez pas par
quatre chemins...
– Vous non plus, il me semble.


Papatakhios s'était laissé convaincre. Il avait trouvé sa
maîtresse, pour ne pas dire son maître.


Assise en lotus sur son tatami, Claire épluchait les
notes de Claudio Roméo.
À deux heures du matin, elle y était encore. Et même
assez loin de la fin. Quelque part entre le Soudan et le
Niger. D'étape en étape, elle découvrait la personnalité
du photographe. Sensible, de gauche, plutôt anar et
révolté, le bonhomme écrivait bien. Un style abrégé mais
efficace. Davantage d'images que de mots. Il parlait des
fermiers blancs du Zimbabwe retranchés chez eux avec
fusils et munitions. Il parlait des Papous, des Pygmées de
Zambie, l'ancienne Rhodésie, des peuples pratiquement
disparus, chassés, massacrés ou assimilés. Il parlait des
plateaux désertiques de l'Est-Angola, des mouroirs de
sidaïques, des sidas, sidas, si d'aventures atroces. Des villages vides, sinistres et sinistrés. Des tas d'ossements,
bouches béantes, dentiers géants, ventres enflés, boursouflés. Il parlait du MPLA, de l'UNITA, des cimetières
cubains d'Angola, des derniers bains de jungle, de la
douceur sucrée, des Afro-Portugaises, de la négritude,
de la longitude, de la latitude, des peaux tannées, des

esclaves, des brûlures de bazookas, des tirs de roquettes, des esprits légers, des mitrailleuses lourdes. Pourquoi République démocratique du Congo, quand il n'y a ni république ni démocratie, rien que des démons et des vampires, qu'un peuple écrasé et conditionné, que des notables ventrus et éventreurs, que des dirigeants parés de diamants et de sang, que des diamantaires corrompus, que des opposants cyniques, que des mercenaires hystériques? Ici, disait-il, la république n'est pas publique, la démocratie fait un bide, les acteurs s'applaudissent eux-mêmes. Pour les uns c'est l'Afrique, pour les autres, c'est le fric. «*Je roule, je roule. La piste est rouge. On a dû saigner le village voisin. Rien à se mettre sous la dent. C'est pareil au Soudan. Ici aussi, l'islam fait sa percée. Les Saoudiens financent. Dix mille âmes pour une mosquée. On se croirait chez Gogol. Sauf que chez le Russe, il y a la neige et les traîneaux. Ici, rien d'autre que des traînards hagards, des sacs d'os, des voleurs d'âmes.*» Il parlait de l'Afrique. Il disait: «*On a pompé l'Afrique. Elle est exsangue et affamée. Elle est à tort et à travers. Elle est jetée à la poubelle mais malgré tout, l'Afrique est toujours vivante. Moribonde, certes, mais elle tient encore sur ses deux pieds. Le malheur de l'Afrique c'est qu'elle contient des richesses. Sa terre est une île aux trésors. Alors, on se bat pour les lui piquer. Et quand ça n'est pas les multinationales qui lui font la peau, ce sont les Africains eux-mêmes qui la découpent en autant de pots-de-vin et de bakchichs qu'ils comptent de corrupteurs.*»

Claire ne réussissait pas à mettre un visage sur ce fameux Roméo. Le carnet ne contenait aucun portrait du bonhomme, pas même une petite photo d'identité. C'était amusant. Il fallait imaginer le reporter à partir de ses écrits.

Au bout d'un moment, la figure de Barski s'imposa tout à coup. Vrai, Roméo prenait soudain la tête de l'aventurier. À moins que Barski ne se soit pas brusquement glissé dans l'écriture de Roméo.

Claire en fut troublée. Elle pensa que tous les mystères qu'elle se proposait de résoudre passaient par Barski, comme tous les chemins mènent à Rome. Certes, il était bien plus facile de partir pour Rome que de se rendre à Garame.

Et voici qu'en ce mois de mai 1994, arrivant fourbu d'une longue étape à travers le Ténéré, Roméo stoppa devant l'Hôtel de l'Aïr, un établissement typique où descendent trafiquants et naufragés du désert. À peine était-il sorti de sa voiture qu'il aperçut la haute silhouette de Barski dans le hall, vêtu à la touareg, d'une gandoura bleu indigo et d'un saroual de même couleur. Pas de doute, il s'agissait bien de l'aventurier dont il avait peint dans le temps le portrait d'après photo.

À cette page du journal de bord, Roméo notait ceci :

*« J'ai pris d'instinct une photo au flash à travers la vitre empoussiérée. Le cœur battant, le Nikon prêt à tirer toute sa rafale de pelloche, je fonce vers la porte au moment où Barski en sort, fou furieux. Il me menace :*

*— Donnez-moi cette pellicule tout de suite ou il vous arrivera de sérieux ennuis !*

*Je fais mine de ne pas entendre et je me présente :*

*— Claudio Roméo, de l'agence Cripta.*

*Il se précipite sur moi et tente de m'arracher l'appareil. Il tonne.*

*— J'en ai marre d'être pris pour Barski.*

*Je m'étonne :*

*— Comment cela, vous n'êtes pas Victor Barski ?*

*J'esquive un coup de poing et je protège mon Nikon du mieux que je peux. À mon tour de hurler :*

— *Qu'est-ce qui vous prend ? Arrêtez ou je vous casse la tête.*

*Je le repousse d'un violent coup d'épaule et il tombe à la renverse. J'en profite pour lui crier :*

— *Vous êtes Barski comme je suis Roméo et vous le savez très bien. Vous m'avez même remercié par écrit quand vous avez reçu mon tableau.*

*Il se relève avec peine. Il a l'air sonné. Il me regarde plutôt innocemment. Il demande :*

— *Le tableau, quel tableau ?*

— *Votre portrait en pied, un perroquet sur votre épaule !*

— *Mais voyons, je ne suis pas Barski, je m'appelle Kurt Wedmann. Je suis orpailleur.*

*Le soi-disant chercheur d'or s'est redressé. Il mesure une tête de plus que moi. Un peu plus peut-être : une tête et un demi-cou. Beau mec, bien baraqué, buriné par les ans. Un corps sec et rugueux comme le Sahel.*

*Il esquisse un drôle de sourire en coin et me répond :*

— *Je n'ai jamais eu de perroquet : vous confondez, mon vieux !*

*Puis, sur un ton plus cassant, il ajoute :*

— *Filez-moi votre pellicule et on n'en parle plus !*

*Au même moment, un type surexcité sort de la taule. Les yeux injectés de sang, il semble avoir fait son plein de gros rouge et de kif. Planté devant moi, il m'agresse. Il m'attrape par le col de la chemise et le déchire.*

*Il gueule :*

— *Allez, connard, fais donc ce que monsieur Wedmann te demande et fous le camp d'ici !*

— *Bien sûr que je vais foutre le camp, ça, vous pouvez en être sûr.*

— *Je suis sûr d'une chose, mon vieux, c'est que je vais te faire la peau !*

*Je commence à le craindre. Je réponds n'importe quoi. Je gagne du temps et je me rapproche peu à peu du 4 x 4. J'y jette mon Nikon et je me propulse subitement derrière le volant. Les portes verrouillées, je démarre sur les chapeaux de roue.*

*Barski ou Weidmann ? Je commence à douter. Vêtements et crasse comprise, rien ne ressemble plus à un Saharien qu'un autre Saharien. Dans la soixantaine, les cheveux blancs, les yeux gris acier, le visage raviné, les biscottos impressionnants, ils sont légion. C'est à se demander si les commandos de l'Afrikakorps n'auraient pas fait des petits entre eux.*

*Intrigué, je planque ma bagnole dans la cour de la gendarmerie. Ils ne viendront pas rôder par ici. Je ressors prudemment à pied, l'appareil prêt à mitrailler.*

*Barski ou Weidmann ? J'aimerais bien en avoir le cœur net. Un reportage sur l'explorateur, même volé, couvrirait pratiquement mes frais de voyage. Quant à Weidmann, alors là, c'est l'inconnu. N'empêche, ça vaut peut-être le coup de l'archiver. Weidmann, si je m'en souviens bien, c'était un assassin que l'on a guillotiné juste avant la guerre. »*

Barski ou Weidmann. Dissimulation ou méprise ? Claire n'en apprendra pas davantage. Dans le journal de bord qu'elle feuilletait à présent avec fébrilité, l'épisode du Niger se réduisait à une simple parenthèse. Que s'était-il passé ensuite : Roméo avait-il fait un forcing ? S'était-il planqué non loin de l'hôtel ? Avait-il attendu qu'en sorte celui qu'il prenait pour Barski ? Quoiqu'il en soit, Roméo avait réussi à l'avoir. Les photos de l'aventurier parues dans *Paris Match* peu après l'assassinat en témoignaient. Mais s'agissait-il bien de Victor Barski ? Claire n'en était pas si certaine. Elle suspectait de légèreté le directeur de l'agence Cripta. Rien ne prouvait, en effet, que ces photos prises à la sauvette fussent celles de Barski. Elles auraient pu tout aussi bien représenter Weidmann. Mais qu'avait donc à cacher ce personnage ? Était-il lui-même à la recherche de Barski ? Seul Claudio Roméo aurait pu apporter quelques précisions supplémentaires à son directeur d'agence. Malheureusement, quand les images parurent dans la presse, le reporter n'était déjà plus de ce monde. On avait retrouvé ses affaires intactes. Et parmi celles-ci, l'appareil photo et le journal de bord. Qui avait eu intérêt à éliminer Roméo ? Barski avait-il suivi Roméo jusqu'en Algérie pour le flinguer aux portes d'Ain-Sallah ? Ça ne tenait pas. Weidmann, pas davantage. Ou bien, se sentant démasqué, Weidmann, criminel international, nostalgique de l'Afrikakorps, n'avait-il eu d'autre solution que d'assassiner Roméo ? Mais alors, pourquoi ne s'était-il pas emparé des pellicules ?

Claire s'y perdait. Elle déplia la carte du continent africain et se mit à évaluer la distance entre Agadès et Ain-Sallah : côté algérien, un long ruban de goudron plein de nids de poule. Côté Niger, route ensablée et piste défoncée. Un parcours de mille six cent cinquante kilomètres. Au mieux, deux jours, sinon trois par mauvais temps.

Roméo signalait des conditions climatiques désastreuses. Raison de plus. Pourquoi s'embarquer aussi loin en période de vents de sable pour supprimer un gêneur ?

Claire se disait qu'il n'y avait sans doute aucune corrélation entre l'affaire d'Agadès et le meurtre de Roméo. Vraisemblablement, le meurtre avait été commis par un rôdeur, à moins qu'il n'ait été programmé par un responsable local du GIA.

Barski, Roméo, Weidmann. Ils étaient trois maintenant à se partager la même tête. Claire n'arrivait pas à les voir autrement qu'en Barski. Le comble, c'est qu'elle juxtaposait le visage de Serge sur celui de Victor.

Elle hésita et finit par appeler Papatakhios.

En entendant Claire, l'autre se rengorgea :

— Vous êtes encore plus sexy au téléphone. Votre voix me fait... Bon, je n'ose pas dire le mot.

— Eh bien, tant mieux !

Elle ajouta :

— Je vous en prie, restons sérieux. Je suis en train de lire les carnets de Roméo et je n'arrive pas à me faire une idée du bonhomme. Est-ce que vous pourriez m'envoyer une photo de lui ?

— Si vous avez l'intention de vous taper Roméo, c'est un peu tard !

— Arrêtez, ce n'est pas drôle !

— Ça veut dire que je n'ai aucune chance avec vous ?

— Absolument aucune.

— Roméo en aurait eu ?

— C'est possible, je le trouve intéressant.

— O.K., je vous envoie son portrait par e-mail.

Il ne put s'empêcher de grommeler :

— Dommage pour moi, triste vie, triste vie...

Claire raccrocha et s'installa devant son ordinateur. Elle attendit quelques minutes, puis, impatiente, ouvrit sa boîte à courrier. Elle cliqua sur la pièce jointe à l'aide de la souris et, petit à petit, apparut la première ligne du portrait. Incroyable ! Avec ses dix ans de moins, Roméo ressemblait effectivement à Barski : visage anguleux, pommettes saillantes, chevelure en désordre, sourcils broussailleux. La même intensité dans le regard. À classer, lui aussi, parmi les ténébreux.

Elle scotcha la photo imprimée sur la page de garde et referma le livre de bord en effleurant les feuillets du bout des doigts. Ça faisait une petite musique, un air qui s'apparentait au glissement furtif des grains de sable s'échappant inexorablement d'une paume que l'on croyait fermée.

# Chapitre 2

*Le désert inspire les gens les plus simples comme les plus érudits. Il les invite à reconsidérer les idées préconçues, à revoir, à revenir sur leurs préjugés.*
*Tout marcheur du désert effectue d'erg en erg un double parcours : d'une part, celui des pieds, qui se compte en kilomètres. De l'autre, celui de l'esprit, plus difficile à évaluer, mais que l'on croit plus enrichissant.*

À plat ventre, dissimulé derrière les restes d'un muret de terre séchée, Barski guettait l'arrivée de l'Émissaire.

Sa main gauche allait et venait dans le sol sablonneux. Elle s'ouvrait et se refermait machinalement. Il avait beau fermer le poing pour emprisonner le sable, celui-ci s'écoulait presque aussitôt. Ainsi va le sable, sans dieu ni maître. Il est en marche d'un bout à l'autre de la planète, tout comme ici, dans ce coin perdu du Sahara, où il avance chaque jour un peu plus. Il envahit, il enfouit, il engloutit. Sans doute s'apprête-t-il à recevoir une nouvelle fois l'océan en grande pompe. Juste retour des choses !

Barski attendait l'Émissaire. Déjà quatre jours de retard. Il s'impatientait. De cette rencontre dépendait son retour en France. Quatre jours, un grain de poussière au regard de toutes ces années de réclusion. Arrivé à Garame en 1993, il y était encore dix ans plus tard. Et dans quel état !

Le songe d'une société parfaite rêvée par Gad s'était rapidement mué en cauchemar inhumain. Barski avait appris à ses dépens que l'on ne peut pas recréer un peuple à partir d'un modèle de vie, quand bien même ce modèle figurerait en toutes lettres dans un livre dont il avait tant bien que mal assuré la traduction.

Lors de son premier séjour à Garame, il avait eu la chance de découvrir, comme Champollion, sa pierre de

75

Rosette, qu'aucun pillard des temps anciens n'avait remarquée. Lourde de plus d'une tonne, gravée en garamantin et en arabe, elle bouchait hermétiquement une crypte dans laquelle il réussit à entrer lors de sa première expédition.

En 1961, il en avait rapporté le livre secret qui pesait, lui aussi, son sacré poids de mystère.

Jeune, fougueux, idéaliste, il s'était interdit de toucher au trésor des Garamantes : poudre d'or et d'argent répartie dans des centaines de sachets bien alignés, à croire qu'ils avaient été préparés pour le paiement d'une rançon.

À plat ventre derrière le muret, les paupières cramées, Barski scrutait l'horizon.

Il s'était fabriqué une casquette de golfeur mais la longue visière n'atténuait que très peu la lumière. Elle rayonnait, émanant autant du sol que du ciel. Tout ce qu'elle touchait renvoyait un reflet vers le regard. Il est peut-être absurde d'évoquer la vapeur d'eau dans une contrée où la sécheresse fait craquer, tel le gel, toute portion de peau à découvert. Cependant, il s'agissait bien d'une vapeur tremblotante, comme si la lumière, à des heures pas toujours prévisibles, était saisie de fièvre et de longs frissons. Barski appelait cela le palud du paysage. Plus probablement, il s'agissait de la contamination de l'environnement par son propre paludisme.

Les tempes battantes, il attendait l'Émissaire. Outre les nouvelles du monde et quelques surprises généralement bien intentionnées : des journaux et des lettres, celui-ci lui apportait les médicaments nécessaires. Il déposait le tout en bordure de piste, prenait les quelques grammes d'or ou d'argent laissés sous la balise et repartait aussitôt. Quelquefois, pourtant, l'Émissaire acceptait, sur un signe, un appel, de franchir le no man's land où nul ne se risquait jamais. Liés par le secret, les deux hommes s'estimaient.

Barski attendait. Il attendait depuis longtemps, trop longtemps. Qu'espérait-il? Que craignait-il? Une attaque, une invasion, une rémission, un simple signe? Garame était-elle une sorte de désert des Tartares? Barski, un double de Giovanni Drogo? Non, Barski avait déjà subi l'assaut. À l'affût, il guettait…

Au loin, la piste. Elle serpentait entre les plus hautes dunes. Elle s'y perdait quelquefois, mais redevenait bientôt visible. Elle était jalonnée de balises, de fûts à moitié enterrés, de débris de camions de pneumatiques, de portières ou de capots, placés à distance régulière. Pour parfaire ce décor hallucinatoire, d'énormes pieux réfractaires aux pires intempéries se dressaient vers le ciel, comme des pals menaçant le moindre nuage d'un horrible supplice. Entre ferrailles et pieux, les caravanes s'y retrouvaient. Lorsqu'elles se présentaient au large de Garame, elles ne prêtaient pas la moindre attention aux démentiels châteaux forts de grès, nés d'une série de caprices sismiques. L'érosion, les tempêtes, la mythologie animiste s'étaient chargées du reste. La peur, les ouï-dire, faisaient que personne ne s'arrêtait devant Garame. Qu'ils aillent dans un sens ou dans l'autre, les convois pressaient le pas. Hommes et bêtes baissaient la tête. Les plus anciens comme les plus jeunes s'affolaient à la seule vue de l'oasis. Personne n'en parlait, mais tout le monde pensait aux affreuses malignités susceptibles de les atteindre pour ne plus jamais les lâcher. Mieux valait éviter de provoquer la fureur des spectres. Alors, on filait, on prétextait le retard pris par la caravane. À ce train-là, l'eau manquerait.

En amont de Garame, le puits le plus proche était à quatre jours de marche. En aval, souvent tari, le premier point d'eau était à cinq jours. Encore devait-on raccourcir les temps de repos, sauter les étapes, profiter au maximum de la fraîcheur des nuits. Foncer droit devant soi sous le chemin d'étoiles.

Barski s'en étonnait encore. Il était le seul à connaître l'existence de la guelta tapie au fond du canyon. Jadis, elle abreuvait et irriguait la cité. Aujourd'hui, trouble et dormante, elle assassinait son unique occupant. L'eau, c'est l'eau. Qu'importe qu'elle soit pure ou impure, bouillon de culture ou bouillon de onze heures, l'assoiffé s'y précipite avec envie et violence. On résiste à la faim, pas à la soif. On ne mange pas les charognes parce qu'elles puent, parce qu'elles grouillent d'asticots. En revanche, on se jette sans retenue dans une mare immonde, on se vautre dans le pire des cloaques.

Ceux qui croisaient au large de Garame – caravaniers, camionneurs, guides, fuyards, voyageurs égarés – ne soupçonnaient aucunement l'existence de cette guelta. Et quand bien même l'idée leur serait venue à l'esprit, comme l'eau vient à la bouche, il leur faudrait encore affronter les démons et les djinns que la légende des siècles fait cohabiter dans ce coin maudit, parmi les ossements d'une population autrefois pestiférée.

Barski le constatait chaque jour. On passe devant Garame comme on se faufile dans une gorge de montagne, les épaules rentrées, en regardant ses pieds. Ici, pourtant, point de gorges, point de sommets vertigineux susceptibles d'impressionner les nomades.

Devant Garame et jusqu'à l'horizon, ce n'était qu'un vaste plateau désertique, que des rubans de dunes à l'infini, dans lesquels venait se perdre la piste hérissée de repères, de totems de fortune.

Étrange et oppressant phénomène d'optique. À certaines heures, sous certains éclairages, ils prenaient des allures de monstres difformes. Une simple boîte de conserve rouillée, abandonnée en cours de route, enflait tout à coup jusqu'à se transformer en « sauveteur », en « messager ». Tout voyageur égaré s'y trompait. On s'essoufflait à s'approcher. De loin, on avait l'espoir, on criait victoire. De près, c'était le désarroi. On criait sa rage. On appelait sa mère...

Le mirage, c'était une autre histoire. Barski ne se laissait plus avoir par ces étendues d'eau, des lacs paisibles bordés de palmiers, où venaient se désaltérer de longues files de dromadaires à la démarche alanguie. On avait beau réunir ses dernières forces, écarquiller les yeux et se précipiter en trébuchant vers cette vision de l'éden, on n'atteignait jamais l'impalpable, à moins, bien sûr, de vivre déjà dans un monde en trompe-l'œil. Barski n'était pas dupe. Il était son propre mirage. Il existait dans l'illusion. Loin, très loin, au-delà de lui-même.

\*

Barski attendait l'Émissaire. La main ouverte, il laissait filer le sable chaud entre ses doigts. Sensation agréable, les pensées s'écoulaient au rythme du mouvement.

Barski, l'inventeur des Garamantes, allait peut-être mourir à son tour. Juste ou injuste ? Là n'était pas la question. Barski avait pourtant tout donné. Sa foi, sa vitalité, ses compétences. Et surtout son refus. Ça n'avait pas empêché les jalousies, les violences, les abus de pouvoir, les crimes. Aux saisons d'espérance succédèrent les saisons d'hystérie. La belle machine à photocopier la civilisation d'antan s'était déréglée. Les planches qu'elle tirait n'avaient plus aucun sens.

On se regardait avec haine, prêts à fondre les uns sur les autres. On en était à dormir avec son poignard, quand l'épidémie et la sauvagerie fondirent en même temps sur Garame. Exterminatrices, elles réglèrent le sort des survivants en quelques semaines.

Plus ou moins immunisé, Barski résistait. Maintenant, il savait. Au XIᵉ siècle, l'islam n'avait pas été le pire ennemi des Garamantes. La malaria avait fait en partie le sale boulot. Comme autant de flèches empoisonnées, les moustiques s'étaient abattus, en groupes, en nuages, sur l'oasis. Et tandis que les mâles se désintéressaient du carnage, préférant butiner tranquillement le nectar des fleurs, les femelles assoiffées de sang passaient à l'attaque au soleil couchant. Elles remettaient ça régulièrement. Elles arrivaient par vagues, toutes ensemble, à la même heure, et s'acharnaient sur les épidermes. Impossible de s'en protéger. Elles piquaient même le bout des doigts.

Garame n'avait de répit qu'en pleine lumière. Femelles et mâles fuyaient la forte chaleur et se regroupaient autour de la guelta. Inoffensifs, ils tournoyaient sur place en attendant la fraîche. Et puis, ça repartait de plus belle. La panique ! Les hommes n'avaient pas assez de bras pour chasser les tueuses. Pour une seule d'entre elles anéantie, des milliers d'autres arrivaient à la rescousse. Ça vrombissait de partout. Les oreilles, la tête n'étaient plus que stridence. Et parmi les plus féroces, les redoutables anophèles venimeuses et les stégomies porteuses de fièvre jaune, se distinguaient également des insectes de

chez nous, de simples moustiques de la Camargue et
de la baie de Somme, tels le cousin et le maringouin. Et
comme si cela ne suffisait pas, des nuées de mouches
venues d'on ne sait où participaient à la mêlée générale.
Petites, nerveuses, virevoltantes, elles piquaient rageuse-
ment, en tirs groupés.

Allongé derrière le muret de terre séchée qui conser-
vait encore la touffeur de la journée, Barski paraissait mal
en point. L'Émissaire ne viendrait plus ce soir. Il n'était
pas du genre à se risquer de nuit sur la piste de Garame.
Encore que, par fidélité, en souvenir des temps anciens, il
était capable de bravoure. Plus probablement, la visite
était remise au lendemain. L'Émissaire apporterait les
seringues et la quinine, tout ce qui convenait pour soigner
cette crise de paludisme qui revenait périodiquement.

Tremble, carcasse ! Emmitouflé dans ses couvertures,
Barski claquait des dents. Rien à faire pour arrêter. Le
corps tout entier trépidait au rythme des mâchoires.

Lors de la première attaque des moustiques, quelques
mois après son retour à Garame, il avait vu disparaître
tout le monde. Et tous, y compris les fuyards, en étaient
morts.

Ça ne s'était pas exactement passé comme cela. Pas
aussi simplement que ces mots le laissent supposer. La
mémoire ne suivait plus. Elle déraillait. Les souvenirs se
carambolaient. Mais pourquoi devrait-on expliquer ce
que chacun peut d'ores et déjà deviner ? Vouloir bâtir un
monde moderne sur les données d'un monde ancien
relève de l'absurde.

Le tort de Barski n'était pas d'y avoir cru, c'était d'avoir
laissé les autres s'enfoncer dans sa propre fantasmagorie

en leur refilant, page après page, les morceaux d'une his-toire qu'un jeune aventurier de vingt ans s'était racontée à lui-même.

Il délirait. Il disait n'importe quoi. Qu'avait-il donc à se déprécier de la sorte, était-ce la maladie, l'approche de la mort?

Barski n'avait pas triché. Il était resté fidèle au texte retrouvé dans la crypte. Il avait traduit au plus près, au plus juste. D'accord, il aurait dû garder tout cela pour lui seul et prendre du recul. Pourquoi avait-il reçu les Gara-mantes, ces deux excités, dans son manoir de Touraine en s'entourant de mille précautions? Pourquoi refuser de rendre le livre? À quoi rimait cet entêtement? N'avait-il pas déjà photocopié et microfilmé l'ensemble du manus-crit? Ces doubles lui permettaient de déchiffrer le texte à loisir. Une fois la traduction achevée, il avait bien l'inten-tion de publier ses découvertes et d'organiser des débats et des conférences. Bref, dans le dernier tome de *L'Empire du silence*, on allait apprendre pour de vrai ce que le pre-mier tome avait volontairement laissé dans l'ombre. On verrait alors de quelle étoffe s'habillait Barski et de quel bois il se chauffait. Sûr que ça allait barder. Il entendait déjà les louanges…

L'intervention des Garamantes avait tout fichu en l'air. Obsédés par les traces de leurs ancêtres, ils réclamaient l'original, trois mille cinq cents pages d'un codex répar-ties en quatre volumes reliés pleine peau: soixante-dix kilos de lois, d'édits, de règles, de conseils, que le jeune Victor Barski avait charriés sur son dos et planqués dans une chambre de bonne du V$^e$ arrondissement qu'une amie de sa mère lui prêtait.

Vingt ans plus tard, la chambre de bonne du V$^e$ arron-dissement s'était transformée en un manoir du XIII$^e$ siècle.

C'est dans cette demeure qu'avaient fait irruption Gad et Yoz, exigeant la restitution de leur bible.

Pressants, violents, menaçants, les Garamantes avaient été à un doigt d'obtenir gain de cause. Barski s'apprêtait à céder quand une poussée d'immodestie l'obligea à reconsidérer la situation. En effet, que vaudrait donc le témoignage qu'il envisageait de faire devant ses pairs, s'il n'apportait pas la preuve que le livre des Garamantes, l'élément majeur de sa démonstration, existait bel et bien?

Il avait argumenté et tergiversé pour proposer, en définitive, une remise de la traduction mois après mois. Bien sûr, cette formule n'arrangeait pas les Garamantes. Ils venaient de loin dans l'espoir de reprendre leur livre, et n'avaient guère l'intention de se contenter d'une traduction, aussi fidèle soit-elle. À leurs yeux, l'original avait une valeur symbolique énorme. C'était autre chose que les cahiers de brouillon sur lesquels le maître travaillait.

À bout d'arguments, Barski proposa de les loger dans les environs. C'était à prendre ou à laisser. Il leur paierait l'hôtel et le restaurant, ainsi que les autres frais. En contrepartie, les deux hommes promirent de ne plus le harceler.

Comme convenu, ils se revirent régulièrement ailleurs. Le maître remettait les pages fraîchement traduites et en discutait avec Gad. C'était un jeune homme intelligent et exalté, prêt à tout pour concrétiser au plus vite ses chimères. Son entêtement, cette opiniâtreté à marcher dans la foulée de ses ancêtres fascinaient et effrayaient l'explorateur. Gad avait lutté pied à pied, mot à mot, jusqu'à obtenir de Barski la promesse qu'un jour ou l'autre, il ramènerait lui-même, de son plein gré, le livre à Garame.

L'autre, Yoz, n'était que l'ombre de Gad. C'était un Touareg de la tribu des Kel-Dinnik. Il ne comprenait pas un mot de français, s'exprimait de rares fois en tamajeq pour demander l'heure ou le nord. Apparemment, le soleil de Touraine le désorientait.

L'échange s'interrompit brusquement. Dénoncés, les deux clandestins, dont le teint sautait aux yeux dans cette petite ville toute blanche, furent transférés à Tours et expulsés de France.

Le maître n'y put rien. En vérité, il n'intervint pas. Cette expulsion l'arrangeait. On n'était pas près de les revoir. Débarrassé des importuns, il n'avait plus à craindre pour sa vie. Plus à craindre pour le livre. Il pourrait enfin ranger le revolver et ôter le holster qui lui blessait les côtes.

Le remords ne lui vint que peu à peu. Lentement mais sûrement, la mauvaise conscience prit le pas sur la bonne, qui était de pouvoir se dire en toute bonne foi qu'il était désormais le seul propriétaire du livre. Mieux encore, on ne parlerait plus du «livre des Garamantes» mais du «livre de Barski». Se dire qu'il était dans son droit et qu'il apporterait, lui aussi, grâce au livre, sa pierre blanche dans le vaste édifice culturel de l'humanité.

La mauvaise conscience, c'était de ne plus rien se dire, de ne plus rien espérer d'autre qu'un répit à sa repentance. La mauvaise conscience, c'était de se poser enfin les questions que la bonne conscience s'interdisait de soulever.

Barski louvoya des années entre ces deux états d'âme. Et puis, le temps s'écoulant, il s'était enfermé dans cette logique, à savoir que l'on n'œuvre pas impunément pour l'Histoire sans avoir une haute idée de soi-même. Il n'était pas le seul à penser de cette façon. Les explorateurs, les navigateurs, les écrivains-voyageurs hésitaient-ils à rapporter d'Asie des trésors qu'ils allaient, pour les uns, spécialement chercher, pour les autres, juste dérober, comme cela, en douce, pour la beauté de la chose ?

Les musées occidentaux ne regorgent-ils pas de toutes les merveilles volées par les uns et les autres, au mépris des peuples jugés trop primaires pour apprécier la beauté et comprendre le message céleste des civilisations anciennes ? D'un côté, cette bonne conscience du pillage autorisé et même encouragé, car il va profiter à une collectivité cultivée ; de l'autre, un malaise, un sentiment d'injustice lié à ce genre d'appropriation.

Chez Barski, l'affaire prenait un autre aspect. Il avait dépossédé les Garamantes de leur livre secret sans se douter une seconde qu'on viendrait le lui réclamer. En vérité, le peuple garamante avait disparu du désert dans la première moitié du XIᵉ siècle. Il s'était volatilisé. Avait-il été obligé de s'enfuir, contraint à l'errance ? L'avait-on déporté en d'autres lieux, ou bien l'avait-on carrément massacré ? Longtemps, Barski avait accusé l'islam. Maintenant, il le savait : l'islam y était pour quelque chose, bien sûr, mais outre l'intolérance religieuse, les Garamantes avaient eu à souffrir de la malaria.


Le froid avait délogé Barski. Vers vingt et une heures, comme chaque soir, la température s'était mise à chuter. Elle oscillait dès lors entre cinq et sept degrés. Ce même jour, elle avait atteint quarante-sept degrés. Une différence de quarante degrés, c'était usant, éprouvant.

Il s'était traîné vers son logement, une pièce creusée en sous-sol où l'air chaud et l'air frais se mélangeaient de manière équilibrée. L'endroit contrastait fort avec ce que l'on voyait de la surface de l'oasis : des palmiers jaunis, des acacias rabougris, des touffes de jonc et de graminées, des traînées de coloquintes, un leurre de melon ; Garame n'était faite que de sable et de ruines, de cumulus et de fourmilières géantes. Environ quatre hectares d'une lande absolument plate, surplombée par une falaise où s'élevaient une centaine de châteaux fous aux tours éventrées dans lesquelles s'engouffrait l'insupportable sifflement du vent.

L'antre de Barski tenait du campement touareg. L'ambiance, la décoration, les coffres, le lit, les couvertures, les tapis, les armes, tout y était targui. Seul meuble étranger, une coiffeuse en tamaris de fabrication maison. Sous le miroir, qui faisait office de rabat, étaient disposés des peignes et des brosses, des fibules, des bracelets de cheville et de poignet. On y voyait aussi des flacons. Ils renfermaient des essences orientales : chypre, ambre, jasmin, myrrhe du Yémen, myrte d'Andalousie.

Barski avait fabriqué ce petit bijou de meuble pour Illame, qui avait été sa compagne. Il ne sut jamais son âge exact. Il hésitait entre quatorze et dix-sept ans. Illame avait été sa petite princesse, une Peule belle comme le désert. Son père, un chef borroro, possédait le plus important troupeau de la région, que la sécheresse décimait chaque jour un peu plus. Il restait encore quelques bœufs à longues cornes, métissés de zébu, des mâles, des femelles efflanquées. Les premiers pour la gloire, les secondes pour le lait, le beurre, le fromage.

C'est au nombre de bêtes que se mesure la puissance du chef. Vendre une seule d'entre elles, c'est vendre un peu de sa propre vie. Les ancêtres l'interdisent. Les ancêtres disent : « Va, mon fils, va, marche devant ton troupeau et cela suffira pour donner un sens à ta vie. » Ainsi nomadisent les Borroros, d'un pâturage râpé à un autre pâturage râpé, traînant derrière eux le troupeau des dieux. «Va, mon fils, va, ne t'attache pas aux biens matériels. Quand ton troupeau a de quoi manger, il vaut de l'or, alors tu es riche à l'intérieur de toi. Quand ton troupeau n'a plus rien à manger et que tes bêtes tombent comme des mouches, alors tu es encore plus riche à l'intérieur de toi, riche car tu n'as vendu aucune vache, aucun bœuf, et cela t'honore. Va, mon fils, va, tu es dans le droit chemin de la morale borroro, et les esprits de la brousse, les djinns qui veillent sur toi étendront leur protection sur ta famille.»

*

Gad, toujours flanqué de Yoz, avait reçu Barski à Garame. Il s'agissait d'une réception modeste pour fêter l'arrivée du maître. Au menu: galettes de sarrasin cuites en terre, fennecs rôtis, dattes et oranges. Eau fraîche de la guelta. À l'époque, elle se buvait encore avec délice.

Une vingtaine de personnes assises autour du nouveau venu partageaient ce repas. Vingt-deux exactement, si l'on comptait Yoz et Gad. Un homme pour chaque femme. Comme l'expliquait Gad avec fierté, certaines jeunes filles enceintes accoucheraient bientôt de la nouvelle génération des Garamantes. On repartirait enfin de zéro. On formerait les enfants selon l'enseignement du Livre. Pour l'instant, les adultes se soumettaient aux écrits avec une certaine discipline. Évidemment, les habitudes, les sentiments transmis et ressentis depuis toujours avaient tendance à reprendre le dessus.

Barski écoutait d'un air consterné. Il détaillait discrètement ces prétendus Garamantes. La plupart avaient été recrutés par Gad dans des villages reculés de l'Aïr et du

Hoggar. Il y avait quatre Kel Tazolé : deux filles et deux garçons. Quatre Dag Rali de Tahat, six Kel Ferouane d'Iferouane : trois filles et trois garçons. Six Kel Feloufiat : trois garçons et trois filles. Trois Kel-Ahggar du Hoggar : deux garçons et une fille.

Traits réguliers et fins, dentitions d'une blancheur éclatante, le regard charbon aux reflets de diamant, les coiffures huileuses et tressées, garçons et filles se ressemblaient étonnamment. Ils suivaient au mieux la conversation. Les visages s'éclairaient quand ils comprenaient. Ils s'assombrissaient quand ils ne saisissaient ni les mots, ni les intentions. Cela donnait une grande variété d'expressions, mais on y lisait aussi l'appréhension, le doute, autant de naïveté que de cruauté.

Doué d'un charisme certain, Gad les avait convertis à sa cause. Pratiquant peu l'islam, ces recrues d'obédience animiste plaçaient le culte des ancêtres, de la nature et du Soleil au-dessus de tout.

Gad n'avait eu aucun mal à les attirer jusqu'à Garame. Contre une bonne nourriture et un pécule symbolique, tous, femmes et hommes, se prêtèrent aux rituels de cette nouvelle religion où l'on ne parlait ni de Dieu, ni de richesses, ni d'enfer, ni de paradis, ni de haine, ni de conquêtes. À vrai dire, pour les Touaregs habitués aux razzias et aux incursions, le renoncement aux conquêtes fut le plus dur à faire accepter.

Barski voyait tout cela d'un œil inquiétant. Certes, la « nation » garamante n'existait que depuis quelques mois. On y prêchait la liberté, mais en même temps, il était interdit de se montrer ou d'aller se balader sur la piste. Interdit de signaler sa présence aux caravaniers comme aux amis. On devait d'abord exister, souder la communauté en un bloc homogène et solidaire. On aviserait plus tard de l'opportunité de se faire connaître et reconnaître, de la nécessité de commercer et d'entretenir des relations avec la population des environs.

Les couples s'étaient formés. Quelques-uns s'étaient défaits pour revenir aussitôt ensemble. On parlait d'amitié et d'amour, comme chez les Touaregs, comme chez les Peuls, comme chez les Borroros. On le chantait même en s'accompagnant de harpes et de tendés.

Volubile, excité, Gad s'exprimait en garamantin. Tout comme Barski un quart de siècle plus tôt, il s'était servi de la stèle monumentale qui murait l'orifice pour recomposer l'alphabet à partir des inscriptions qu'elle dévoilait.

L'ensemble de la population – hétéroclite pour un spécialiste des tribus touaregs, mais assez homogène dans la mesure où tous et toutes appartenaient à des ethnies du Hoggar et de l'Aïr – commençait aussi à apprendre la langue des Garamantes. Cela donnait lieu à de formidables éclats de rire quand la situation s'y prêtait, comme à de terribles éclats de colère quand les prérogatives du mâle se voyaient tout à coup réduites à l'égalité des sexes.

De jour en jour, Barski s'effrayait de ce qu'il voyait comme de ce qu'il entendait. On était en pleine tragédie bouffonne et il se sentait entièrement responsable. Que faire ? Comment neutraliser Gad ? Il n'était plus question de bonne ou de mauvaise conscience. C'était bien pire, il s'agissait d'un épouvantable gâchis, d'une expérience sectaire vouée à l'échec car elle ne correspondait à aucune réalité historique. Les Garamantes s'étaient éteint depuis longtemps. Les rescapés, les bannis s'étaient alors mêlés aux autres peuples de la région : Peuls, Borroros, Touaregs, Djermas ou Haoussas.

De la race garamante, il n'existait à l'entendre qu'un seul représentant, un élu nommé Gad. C'est du moins ce qu'il affirmait à Barski, qu'il cherchait à séduire par tous les moyens. Mais Barski décrochait. Il refusait de cautionner pareille folie. Il n'était pas venu ici pour cela. Il s'était fait piéger.

Fidèle à sa promesse, il était retourné à Garame pour y rapporter le livre et le replacer dans la crypte, à l'endroit qu'il occupait jadis.

Loin de Garame, lorsqu'il avait vécu reclus dans son manoir de Touraine, le temps l'avait travaillé comme il travaille les poutres, les murs, les roches. Il avait érodé ses certitudes, effrité ses convictions. La nostalgie, l'appel du désert ajouté au remords qui ne l'avait pas quitté firent le reste.

Tourmenté, écorché vif, il avait éprouvé le besoin de faire la paix avec lui-même. Cette paix passait obligatoirement par le retour à Garame et l'abandon du codex. Fini, le «Livre de Barski». Le livre redevenait le «Livre des Garamantes». Adieu, vanité des vanités! Mieux valait emprunter le chemin des tranquillités et oublier pour toujours ces trésors, ces secrets, ces chimères.

Il ne restait plus qu'à annuler la publication fracassante de l'odyssée garamanesque qu'il s'apprêtait à sortir, et à reporter vers une date hypothétique débats et conférences. Ainsi, Barski renonçait une fois pour toutes à la reconnaissance. Plus rien que le silence, le voile. Toute une vie de chercheur à jamais enfouie sous le sable du désert.

Maintenant, il ruminait sa déception. Il s'en voulait de son choix. Il avait cru retrouver Garame telle qu'il l'avait laissée autrefois, une oasis fantomatique que personne en dehors de lui-même n'avait osé braver.

Garame l'avait trahi. La cité était sous la coupe de Gad et de Yoz. Gad, le chef spirituel. Yoz, l'homme de main. Au début, Gad s'effaça devant Barski. Il avait tout

juste, disait-il, devancé le maître dans son désir de recréer
Garame telle qu'elle existait jadis.

Gad ne lâchait pas prise facilement. Il avait le sens de
la répartie et s'étonnait de l'amnésie dont semblait souffrir l'explorateur. À maintes reprises, dans cet hôtel de
Loches où les deux hommes s'étaient retrouvés, ils
avaient tous les deux évoqué la possibilité de donner une
nouvelle chance à Garame. Et Barski n'était pas le moins
rêveur ni le plus hésitant à imaginer la renaissance d'un
peuple qui n'avait jamais eu sa place dans l'Histoire, sinon
dans celle qu'il était en train de lui écrire.

Barski ne niait pas. Il reconnaissait avoir eu des
enthousiasmes, des emballements. Il mettait cela sur le
compte de l'excitation. On ne devait pas le prendre au
sérieux. Il s'agissait d'une vision intellectuelle, d'une
utopie de poète.

Les deux hommes avaient bataillé durement. L'un y
croyait, l'autre pas. À bout d'arguments, incapable de raisonner son intransigeant disciple, Barski laissa entendre
que sa place n'était pas ici et qu'il repartirait au plus vite.
L'autre supplia, menaça et revint à maintes reprises sur la
responsabilité historique du maître.

Il y eut négociation avec le diable, arrangement avec
les démons. Coincé, acculé, Barski céda. Il resterait
quelques temps en observateur, sorte de témoin d'une
aventure grotesque dont il était pourtant, à tort ou à
raison, le principal instigateur.

Gad savoura sa victoire. Pour lui, quelques temps, cela
voulait dire pour toujours.

Barski ne l'entendait pas de cette façon. Faute d'être
écouté et de pouvoir convaincre, il ferait arrêter Gad,
dût-il pour cela alerter lui-même la gendarmerie de Bilma
ou d'Agadès.

Une mauvaise lueur passa dans les yeux de Gad. La lueur voulait dire : « Attention, si tu en fais trop, je te tue. Mieux encore, je te retiens prisonnier et je fais de toi le témoin impuissant d'une récolte folle dont tu as semé les premiers grains dans le sable de Garame. »

La lueur ne s'arrêtait ni au meurtre ni à l'enlèvement. Il existait d'autres moyens de le neutraliser. Les regards que le maître jetait vers les belles Touaregs n'avaient pas échappé à Gad.

Avait-elle quatorze ou dix-sept ans ? Était-elle pubère ? Était-elle venue de son plein gré ou l'avait-on contrainte ? Elle ne paraissait pas effarouchée. Elle regardait Barski d'un air amusé.

Fasciné par sa beauté et son allure, celui-ci se demandait s'il fallait l'accepter ou la renvoyer sur-le-champ.

Son père, un grand Borroro, le chef des troupeaux, attendait le long de la piste. Burnous noir, chèche noir, dromadaire caparaçonné d'une cotonnade de même couleur, le bonhomme connaissait Barski depuis son plus jeune âge ; il laissait faire les choses.

Le sourire éclatant, l'œil à la fois curieux et extasié, elle dévisageait le Blanc que son père lui donnait en cadeau. Qu'allait-elle en faire : devait-elle jouer et rire avec lui ? Devait-elle s'y soumettre ? Rester muette et figée sous ses désirs ? Pourrait-elle seulement l'aimer, lui chanter des chansons, venir se blottir contre son épaule ?

Barski lui fit signe d'approcher. Elle s'avança, légère et ondoyante. Il se dit que le plus célèbre des top-models n'aurait jamais la démarche de ces filles qui vont au puits.

De la robe, si l'on pouvait appeler «robe» ces loques, jaillissait un corps aux proportions si parfaites que le nombre d'or avait sans doute présidé à sa procréation.

Il la prit par la main et l'aida à se faufiler par la trappe qui menait à son antre. À l'époque, ce n'était qu'une ébauche de logement. En tout et pour tout, une paillasse et des couvertures, une malle pleine de livres et de cahiers.

Elle ne se décidait pas à entrer. Elle détaillait le lieu avec prudence. Il dit :

— N'aie pas peur, il n'y a personne d'autre que moi.

Elle fourragea un moment dans sa coiffure faite de courtes tresses, ceintes d'un bandeau décoré de coquillages blancs en forme de vulves.

Il demanda :

— Quel est ton nom ?

— Illame.

— Cet homme noir, c'est ton père ?

— Oui, c'est mon père.

— C'est lui qui t'a appris le français ?

— Il te connaît, mon père. Il était avec toi quand tu as découvert Garame.

Barski marqua la surprise. Elle ajouta :

— À l'époque, il n'était pas encore l'Ardo, le gardien du troupeau de Dieu. C'était un jeune guerrier. Il s'appelle Togo, tu l'avais engagé pour porter tes affaires.

Les souvenirs lui revenaient. Togo, cela voulait dire «étalon». Le garçon était magnifique. Les femmes de la tribu se le disputaient.

Barski et Togo s'étaient liés d'amitié. Ils s'appréciaient. Ils échangeaient des idées, des secrets, des recettes magiques.

Togo avait invité le Français au Gerewol, la grande fête borroro du culte de la beauté. Une fois le bétail réparti de telle façon qu'il était impossible d'en déterminer le nombre de têtes, les jeunes gens et les jeunes filles se dispersaient à leur tour pour se parer et se maquiller jusqu'à outrance des mêmes crèmes et des mêmes poudres.

Lèvres peintes en rouge, le corps transfiguré et décoré, les jeunes hommes entamaient alors une litanie sans fin, répétant la même note de façon lancinante.

Cette longue étape de séduction et de provocation amenait alors les filles à entrer dans la danse. Simplicité du code amoureux borroro. Une à une, elles choisissaient leur préféré : le plus beau, le plus viril. Ainsi formés, les couples se promettaient pour la nuit prochaine. Rien n'était cependant gagné. Il leur fallait encore beaucoup danser, beaucoup parler, beaucoup discuter avant de s'abandonner l'un à l'autre.

Barski se souvenait. Le soir venu, il avait hérité d'une veuve. Ils n'étaient pas seuls sous la tente. Il entendait des rires, des commentaires paillards. La veuve était intimidée. Elle n'avait pas vingt ans.

Barski effleura le bras d'Illame et demanda :

— Comment ton père a-t-il su que j'étais revenu ?

— Il a appris ton retour par Gad. Et Gad lui a dit ceci : «Tu amèneras ta fille au Français parce qu'ici tout le monde a une femme et qu'un homme sans femme, c'est comme un Borroro sans troupeau.» Alors mon père a compris ce que voulait dire Gad.

— Et te voici.

— Oui, me voici.

Ne voyant pas sa fille revenir, Togo fit demi-tour. Il aimait bien le Français. Ils s'étaient écrits durant des années. Barski lui avait adressé des cadeaux, de l'argent.

Chemin faisant, l'Ardo, qui avait délaissé le troupeau de Dieu pour son dromadaire tout noir, une rareté, se demandait bien ce que fichaient tous ces gens dans ce coin pourri. Avaient-ils découvert du minerai, de l'uranium comme à Arlit? Creusaient-ils autour de la stèle pour y trouver d'autres vestiges? Ne s'adonnaient-ils pas plutôt à de terribles orgies afin d'apaiser les djinns et les démons réfugiés dans les châteaux fous de la cité hantée?

Peut-être aurait-il dû avertir sa fille? Ah, qu'importe! Il faisait confiance au Français...

Gad ne s'était pas trompé. Barski était sous le charme de la petite.

Innocente et fraîche, elle avait une haleine de lait, du goût pour les malices. Dans la vie de tous les jours, elle s'inventait des aventures. Elle éclairait sa journée d'histoires d'amour et de perles. Elle connaissait mille fables se rapportant aux vaches et aux buffles, aux bons et aux mauvais génies de la brousse et du désert, aux fées du sable, aux princes charmants, aux vilaines sorcières.

Seul le décor changeait. Chez les Borroros, il n'y a pas de forêts épaisses, comme celles où se perdaient les petits poucets. Il n'y a qu'un espace de dunes sans fin et une maigre savane où les pauvres petits garçons borroros sèment des noyaux de dattes.

Chez les Borroros, Mère-Grand n'habite pas une maisonnette tapie au fond des bois, mais une pauvre cabane de branchages plantée au milieu des herbes sèches. En revanche, le loup est un vrai loup du désert, une bête que l'on ne voit plus, mais que l'on entend hurler certaines nuits de pleine lune.

Aux heures de la sieste, car on faisait aussi la sieste chez les Garamantes du XI$^e$ siècle, Illame s'endormait dans les bras de Barski. Elle aimait son torse couvert de poils. Elle en faisait sa peluche. Ils dormaient comme cela, l'un contre l'autre, ventre à ventre. Ou bien ventre à dos, collés, luisants.

Elle était douce, tendre, soyeuse. Il ne se lassait pas de la respirer. Elle était simple, naturelle, pudique, provocante. Il la respectait. Il faisait l'enfant, le collégien. Il jouait les garçons naïfs. La plupart du temps, il lui laissait l'initiative. Ça ne lui allait pas très bien, mais il était déjà passé par tant d'états et de métamorphoses qu'il n'était plus à un rôle près.

Il l'aimait. Il rajeunissait. Et quand l'ambiance de Garame lui devenait insupportable, il s'enfermait des jours entiers avec elle. Ils se racontaient des histoires d'étoiles qui filaient vers la mer. Des histoires de mers qui filaient vers les étoiles. Des histoires de grosses bêtes blanches et poilues, vieilles et ridées, qui fondaient tels des rapaces sur les petites filles Borroros et les prenaient dans leurs serres. Pour ce qui est de la grosse bête, Illame ne se privait pas de broder. Elle imaginait toutes sortes de situations qui se prêtaient à la moquerie, sans omettre de faire l'inventaire des vilenies qu'elle subissait ou qu'elle lui infligeait. C'est que les petites Borroros, avec leur allure de gazelles bien sages, n'ont rien à apprendre de leurs petites sœurs occidentales. Disons simplement qu'elles ne s'embarrassent ni de sophistications ni de paraphrases. Elles sont directes et naturelles.

Quand il n'en pouvait plus d'inventer des mensonges derrière lesquels se cachaient des vérités, et même des sévérités envers lui-même, Barski changeait de registre et incitait sa jeune compagne à la confession. Il ne se lassait pas de ces récits peuls ou borroros que l'on se raconte le soir autour d'un feu. Il se délectait particulièrement des anecdotes se rapportant à la grand-mère maternelle d'Illame : quatre-vingt-dix ans bientôt, peut-être quatre-vingt-quinze, ou même davantage. Chez les Borroros comme chez les Peuls et les Touaregs, l'état civil est aussi nomade que les caravaniers. On ne déclare pas forcément dans les meilleurs délais un bébé durant un long parcours ou une transhumance. L'enfant doit d'abord vivre, faire la preuve qu'il est protégé par les esprits bénéfiques, que ceux-ci ne le lâcheront pas en cours de route. Dans le doute, la mère attend parfois plusieurs années. Alors, on finit par oublier. Il n'y a rien à gagner, ni prime ni allocation, même pas un peu de lait en poudre quand les mamelles de la bufflette sont taries.

Chez les gens du désert, le trou de la Sécurité sociale est depuis longtemps comblé par le sable. Au-dessus du bébé borroro, il n'y a que ce démentiel trou noir qui avale les galaxies une à une, comme les chameaux avalent les galettes de mil.

Le trou noir, l'ozone, la dérive des banquises, ils ont appris cela d'un groupe de voyageurs blancs : une trentaine d'hallucinés qui suivaient leur prédicateur, un gourou venu annoncer la montée des océans pour le lendemain, la fin du monde pour le sur-lendemain.

Le groupe s'était installé en plein désert. La nuit, les adeptes de la secte tremblaient de froid et de peur. Et quand arriva la date fatidique, l'instinct de survie métamorphosa les futures victimes de la fin du monde en animaux incapables de contrôler leurs sens. Tout le monde s'était jeté sur tout le monde, en couples et hors couples, pour finir en grande partouze cosmique.

Prévenue de ces orgies qui se déroulaient non loin de leur campement, la famille d'Ilame, y compris les enfants et les bébés, s'était rendue sur place sous la conduite de Togo. Tous avaient assisté, médusés, aux ébats des Blancs, qui faisaient avec leurs bouches des choses que les dromadaires n'auraient pas l'idée d'imaginer. Au matin, alors que le soleil pointait à l'est, les Blancs cessèrent leurs cochonneries et se regroupèrent, défigurés par la terreur, autour de leur sorcier. Ils attendirent la montée des océans, le grand engloutissement, la fin du monde.

Comme rien ne se produisait et qu'aucun signe funeste n'apparaissait au loin ou dans le ciel pour annoncer l'imminence de la catastrophe, le troupeau humain qui s'était préparé à mourir se sentit floué. On s'en prit au gourou. On l'insulta, on le bouscula, on le frappa.

Souriant aux anges, il se laissait faire. Il en redemandait.

Enragés, envoûtés, les autres arrachèrent les piquets de sa tente et le transpercèrent de partout.

Cette histoire de prédicateur fou, racontée par la petite Borroro, ravissait Barski. Mais le récit l'amenait également à réfléchir sur son sort et sur ses intentions. Un de ces jours, à force de laisser faire, Gad et Yoz comme lui-même ne risquaient-ils pas, eux aussi, de subir la vengeance des floués?

Il s'était donné trois mois. Il aurait aussi bien pu dire quinze jours ou un an. Ici, l'espace-temps n'était qu'un faux-fuyant. Les jours qui s'écoulaient n'infléchissaient pas la décision de Barski.

D'un moment à l'autre, il allait convoquer Gad. Et il lui dirait ceci: «J'ai ramené le livre à Garame. Garde-le pour toi. Fais-en ce que tu veux mais, de grâce, laisse repartir ces gens avant qu'il ne soit trop tard.»

Peut-être parlerait-il à Gad autrement. En ces termes, par exemple: «Voyons, Gad, me voici chez toi depuis un certain nombre de jours. Cependant, d'heure en heure,

98

pour ne pas dire de minute en minute, je vous entends, toi et ton ombre, toi et tes kapos, donner de la voix, des consignes, des instructions sans fin à ces pauvres bougres que tu as ramassés dans l'Aïr et le Hoggar. Mais où veux-tu en venir ? Ça n'est pas en abâtardissant ces gens, en les arrachant à leur milieu, en les coupant de leur mode de vie que tu vas t'offrir un peuple tout neuf capable de comprendre, à la lettre, comme au plus profond de soi, les enseignements du Livre. Un peuple, ça ne pousse pas dans la terre comme le sorgho, ça ne pousse pas dans les arbres comme les dattes, ça n'arrive pas avec la dernière pluie. Ça ne se fabrique pas comme les briques de terre cuite. Un peuple, ça n'est pas une réalité abstraite entièrement conçue par l'esprit. Un peuple, c'est le contraire, c'est un esprit, une culture, un ensemble de coutumes, de pensées, de croyances. Un peuple, c'est uni, solidaire. C'est sculpté dans la masse, dans le même bloc. C'est issu du même sang, du même sperme. Un peuple, ça écrit son histoire, son livre, ça bâtit son destin. Voici, Gad, ce que je voulais te dire. Toi, tu fais le contraire. Tu essaies de construire ton peuple à partir d'un livre écrit par un autre peuple. »

Peut-être s'y prendrait-il autrement. Avec ces mots, par exemple : « Salut, Gad, je t'abandonne. Je te laisse avec ta folie. J'ai essayé de t'expliquer, de te convaincre. Rien n'y fait. Voici maintenant plusieurs jours que je ne prends plus mes repas avec vous. Je délaisse le groupe. Je me morfonds à l'idée d'aller te dénoncer. Je vois d'ici les gendarmes d'Agadès foncer sur Garame et faire le siège des châteaux fous jusqu'à ce que les vrais et les faux démons déguerpissent. Je les vois d'ici installer leurs mortiers et pilonner la cité. J'entends le fracas des obus auquel se mêlent les cris de victoire de la troupe. Sauvage et surexcitée, elle extermine du même coup hommes, fantômes et monstres, toute cette mythologie faite de sortilèges et de maléfices.»

Devant l'étonnement ou la fureur de Gad, peut-être ajouterait-il ceci: «Tranquillise-toi. Je ne laisserai massacrer aucun de ces innocents par des gendarmes, fussent-ils nigériens ou maliens. Quant à toi, quant à ton soi-disant frère, quant à tes kapos, alors là, c'est une autre affaire. Je te le dis franchement: j'ai la haine!»

Barski devinait les intentions de Gad. Il se sentait irrémédiablement condamné. Poignard ou poison? Il n'en sortirait pas vivant. Il songeait à s'échapper. Mais se sauver, n'était-ce pas s'accommoder avec la lâcheté, ce qu'il faisait depuis si longtemps?

Peut-être devrait-il ramener la petite chez son père. Revenir avec Togo et ses guerriers. Affronter Gad, le neutraliser. Libérer les autres. Mais qu'avait-il besoin de Togo et des guerriers borroros? N'était-il pas lui-même assez fort, assez expérimenté, assez enragé pour venir à bout de Gad?

Gad se fichait éperdument de ce que pensait Barski. Le maître n'était là que pour légitimer la renaissance du peuple garamante. Les humeurs, les reproches, les conseils ne le touchaient guère. Il avait coupé depuis longtemps les liens qui l'attachaient au maître. Maintenant, il était incontrôlable.

Gad n'avait besoin d'aucun soutien, d'aucune autre référence que celle du Livre. Personne ne contestait son influence. Pour l'instant, il exerçait les pleins pouvoirs sur une population plutôt amorphe qui s'arrangeait de la situation. Il ne manquait que les caméras pour faire de Garame le *number one* des émissions de télé-réalité. Le suspense, les éliminations, le drame, tout y était latent.

Encore faudrait-il avoir un super-intendant capable de programmer les scandales et les tragédies. Pour l'heure, la vingtaine de Touaregs qui composaient la société des Garamantes se laissaient manipuler par Gad en montrant autant de gentillesse que d'innocence. Aucun d'eux n'avait l'intention de se rebeller, ni même l'idée de contester quoi que ce soit. Ils étaient payés et nourris, une manne, un miracle dans ce coin du désert où il est si difficile de trouver quelque chose à se mettre sous la dent.

Il restait à Gad assez de poudre d'or et d'argent pour tenir plusieurs années. Après, eh bien, après, il n'y aurait peut-être plus de lendemain...

Barski laissa de côté ces réflexions et s'allongea auprès d'Illame.

La petite dormait nue, les cuisses ouvertes. Il chassa les mouches et la recouvrit d'un alesche indigo. Il mordilla à même l'étoffe et embrassa délicatement le petit volcan de soie qui s'y cachait.

La petite se réveilla. Elle arracha le châle indigo et le jeta à la figure du Blanc. Elle n'aimait pas ces manières-là. L'amour, c'est pour la nuit. Pas pour l'après-midi. Les djenouns, ces esprits voyeurs travestis en âme, iraient colporter la chose jusqu'au pays des ancêtres.

Il fit semblant d'avoir peur, il protégea son visage de ses larges mains tachées de rousseur.

Pour la centième fois, il demanda à la petite de lui parler du livre de grand-mère. Pas la Mère-Grand du chaperon noir borroro, mais la vraie grand-mère d'Illame, dont on ne connaissait ni la date de naissance ni celle de sa mort. Tout ce que l'on avait gardé d'elle, c'était ce livre dont elle ne se séparait jamais et qu'elle exhibait lors des veillées quand on avait assez de graisse pour en verser dans les lampes à huile.

Le livre de la grand-mère d'Illame n'avait rien de commun avec celui des Garamantes. Encore qu'il s'agît là d'un manuel du mieux-vivre qui influence une bonne partie de la société occidentale.

Comment grand-mère borroro avait-elle dégoté le catalogue de La Redoute, six cent quatre-vingt-six pages, année 1965 ? Personne ne s'en souvenait exactement. Était-ce le cadeau d'un colporteur du désert ? Le dit catalogue était-il tombé du ciel ou plus probablement de la portière d'un 4 x 4 ? Comment de dernier avait-il atterri dans cette partie du Sahara où si peu d'étrangers s'aventurent ? Le mystère restait entier. Toujours est-il que grand-mère en avait hérité et que ce livre était devenu sa bible. Une bible où l'image prenait le pas sur les écritures, car des images, il y en avait à foison. Elles étaient réunies et catégoriées en différentes rubriques : mobilier de maison. Mobilier de jardin. Cuisines et salles de bains. Appareils ménagers. Bricolage. Rideaux et voilages. Literie et couvertures. Luminaires et portemanteaux. Sport et camping. Vêtements, lingerie, décoration, jouets, etc.

Au début, toute la famille borroro s'était mise à étudier ce fameux livre d'images. Ce n'était qu'exclamations de surprise, étonnement, sourires, rires, qui atteignaient leur comble quand on arrivait aux toilettes, aux bidets, aux lavabos.

Les ustensiles ménagers : les aspirateurs, les machines à laver, etc., emballaient la famille. On se demandait de bonne foi si ces dernières servaient à laver les Blancs ou à blanchir le linge des Blancs. On passait des soirées entières à gamberger sur telle ou telle photo, tel ou tel appareil. Et l'on discutait avec passion de ces découvertes, tout comme on discutait, à d'autres moments, de l'influence des ancêtres ou de la cosmogonie borroro sur le cours de l'existence.

On palabrait d'autant plus qu'à cette époque, personne dans la famille borroro ne comprenait le français. La grand-mère s'était mis dans la tête de faire traduire l'ensemble du catalogue par un instituteur haousa. Elle était prête à le payer en lait et en fromage. Elle aurait même échangé les boucles d'oreilles en corail, son seul trésor, contre une traduction sommaire des seules légendes.

L'instituteur se défila. Grand-mère s'entêtait. Elle n'avait aucune idée du travail considérable que représentait l'adaptation *in extenso* du fameux catalogue de La Redoute.

Grand-mère n'avait pas encore rencontré l'explorateur. Elle n'en avait pas même entendu parler. Cependant, en son âme et conscience, elle cherchait une sorte de Barski, un passionné, qui aurait été aussi intéressé par les trésors de Roubaix que par ceux de Garame. Elle était prête à attendre des années quand la chance lui sourit enfin. Le hasard qui fait si bien les choses dépêcha dans le coin un jeune chercheur en idiomes sahariens, tout frais émoulu des Langues orientales. On peut dire qu'il tombait à pic en même temps qu'il tombait des nues.

À peine s'était-il installé dans cette famille borroro qui nomadisait en pourtour du Ténéré, qu'on lui demandait le plus sérieusement du monde de décoder les évangiles selon saint Roubaix et saint Tourcoing.

On imagine la tête du jeune homme devant cette tâche aussi magique qu'inattendue.

À raison d'une page par jour, compte tenu des palabres qui s'ensuivaient, il s'y escrima pendant deux ans...

\*

Barski attendait l'Émissaire. Il ne parvenait pas à s'endormir. Les choses du passé apparaissaient en vrac derrière ses yeux fermés. C'était comme un défilé du 14 Juillet : chacun attendait son tour pour rentrer dans le cortège. Certains, sagement. Les autres avec impatience. Il y avait même des bousculades dans la mémoire ; certains événements refusaient de s'intégrer au défilé. Dans ce cas, il était obligé d'attendre que l'espace se remplisse à nouveau.

Barski était resté un peu moins de six mois avec Illame. Il en avait fait sa femme, c'est-à-dire sa maîtresse. Et même, une maîtresse-femme. Certes, l'ambiance délétère qui régnait à Garame ne favorisait pas spécialement les choses de l'amour. Il fallait sans cesse hurler, raisonner, faire la police et la morale. Cependant, quand Barski en avait assez, quand ça tournait au vinaigre ou à la psychose, il s'enfermait chez lui avec la petite. Chez lui, c'était chez elle, chez eux. Il lui avait confectionné une coiffeuse en bois de tamaris et fait venir du Mali, par la piste, un échantillonnage de fioles, un exceptionnel éventail de parfums d'Arabie, tout ce dont une femme rêve d'essences et de senteurs, qu'elle soit blonde et rose, brune et cuivrée.

Dans sa tête, la petite n'avait pas grandi. Il la voyait telle qu'elle était alors et il se posait la question : comment est-elle à présent, dix ans plus tard ? Somptueusement belle ? Ou alors déjà ridée, usée par le sable et les vents ?

Il n'osa pas aller plus loin.

Quand les choses se gâtèrent pour de bon entre la maître et son dément disciple, le maître fit partir Illame. Inutile d'exposer la petite aux violences qui se préparaient sous couvert de fraternité et d'agnosticisme.

Partout, alentour, on tuait encore au nom de Dieu. Ici, à Garame, on allait bientôt s'étriper au nom de l'athéisme. Il y avait vraiment quelque chose de pourri au royaume des Garamantes.

Le père borroro était venu chercher sa fille. Tout de noir vêtu, il l'avait attendue le long de la piste. Il avait salué le Français à la mode peule. Le Français avait répondu, la main posée sur le cœur.

Un goût d'amertume dans la bouche, Barski avait suivi le couple au plus loin que le regard portait. Les deux silhouettes noires avaient soudain disparu. Les plus hautes dunes coupaient brusquement le désert en deux. On se serait cru dans un stade à l'heure où le soleil passe de l'autre côté de l'enceinte et partage la pelouse entre ombre et lumière. L'œil ne s'y retrouvait plus.

Dix ans déjà! Plus exactement, dix ans et deux mois. Barski tenait à être précis. C'était la seule façon d'éviter la cohue, la ruée aux portes des souvenirs.

Barski se félicitait d'avoir fait partir Illame. En effet, les incidents fâcheux s'enchaînaient à grande vitesse. Il faut dire que, cette fois, le maître, puisqu'on l'appelait ainsi, était bien décidé à reprendre les choses en mains. Cela voulait dire renvoyer immédiatement chez eux les jeunes Touaregs recrutés par Gad dans les diverses tribus du Hoggar et de l'Aïr.

Cela impliquait la neutralisation de Gad et de Yoz. Cela signifiait leur expulsion de l'oasis. Cela voulait dire encore: reprendre le Livre, les priver de la légitimité que l'ouvrage leur conférait. Tout cela était plus facile à décider qu'à faire.

Étrangement, sa liaison avec la petite Borroro avait amené Barski à réfléchir sur le sens de sa vie. Par idéal, il s'était volontairement sacrifié, jetant à la corbeille ses velléités de succès, son besoin de reconnaissance. Étant sur le point de faire paraître le second volume de *L'Empire du silence*, n'avait-il pas repoussé la publication à des dates impossibles ? Du même coup, il avait donné dans l'humilité, annulant une série de conférences et de communications, quitte à passer pour une girouette détraquée.

Maintenant, il se rendait compte de ses erreurs. En privilégiant les Garamantes, en cautionnant pêle-mêle leurs passions, leurs divagations, leur fatuité, il avait encouragé les pires dérives. Il leur avait apporté sur un plateau ce livre dont ils n'auraient jamais dû soupçonner l'existence. En agissant ainsi, il avait provoqué un gâchis sans pareil, à commencer d'ailleurs par celui de sa propre destinée. Il était temps maintenant de repasser à la reconquête. D'abord, vider Garame de sa population touareg, redonner à l'oasis sa monstrueuse intégrité. La doter à nouveau de toutes les horreurs, de toutes les malédictions que les rumeurs lui prêtaient. Rendre l'oasis encore plus cruelle. Encore plus inatteignable. La peindre aux couleurs de l'enfer : rouge sang et jaune sable.

Barski laissa filer les souvenirs. Ils étaient douloureux, ils faisaient mal. Ils l'écorchaient vif.

Il revoyait la scène. Il s'était rendu au-devant des jeunes gens réunis par Gad dans le corridor d'un château fou, un endroit où l'on endoctrinait les nouvelles recrues.

Au moment où il allait prendre la parole, Gad s'était interposé :

— Vous n'avez pas le droit de faire ça, ils sont ici de leur plein gré.

— Faux ! Ils sont sous votre coupe. Leur plein gré, ce n'est ni plus ni moins que leur ventre plus ou moins plein. Et vous le savez très bien. Quand il y a de quoi manger, ils jouent le jeu. Quand il n'y a pas grand-chose, ils râlent. Quand il n'y a plus rien, comme en ce moment, ils songent à foutre le camp. Alors, je vous en prie, Gad, revenez sur terre, laissez-les partir, et retournez d'où vous venez !

Le dernier mot semblait choquer Gad. Il hésita un bref instant et répéta :

— Voyons, Maître, vous n'avez pas le droit de faire ça. Pas le droit de me faire ça à moi…

Il paraissait désemparé. Barski ne s'y laissa pas prendre. Il répondit vivement :

— Cessez donc de m'appeler maître, c'est ridicule. Chez les Garamantes, vous devriez le savoir, il n'y avait ni maître ni dieu, juste des règles de vie que chacun suivait de son mieux, selon son tempérament et sa vocation.

— C'est exactement ce que nous réussissons ici depuis des mois, déclara Gad. Et mes ancêtres en sont fiers !

Barski ne se retint plus :

— Ah, vos ancêtres ? Eh bien, parlons-en, de vos ancêtres ! Vous n'êtes pas plus garamante que moi ! Vous n'avez pas une goutte de sang garamante dans vos veines, car le sang garamante s'est dispersé dans la nature. Il a été absorbé par le sable, bu par le soleil, aspiré par les étoiles. Voyons, Gad, revenez sur terre ! Parlez-moi plutôt de votre père, de votre mère, de votre famille. Vous êtes tchadien, Gad. Tchadien de la vallée du Chari ou du Logone. Je le vois à votre physique, à vos traits fins et réguliers. Bien plus fins et réguliers que votre caractère et votre comportement. Ah, je sais, en tant que Tchadien, vous rêviez d'une ascendance kanen. Ce royaume éphémère a exercé sur vous assez de fascination pour éveiller vos rêveries. Mais oui, Gad, ne me dites pas le contraire ! C'est en vous intéressant aux Kanens, vous, l'étudiant modèle, que vous avez découvert l'existence des Garamantes chez Hérodote. C'était tout neuf, tout bon pour vous. Alors, vous avez déraillé. Fini les études. Salut, la famille. Vous avez inventé vos origines. Vous avez triché avec votre passé et manigancé une histoire à dormir debout à partir d'une histoire qui se vivait debout. Vous avez fait vôtre la mythologie des Garamantes dont il court encore, de-ci de-là, et jusqu'au Tchad, quelques épisodes embellis ou bien déformés par les siècles. L'ennui, Gad, c'est que vous avez puisé le pire de la légende. Vous aviez déjà votre opinion et vos idées toutes faites avant de me rencontrer. Vous m'avez traqué jusqu'en Touraine pour me reprendre le Livre. Hélas, il me semble que le Livre ne vous a rien appris. Lisiez-vous seulement les pages que je vous remettais comme convenu ? Aujourd'hui, j'en doute fort. La seule question que je me pose encore est la suivante : comment avez-vous eu connaissance de l'existence du livre secret des Garamantes ? D'où vous venait cette conviction ?

Hors de lui, Gad s'était précipité sur Barski.

– Comment ! Vous osez me demander comment ! Mais en vous lisant, tout simplement ! J'ai trouvé votre livre à Djaména. Toutes les deux ou trois pages, vous faites référence au livre secret des Garamantes. Que voulez-vous de plus ?

Barski avait repoussé Gad. Il le tenait à distance, les deux poings prêts à frapper.

C'était très vraisemblable : pourquoi n'aurait-on pas trouvé son ouvrage à Djaména ? Avides de désert, les paras français qui soutenaient le gouvernement légal contre la rébellion du Nord en avaient certainement apporté quelques exemplaires.

Filles et garçons, tous ces Kels du Hoggar ou de l'Aïr, groupés au pied du château fou, avaient assisté muets, mais ô combien expressifs, à l'altercation. Ils manipulaient instinctivement leurs colliers, leurs grigris, du bout des doigts. Une manière de se rassurer ou de conjurer le sort. À vrai dire, le sort n'était pas du bon côté.

Les voyant ainsi figés, aussi graves et malheureux, Barski avait désigné Gad avant de se lancer dans une harangue en tamajeq :

– Cet homme vous a trompés. Il s'est servi de vous à des fins personnelles. Vous avez été ses complices involontaires, ses cobayes. Il vous a nourris pour mieux vous manger. À l'intérieur, dans votre corps, vous êtes déjà à moitié dévorés. Votre tête est creuse, votre cœur est vide. Quant à votre âme, méfiez-vous, elle s'est échappée. Elle tourne maintenant dans les châteaux fous. Elle ne peut en sortir. Elle est prisonnière des démons et des monstres.

Ils roulèrent de gros yeux effrayés et se rapprochèrent des uns des autres. Ils formèrent un bloc et plaquèrent leurs larges mains sur leurs oreilles afin de retenir le peu d'âme qu'il leur restait.

À son tour, Gad les invectivait. Il traitait Barski de menteur, d'esprit malfaisant, de monstre réincarné en humain prêt à se métamorphoser en un millier d'animaux rampants. Il connaissait la phobie des Touaregs pour tout ce qui ressemble à un reptile. Alors, il compara le Blanc à la vipère des sables, à la vipère cornue, au varan, à la scinque, au scorpion jaune, au scorpion noir, à la tarente, à la couleuvre des sables.

C'était trop. Tout le monde se leva d'un coup, cherchant qui dans son saroual, qui dans son eressoui, si l'une de ces horribles créatures ne s'y tenait pas, prête à mordre.

Barski s'approcha des jeunes gens. Certains reculèrent, effrayés. Il tenta de les rassurer du regard. Il fixa les hommes au fond des yeux et leur dit :

— N'ayez crainte, je déteste les reptiles autant que vous tous. J'aime la nature, le soleil, tout ce que le désert nous apporte d'absolu et de vérité, de réflexion et de vague à l'âme. Seulement, voilà, le désert n'est pas le même pour tout le monde. Au lieu de vous mentir, Gad aurait dû vous dire : « Mes amis, j'ai découvert ici un puits qui renferme une eau pure et millénaire. Nous allons y puiser ensemble un peu de fraîcheur, un peu de vérité. » Hélas, au lieu de vous inviter à vous désaltérer de cette eau, il vous a abreuvé l'esprit d'idées empoisonnées. Elles sont si mauvaises, si venimeuses, que vous serez bientôt complètement vidés de votre énergie, amorphes, raides, rouillés et percés comme ces fûts que l'on aperçoit là-bas, en bordure de piste.

Étrangement, les jeunes Kels ou Touaregs ne laissèrent rien percer de leurs intentions. Certes, on les sentait contrariés, hésitants. Les filles discutaient et donnaient raison aux garçons. Ceux-ci portaient souvent la main à la hanche. C'était un geste instinctif. Ils se raccrochaient au pouvoir de l'épée.

Inutile ! Gad avait depuis longtemps supprimé la longue takouba traditionnelle dont ils héritaient de père en fils depuis des siècles.

La nuit qui suivit ces événements fut longue et bruyante. Pour la première fois depuis des mois, on entendit fredonner des chants touaregs, des voix nostalgiques rythmées par le son grinçant d'une viole monocorde.

Barski y vit un bon signe. Et pour encourager les esprits, mettre quelque chance de son côté, il se passa autour du cou un collier qu'Illame lui avait offert. Il était composé de douze sachets de cuir, tanné et retanné par la sueur et le soleil. Et chacun des sachets contenait des potions, des recettes magiques qu'il était préférable d'ignorer tout en croyant à leurs vertus.

Barski possédait maintenant, avec ce grigri, un petit coin d'âme ayant appartenu à Illame. Une âme que l'on avait savamment saupoudrée de raclures d'ongles, de poils, de cheveux, de foies de poulet, d'œufs de vipère séchés et pilés, de bien d'autres choses peu ragoûtantes. Menstrues d'Illame mais également menstrues plus anciennes. Celles de grands-mères ou d'arrière-grands-mères bororos prélevées par les sorcières au dernier jour de la puberté.

\*

Barski se tournait et se retournait. Les yeux fermés, il guettait le sommeil, mais le sommeil, comme l'Émissaire, se faisait attendre.

La fièvre le rongeait. Il dégoulinait de sueur. Il était à tordre.

Demain peut-être, du moins l'espérait-il, l'Émissaire apporterait un tout nouveau médicament, le Coartem, le fin du fin dans le traitement de la malaria.

Barski se disait qu'un jour, à condition de s'en sortir vivant, il se payerait le luxe de vaporiser lui-même, du haut d'un avion, des tonnes de DDT sur Garame. Le puissant insecticide exterminerait moustiques et démons. Les plus dangereuses anophèles comme les génies les plus intolérants rendraient l'âme une fois pour toutes. Mais que serait Garame paisible et normalisée ? Que serait Garame avec son parking pour cars, avec ses restaurants, ses touristes ? Que serait Garame investie par les Blancs et les dieux ?

Ces questions qui montaient en même temps que la fièvre n'allaient-elles pas au-devant d'une évidence ? Délivrée de ses démons, de ses djinns, de ses moustiques, mais encore de ses secrets et de sa légende, Garame deviendrait publique et accessible.

Dans son accablement, Barski se demandait s'il était opportun de publier le second tome de *L'Empire du silence* et de livrer ainsi aux lecteurs une oasis blanchie de tout soupçon et de tout mystère.

En vérité, il n'en était pas encore là. Loin s'en fallait.

Les souvenirs, les sensations, les mots s'organisaient pour un nouveau défilé. 14 Juillet ou 11 Novembre, 1er Mai ou 6 Juin, toutes ces dates hautement symboliques comptaient peu en regard de cette nuit d'octobre 1993. Pour Barski, cette nuit-là avait été celle des Longs couteaux.

Le poignard levé, prêt à frapper, Yoz s'était introduit dans le gourbi du maître. Il avançait prudemment vers la couche quand ses pieds nus s'empêtrèrent dans une cordelette. Aussitôt, il y eut des tintements de clochettes, des bruits de ferraille. Tout un attirail de choses qui tombèrent.

Yoz ne s'attendait pas à pareil traquenard. Piégé, il essaya de se dépêtrer de la cordelette et se prit les jambes dans l'incroyable bazar qui y était amarré.

Pas le temps. Le maître se jeta sur lui et s'empara de l'arme. Le maître était terriblement fort. Il avait des bras puissants, des mains trois fois plus grandes que les siennes.

Yoz essaya la parade du reptile. Au lieu de résister, il se laissa glisser à terre.

Mauvaise évaluation. Il fut entaillé jusqu'au nombril par son propre poignard.

Le sang gicla. C'était poisseux et fade.

Le maître s'accroupit et attrapa Yoz à la gorge. Il demanda :

— C'est Gad qui t'envoie, n'est-ce pas ?

Il serra un peu plus fort :

— Réponds ! Allez, réponds !

L'autre suffoquait.

Hors de lui, le maître insista :

— Réponds, nom de Dieu !

Le maître s'adressait à Dieu. Bizarre, pensa Yoz, en tournant de l'œil. Qu'est-ce que Dieu venait faire à Garame ?

— Réponds ! hurla le maître afin que tous entendent. C'est Gad, n'est-ce pas ? C'est Gad qui t'envoie m'assassiner !

Pourquoi s'acharner sur Yoz ? Il était hanté par Gad. C'était son homme de main, son ombre portée.

Il n'arrivait pas à le lâcher. Il serrait de plus en plus fort. Rageur, il provoqua le Tchadien en criant :

— Approche, Gad ! Ramène-toi, que je te crève !

Gad et les autres entendirent les paroles du maître. Tout le monde put juger de sa fureur. Personne ne perçut les derniers râles de Yoz ni les craquements des cervicales broyées.

Barski assassin ! Ces mots résonnaient dans sa tête en feu. Assassin, il était. Qu'importe qu'il fût dans son droit. Comment invoquer la légitime défense quand l'agresseur est maîtrisé ?

Il avait tué. Tué Yoz pour se débarrasser des démons qui l'habitaient.

Il n'osait pas se regarder, se toucher. Il avait les mains pleines de sang.

Pourquoi avait-il été jusqu'au bout ? Il ne trouvait pas la réponse. Il ne lui restait plus qu'à supprimer Gad et à abattre tout le monde. Une idée tordue.

Il ne savait plus que faire, que penser.

Il recouvrit Yoz d'une peau de mouton et guetta la venue de Gad.

Le jour pointait avec peine. Un temps blafard, un brouillard bas, qui s'effilochait le long des cifs, s'accrochant encore aux arêtes des dunes.

Le froid, l'humidité n'auguraient rien de bon. La tempête de sable s'annonçait bel et bien. Et comme si cela ne suffisait pas à prolonger les tragédies de la nuit, vinrent en nuées les moustiques. En nuées et même en nuages. On aurait dit qu'ils tombaient du ciel en paquets. Ils s'infiltraient de partout, s'abattant par milliers sur la même proie.

Impossible de s'en protéger vraiment, à croire qu'ils piquaient aussi à travers les vêtements. Et que dire du cadavre de Yoz sur lequel les insectes s'agglutinaient, jusqu'à former une sorte d'enveloppe ailée et vrombissante?

L'attaque ne dura que quelques minutes. Le vent qui se levait en force les chassa. Ils disparurent, soufflés par une espèce de «grêle» de sable qui se levait en tornade et se rabattait sur l'oasis, couchant les rares palmiers jusqu'à leur faire toucher terre.

Barski brava l'insupportable vacarme où tout semblait se fracasser et s'écrouler. Tenir debout relevait du défi.

Arc-bouté, les mains en porte-voix, il appelait: «Où êtes-vous? Montrez-vous!»

Plaquée par le vent, la voix ne portait pas.

La voix, les yeux ne servaient plus. On ne voyait pas au-delà de soi-même. C'était bouché de partout, comme si le jour, pour mieux s'isoler du crime, avait tiré sur lui ses lourds rideaux ocre jaune.

Il essaya malgré tout d'avancer. Jouet de la tempête, il trébuchait à chaque pas.

Il avait du sable plein la bouche, plein les yeux, plein la tête.

Les paupières fermées, il se dirigeait à l'aveuglette vers la cabane qu'occupait Gad. Il avait emprunté ce chemin des centaines de fois. Il ne reconnaissait plus rien. Les repères habituels n'existaient plus. Ils avaient été modifiés, effacés, remplacés par d'énormes congères. C'était même à se demander si les dunes ne se déplaçaient pas. Était-il possible qu'elles se télescopent ? Qu'elles écrasent Garame ? Qu'elles engloutissent à jamais la cité ?

Le scénario convenait à Barski. C'était la fin rêvée, la fin d'un monde, la revanche des anciens Garamantes.


Ils se jetèrent sur lui à plusieurs. Combien étaient-ils : deux ou trois ? Peut-être quatre ? La sauvagerie. Ils lui tapèrent dessus à coups de poing, à coups de pied, à coups de matraque.

Ce fut un combat silencieux, étouffé par les hurlements du vent et les rafales de sable. Une lutte d'aveugles et de muets où l'ouïe et la vue, anéanties, défavorisaient ou favorisaient n'importe qui. On cognait au hasard, en plein dans le vide, en pleine figure. On tombait, on se relevait. On titubait sous le vent et les coups.

Vint un moment où Barski crut qu'il était possible de s'en tirer. Il avait éliminé un adversaire et s'apprêtait à prendre la fuite, quand une terrible douleur le cloua sur place. C'était diffus et paralysant. Était-il touché au ventre ou entre les omoplates ? La lame était-elle plantée dans ses reins ou dans ses tripes ? Il n'arrivait pas à percevoir l'endroit exact.

Il se vit mourir. Il vacilla, les bras écartés, en tournoyant sur lui-même. On aurait dit la chute d'un aigle abattu en plein vol par le tir d'une fronde. La force du vent le retint un moment. Il semblait hésiter. Il flottait.

Il tomba, les bras écartés, entraînant dans sa chute celui qui l'avait frappé. Ça ne pouvait être que Gad. Grand et maigre, osseux, tout en nerfs, le Tchadien gesticulait maintenant, écrasé sous la masse : presque cent kilos de muscles.

Ils luttèrent sourdement. Les coups n'étaient pas appuyés. Ils partaient n'importe comment, touchaient n'importe où.

Ils se battaient les yeux clos, la bouche sèche. Ils se battaient contre la tempête, contre le peu de temps qui leur restait à vivre.

Barski pesait sur Gad de toutes ses forces, de tout son poids. Épuisé, blessé, il sentait venir l'évanouissement.

D'une main, il tenait le Tchadien à la gorge. De l'autre, il cherchait fébrilement à s'emparer du poignard. La main avançait, tâtonnait, écartait, fouillait. Tout n'était que sable.

Il allait mourir. De quel droit, par quelle loi ? Sa fin était-elle écrite dans le livre ? Non, aucun passage n'annonçait sa disparition prochaine. Le livre taisait la mort de Yoz comme il taisait la sienne, comme il ignorait encore celle de Gad. Le livre ne se préoccupait pas d'eux. Il ne demandait rien d'autre que la paix et la tranquillité. Il dormait depuis neuf siècles quand on s'avisa de le confisquer. Maintenant, le Livre se vengeait. Il n'enseignait plus à aimer. Il apprenait à tuer.

Barski sentit enfin le poignard sous ses doigts. Il le ramena lame vers le ciel, et se retourna soudain.

Gad se jeta aussitôt sur lui et vint s'y empaler.

Le ventre ouvert, il dégueulait du sang et des râles.

Couchés l'un sur l'autre, peut-être morts, peut-être morts-vivants, entaillés de partout, les visages boursouflés, bouffés aux moustiques, ils formaient un tas, un muret de chair et de viande dégoulinante sur lequel le sable s'abattait.

Ils faisaient peine à voir, comme cela, amoncelés, balayés par les éléments. C'était un jour sans âme, un jour défiguré, un jour blafard, un jour ocre rouge sur fond de pot au noir déchaîné.

Barski s'était extirpé de la congère, une petite dune dont le vent effilochait la cime. Le vent dispersait et comblait dans le même mouvement. Le va-et-vient ne cessait pas. La soufflerie non plus. Et le va-et-vient était aussi dans la tête de Barski. Lui, un humaniste, un pacifiste, comment avait-il pu commettre pareille atrocité ?

Cette folie, cette barbarie couvait-elle en lui depuis toujours ? Était-ce véritablement de la folie, de la barbarie ? N'était-ce pas plutôt le pitoyable résultat d'un tenace instinct de survie ? Pourquoi tant d'acharnement à vivre, sinon peut-être pour s'échapper des siens : père et mère exterminés à Auschwitz ? L'orphelinat, l'assistance publique, autant d'épreuves qu'ils avaient surmontées, son frère et lui, en s'efforçant d'exister et même en s'y forçant, juste comme cela, pour donner un sens au massacre de leurs parents. Exister était devenu un travail de mémoire.

La tempête n'en finissait pas. Trois jours, déjà, d'une violence ininterrompue. On ne voyait pas davantage devant soi qu'en soi. Tout était bouché, à croire que les

117

horizons s'étaient rapprochés pour devenir muraille.
Trois jours de dévastation et de ravage. On avait entendu
craquer les châteaux fous. S'écroulaient-ils ? N'était-ce
pas, au contraire, les esprits, les djinns qui manifestaient
bruyamment leur joie d'être enfin débarrassés des
humains ?

Impossible de sortir et d'aller voir. La douleur était
trop intense. Malgré les onguents et les antibiotiques, la
plaie commençait à puruler. Barski luttait pour ne pas
arracher le pansement. Ça l'élançait comme si la lame y
était encore plantée. Le reste de son corps n'était que
boursouflures, cloques, démangeaisons.

La tempête avait chassé les moustiques. Barski savait
qu'ils reviendraient. Pour l'heure, ils étaient comme
lui-même, écrabouillés, désarticulés, les ailes d'un côté,
le dard de l'autre. Comme lui-même, sans bras ni tête,
incapables d'émerger ou de ressurgir.

Tant bien que mal, pourtant, il avait réinstallé la cordelette et son tintamarre autour de son lit.

Le poignard posé sur le ventre, il attendait.

Le cadavre de Yoz empestait la pièce. C'était insou-
tenable. Les flacons d'Illame y passèrent. Les parfums d'Arabie, ambre et chypre, myrrhe et jasmin, furent
neutralisés en quelques secondes par la puanteur du
corps.

Comment ne pas penser à la petite Borroro, à sa fraîcheur, à son haleine de lait ? Celle-ci, au moins, il l'avait
préservée du malheur. Elle lui manquait. Il la voyait. Il
écarta les doigts pour prendre les siens. Il les sentit s'ac-
crocher et se refermer. Ils aimaient ce jeu de mains.

Il réussit à se redresser et à tirer Yoz hors de la pièce.
Ce fut long, laborieux. Combien de fois s'était-il évanoui ? Combien de fois s'y était-il repris ? Il avait déposé

le corps à l'entrée du souterrain. Le sable s'y déversait en trombes.

Il était temps. À force de tirer sur les membres, le bras gauche avait fini par se détacher. Il pensa aux chacals, aux hyènes, aux vautours.

L'accalmie tardait. Personne sur la piste. Mais y avait-il encore une piste? N'avait-elle pas disparu en même temps que les balises? Soufflées, éparpillées à des kilomètres à la ronde. Impossible de distinguer quoi que ce soit. Le jour virait au marron foncé. Garame existait-elle encore? Où était Gad? Pourquoi ne se montrait-il pas? Que devenaient les Kels? S'étaient-ils révoltés, s'étaient-ils enfuis?

Barski parlait dans le désert. En vérité, il parlait aussi au désert, un monologue qui se perdait dans le fracas et la violence du vent. Parler avec le désert, c'est aller au bout de ses pensées, sans risquer d'être interrompu ou contredit. Le désert, c'est un espace de confession. On y jette ses fautes, son âme, avec la pudeur et le respect qui conviennent à sa noble étendue.

Impitoyable avec les égarés et les assoiffés, le désert est cependant sensible aux sentiments et aux dispositions personnelles. Il écoute, il enregistre. Il incorpore les plaintes, les aveux, les souhaits au chant des dunes.

Irrémédiablement muet bien que bruissant d'un indéfinissable silence, il répond aux attentes en restituant, épurées et plus lisibles, les confidences qui lui ont été adressées sous forme de brouillon. Disons que le désert réécrit les propos entendus et les renvoie sous une forme plus explicite. Certains appellent cela des conseils, des voix, des illuminations. Il s'agit vraisemblablement d'un travail de réflexion sur soi-même, le désert étant à la fois l'autre et le je, comme il est tour à tour provocateur et catalyseur d'élucubrations ou de méditations.

Pour Barski, en cette fin d'année 1993, le désert était sa douleur et son souffre-douleur. Non seulement il n'obtenait pas de réponse à ses interrogations, mais encore, croyait-il, le désert s'acharnait contre lui. Il n'osait accuser le Livre, pourtant il le croyait capable de s'allier au désert, histoire de régler une vieille vengeance. Le Livre irait-il jusqu'à réclamer sa tête ? Irait-il jusqu'à la lui faire perdre ?

En vérité, la folie guettait Barski.

Outre la blessure qui empirait, la fièvre qui grimpait, il y avait toujours cette incertitude sur le sort de Gad, cette ignorance de la situation. Garame était-elle encore occupée ? Était-elle libérée ? La tempête, la malaria avaient-elles eu raison des agresseurs ?

Une autre question rongeait Barski : retrouverait-il le Livre, et dans quel état ? N'avait-il pas été emporté par le vent ? En réalité, depuis le retour du maître, Gad n'avait pas jugé de replacer le Livre dans la crypte parmi les trésors et les derniers vestiges de la communauté des Garamantes. Gad avait préféré le garder à portée de main. Peut-être le cachait-il dans quelque endroit secret. Barski n'en savait rien.

Maintenant il se désespérait. Rien n'était pire que d'attendre la vengeance du Livre. Que pouvait-il lui arriver, sinon la mort ? Il n'avait plus la force de lutter. Le désert, le Livre l'abandonnaient. À son tour, il s'abandonna au Livre, au désert. Que pouvait-il faire d'autre ?

Le vent cessa au matin du quatrième jour. L'ocre jaune, l'ocre rouge, le marron furent chassés d'un coup par un soleil éclatant. Un ciel léger, aérien, se substitua au ciel de plomb. Au brouillard, aux tornades, aux rafales de sable qui n'avaient cessé de frapper l'oasis, succéda une clarté aveuglante.

Barski buta contre le cadavre de Yoz. Il se releva avec peine.

Les yeux à demi fermés, il s'étonnait du silence de mort. Pas un homme, pas une ombre, à croire que le néant était tombé sur Garame. Plusieurs châteaux fous s'étaient écroulés, entraînant dans leur chute une bonne partie de la paroi. Cheminées et tours, effets des érosions, avaient à jamais disparu.

Il avança, l'air perdu, vers ce nouveau paysage fait d'arbres couchés, de tumulus, de dunes rasées ou déplacées.

Pris d'un mauvais pressentiment, il s'arrêta à mi-chemin et observa le campement dévasté. Personne. Pas un bruit, pas un signe. Rien qu'une abominable odeur de charogne.

Du bout du pied, il fouilla un monticule de sable. Il reconnut la chevelure en nattes, le long cou grêlé : la charogne, c'était Gad, le ventre ouvert, raide et déjà enterré.

\*

Barski attendait l'Émissaire. La fièvre ne baissait pas. À ce rythme, son cœur allait finir par lâcher.

Curieusement, ses trous de mémoire se raccommodaient. Mis en groupes, ils formaient maintenant une cohorte désordonnée, laquelle s'apprêtait à défiler aux côtés des souvenirs qui faisaient foi.

Tous les Kels, qu'ils soient du Hoggar ou de l'Aïr, s'étaient enfuis peu après la mort de Yoz. Au jugé, n'importe comment, ils avaient razzié tout ce que le campement contenait d'argent, de nourriture, de casseroles, de marmites, d'habits. Bien pire, et Barski ne s'en remettait pas, ils avaient emporté le Livre : soixante-dix kilos de pages et de reliure sur le dos.

Habitués au rezzou, frustrés depuis des mois par une éthique qui ne leur convenait pas, ils avaient laissé revenir leur naturel au galop.

Heureusement, il restait assez d'or dans la cache qu'avait aménagée Barski pour lui permettre de quitter Garame et de partir à sa recherche : sans le Livre, il n'était plus lui-même. Sans lui, le Livre allait sans doute continuer à semer le malheur chez les ravisseurs comme chez les éventuels receleurs.

À Agadès, Barski était connu comme orpailleur. Lorsqu'il était vraiment dans le besoin, à sec de liquide, il allait changer quelques sachets d'or à la BAP, une banque d'affaires pas très regardante sur l'origine de la marchandise.

Il lui arrivait même de charger Togo d'effectuer la transaction pour son compte. Le Borroro ramenait des médicaments et des provisions.

Cette fois, il irait lui-même à la banque. Il avait l'intention de louer un véhicule et de quadriller le Ténéré et l'Aïr. Peut-être pousserait-il jusqu'au Hoggar. Pourquoi pas plus loin ? Il en était persuadé, le Livre ne pourrait pas lui échapper longtemps.

\*

Togo, le chef du troupeau borroro, avait attendu Barski le long de la piste.

Montés sur des chameaux noirs, les deux amis avaient marché de concert jusqu'à Agadès. Ils n'échangèrent ni mots ni gestes, préférant laisser le passé derrière eux.

Juste avant de le quitter, Barski n'avait pas pu s'empêcher de rire :

– Donne-moi des nouvelles d'Illame.

Togo l'avait regardé avec sévérité et avait répondu :

– Tu me demandes des nouvelles de ma fille ou de ta femme ?

Devant la surprise du Blanc, il précisa :

– Ma fille est une enfant heureuse. Ta femme est une enfant malheureuse.

Barski apprécia sa subtilité. Il dit :

– Écoute, Togo, je n'ai pas renvoyé ma femme, j'ai renvoyé ta fille. Et je crois avoir eu raison car sinon, aujourd'hui, ma femme ne serait plus de ce monde, et le père de ma femme n'aurait pas assez de larmes pour pleurer sa fille. Tu sais, Togo...

Le chef du troupeau de Dieu interrompit le Blanc :

– Oui, je sais. On a retrouvé des corps un peu partout. Et puis il y a toutes ces rumeurs.

Barski répliqua :

– Ça ne m'étonne pas, Garame a toujours été la cité des rumeurs.

– Je ne te parle ni de démons ni d'esprits malfaisants.

– Que veux-tu dire ?

– Rien que tu ne saches déjà. N'en parlons plus !

Togo aimait bien le Blanc. Ils se connaissaient depuis longtemps. Avant de conduire le troupeau de Dieu, il avait été son porteur. C'était avant Illame, bien avant. Peut-être avait-il quinze ou seize ans. Peut-être un peu plus ou un peu moins. Il n'osait pas entrer dans Garame. Barski avait dû le bousculer. En fin de compte, terrorisé, il s'était décidé à suivre l'explorateur.

Barski prit un air détaché et demanda :

– Sais-tu si l'on a retrouvé autre chose que des corps dans le désert ?

– Non, on ne m'a rien signalé d'autre.

Il sourit et ajouta :

— Tu as perdu quelque chose d'important ?

— J'ai perdu le Livre.

— Quel livre ? Moi, je ne connais que le livre de grand-mère borroro.

Barski n'avait pas envie de rire. Il s'expliqua :

— Voyons, Togo, a-t-on retrouvé des feuilles, des papiers, des écritures ? Souviens-toi, il y a des années et des années de cela, tu m'avais aidé à le porter.

— Rassure-toi, mon ami, le désert ne sait pas lire.

— Peut-être, rétorqua le Blanc, mais il sait écrire.

— Tu veux dire qu'il sait écrire des histoires ? demande Togo.

— Oui, des histoires, mais je pense qu'il sait aussi écrire l'Histoire…

On ne lui posa pas de questions. L'or était d'une qualité indiscutable.

La transaction permit à Barski de se recomposer une garde-robe cent pour cent targui et de louer un 4 x 4 pas trop pourri. Les francs CFA étaient bien plus faciles à écouler que la poudre d'or.

Il avait filé bon train vers l'Aïr, un massif montagneux qu'il connaissait bien pour y avoir cherché jadis la fameuse cité des Garamantes qu'il ne réussissait pas encore à situer.

Cette fois, il avait parcouru toutes les pistes qui partaient du Ténéré en direction de l'Aïr. Quand il eut écumé la montagne, prospecté dans les tribus et les coins les plus reculés, quand il eut grimpé au sommet du Taghmeurt, du Greboun, du Bagezam pour y interroger les derniers bergers gardiens des troupeaux et des secrets, il laissa le Niger pour l'Algérie, l'Aïr pour le Tassili et le Hoggar.

Personne n'avait été capable de lui fournir la moindre indication concernant cette montagne de papiers, un livre aussi gros qu'un bélier et relié d'une vieille peau de mouton.

À certains, il décrivait le livre dans sa forme présumée, c'est-à-dire quelque chose de lourd, de volumineux, de fourni. À d'autres, il parlait d'un monceau de pages éparses, peut-être même déchirées.

Villageois et nomades, simples sujets ou chefs de tribu écoutaient mais ne comprenaient pas grand-chose à la quête de ce Blanc qui leur ressemblait par le vêtement et le langage, mais restait un Blanc, quoi qu'il dise, quoi qu'il fasse.

Il y avait eu beaucoup de méfiance, beaucoup de silences, de têtes baissées et de dos courbés, mais également beaucoup de regards où l'on pouvait lire la sincérité.

À plusieurs reprises, Barski crut reconnaître l'un des Kels. Difficile, pour ne pas dire impossible, d'en tirer quoi que ce soit. Le sourire en disait plus long que la parole. Chez les Touaregs, le sourire ne dissimule pas forcément des pensées obligeantes ou désobligeantes. Il masque l'individu, il interdit à l'autre de déceler l'agitation du caractère ou d'approcher l'âme par une lecture trop facile des sentiments.

Après l'Aïr, Barski s'était attaqué au Hoggar qu'il avait passé au peigne fin. Bien entendu, cette dernière expression ne convient ni au Hoggar ni au Tassili, car comment pourrait-on passer au peigne fin un territoire grand comme la France et ratisser 480 000 km² de massifs montagneux, de hauts plateaux désolés, de vastes et capricieuses étendues de dunes ?

Peu à peu, d'étape en étape, Barski s'était retrouvé sur la route de Tamanrasset.

Chemin faisant, il continuait à interroger les gens et à enquêter sur le livre. Il posait aussi cette question : «N'avez-vous pas perdu un fils, une fille, des frères, des sœurs ? »

Il connaissait d'avance la réponse. Il ne manquait jamais personne dans les familles touaregs. Manquer, c'est être absent. Et l'absence, c'est déjà un voyage vers la mort.

Au-delà de Gara-Ekar, la piste était si ensablée, si impraticable, qu'il avait dû faire appel à un bulldozer. Par acquis de conscience, il avait interrogé le conducteur de l'engin, un Kel-Ahggar de la tribu noble. Contre toute attente, le Kel-Ahggar lui avait confirmé la disparition de deux cousins et d'une cousine. Partis depuis plus d'un an vers le Niger, ceux-ci n'étaient toujours pas de retour.

Le chauffeur ne s'inquiétait pas outre mesure. Sans doute avaient-ils rencontré le bonheur ailleurs que chez eux. De toute façon, ça ne servait à rien de s'inquiéter car tous les fils et toutes les filles kels-ahggars reviennent toujours au pays, que ce soit en chair et en os ou habillés de leur seule âme.

Barski s'était sérieusement demandé s'il était utile de poursuivre jusqu'à Tamanrasset. Il avait déjà parcouru un peu plus de neuf cents kilomètres sans obtenir le moindre renseignement. Pourquoi, en effet, pousserait-il jusqu'à Tamanrasset ?

Une idée, une lubie. Son histoire n'était pas écrite par le désert, mais elle tenait debout. Quoiqu'il en soit, elle se rapportait au Livre. Et tout, absolument tout, chez Barski, tournait toujours et encore autour du Livre. Il imaginait les voleurs traînant ce fardeau sur le dos. Que faire de cette chose que Gad et le maître se disputaient avec tant d'âpreté ? Sa valeur s'estimait-elle au poids du parchemin et du papier, ou au symbole qu'il représentait pour les deux hommes ? Bien embarrassés, les chapardeurs ! Que faire ? Où aller ? Qui pourrait bien acheter tout ce fatras de mots et de signes ?

Barski s'était dit que les voleurs viseraient d'abord Arlit et Tamanrasset. Pour Arlit, il n'en aurait pas juré. La ville minière était très surveillée. Autant de gendarmes que de militaires. Tout le monde espionnait tout le monde. On ne plaisantait pas avec l'uranium. Certes, il y avait une clientèle possible pour un tel monument de mots et de signes parmi les coopérants français, amateurs de curiosités ethniques. Mais Arlit était trop près d'Agadès, pas assez éloigné des rumeurs qui couraient à propos de Garame.

Tamanrasset paraissait plus plausible. Barski y connaissait quelques brocanteurs et receleurs parfaitement capables de juger ce livre comme une rareté antique et authentique sortie illégalement du musée de Niamey, de Bamako ou de Dakar.


Barski craignait la panne. Le moteur toussait anormalement. Quant à l'embrayage, il était, lui aussi, déjà fortement grippé. Le 4 x 4 se traînait davantage qu'il ne roulait.

Peu avant la nuit, il arriva essoufflé non loin des dunes de Laouni. À force de passer les vitesses sur cette portion de piste en montagnes russes, la boîte avait fini par céder.

Rien d'autre à faire que d'attendre le lendemain matin. Les mécanos ne dépannent plus après le coucher du soleil. En effet, qu'ils soient mécaniciens ou caravaniers, sédentaires ou nomades, les Touaregs ont peur de la nuit.

Malgré les amulettes et les grigris passés autour de leur cou et la longue épée qui leur bat le flanc, autant d'éléments protecteurs dont les pouvoirs sont reconnus, ils craignent les mauvais esprits, les monstres et les démons cachés dans quelque recoin, prêts à les transformer en reptiles ou en statues de sel.

Installé dans son 4 x 4 garé en retrait, Barski gardait les yeux fermés. Ça lui évitait d'être ébloui par les phares des camions et des tout-terrain qui le croisaient ou le dépassaient. Il pouvait même dormir tranquillement. Personne n'aurait dans l'idée de s'approcher, car si les Touaregs redoutent la nuit et ses incroyables sortilèges, les automobilistes blancs se méfient des Touaregs et de la légende qui leur colle à la peau. Ainsi, chacun va sa route pour le pire comme pour le meilleur.

Barski s'en souvenait comme si c'était hier. Une voiture bourrée à craquer, les amortisseurs sur les boudins, s'était arrêtée derrière la sienne. Le conducteur en était descendu, une torche à la main.

Éclairant le visage de l'inconnu, il avait demandé :

— Des ennuis ? Je peux vous aider ?

À son tour, Barski avait éclairé le visage du bonhomme : jeune, les cheveux longs, poussiéreux, cradoque. Une bonne tête, le genre routard-rouleur.

— C'est gentil à vous, merci bien, mais je vais attendre demain matin.

— Je peux toujours essayer de vous dépanner : ça ne se voit pas mais je suis de la partie.

Comme Barski s'étonnait, il poursuivit :

— Vous savez, quand on descend des bagnoles de Marseille à Bamako, et même plus loin, il vaut mieux avoir des notions de mécanique.

— Vous faites ça souvent ?

– Trois ou quatre fois par an, sauf que traverser l'Algérie, ça devient dangereux. Le GIA est très présent.

– Il y a du GIA par ici ?

– C'est la grande inconnue. Quand on s'en aperçoit, il est trop tard. Je peux vous dire une chose, je suis passé à Tam à l'aller, il n'y avait pas la queue d'un touriste.

Barski demanda :

– Vous arrivez d'où, maintenant ?

– D'Agadès, j'ai même passé la nuit à l'Hôtel de l'Aïr. Et vous ?

– À l'Aïr, bien sûr, moi aussi, mais ça fait déjà un certain temps.

– Je vous ai repéré à la plaque. Vous créchez là-bas ?

Barski hésita :

– Si on veut, oui.

L'autre ironisa sans malice :

– Si on veut ? Ou si on ne veut pas ?

– C'est une question ? demanda Barski.

– C'est une façon de parler. Vous feriez mieux de me passer le cric, on va soulever la tire pour voir ce qu'on trouve en dessous.

Barski sortit avec le cric.

L'autre était déjà à genoux, prêt à la manœuvre. Tandis qu'il fixait le levier à vis, il dit :

– Je ne sais pas au juste ce qu'il s'est passé dans le désert mais, à l'hôtel, on ne parlait que de ça. Il paraît que chaque jour qui passe, on retrouve des cadavres du côté de Fachi et de Bilma.

– Des cadavres ? répéta négligemment Barski.

L'autre marqua la surprise :

– Si vous habitez Agadès, vous devriez être au courant. La gendarmerie enquête, on recherche un bonhomme qui se balade avec de la poudre d'or.

– Un chercheur d'or ? questionna Barski d'un air qui se voulait indifférent.

– Chercheur ou pas, en tous les cas, il a dû ramasser un sacré pactole.

– C'est illégal ? demanda Barski.

– Illégal, non, mais c'est curieux. Je ne savais pas qu'il y avait des orpailleurs dans le Ténéré.

Barski commençait à se méfier sérieusement. Il s'écarta du châssis et se releva, prêt à frapper avec sa torche.

L'autre le regardait plutôt gentiment. Il dit :

– Je n'avais pas remarqué vos vêtements. Vous êtes franco-touareg ou quoi ?

– D'après vous ?

– D'après moi, vous n'êtes pas le bon orpailleur. Ils recherchent un grand maigre.

Barski ne put s'empêcher de rire :

– Des grands maigres, il n'y a que ça dans le Sahara !

– Peut-être, mais d'après les rumeurs, le grand maigre en question serait une sorte de sorcier. Il aurait envoûté des tas de gens. Et quand ça ne marchait pas avec les potions ou la magie, il les convertissait à coups de poudre d'or. Paraît qu'on en a retrouvé sur les cadavres. Le hic, c'est que personne ne sait d'où venaient ces gens ni où ils allaient.

Intéressé, Barski demanda :

– Le grand maigre, on le recherche pourquoi ?

– Pourquoi ? s'exclama le routard. Mais parce qu'il a disparu en laissant des dettes à la coopérative. Au début, le gérant se disait : « Bah, il va bien finir par revenir ! » Et puis, le temps passant, il y a eu ces histoires de cadavres, des rumeurs de disparitions, alors les gendarmes ont fini par se bouger le cul.

Barski s'interrogeait. Cette rencontre était-elle programmée ? Ou était-elle le fait du hasard ? Que lui voulait exactement le gars ? Le pistait-il ? Flic ou routard ? Généreux ou collant ? De quel escroc lui parlait-il ? Le gourou, ça ne pouvait être que Gad. Il l'avait enterré de ses propres mains. Plus probablement, ces rumeurs étaient liées aux escroqueries de Gad. Avant l'arrivée du maître, il avait dépensé sans compter pour garder les Kels sous sa coupe.

Une lune rousse bien pleine émergea soudain de derrière les crêtes et éclaira le plateau désolé. Les deux hommes se regardèrent un moment en silence. Puis, éteignant sa lampe-torche, Barski donna une tape amicale dans le dos du jeune homme.

Il dit :

– On n'a rien pu faire pour mon véhicule, merci quand même. Sait-on jamais, on pourrait peut-être se retrouver à Tam !

– D'accord, ça serait chouette ! Vous savez, moi, je ne suis pas pressé, j'ai toute la vie devant moi.

Ils scellèrent la promesse de se trouver bientôt par une vigoureuse poignée de main.


Perdu dans ses pensées, Barski avait fini par s'endormir. Il s'était réveillé à l'aube pour guetter la dépanneuse.

Personne. Ni voitures ni camions. Rien que ce plateau glacial et pierreux d'où surgissaient, avec le jour, des arbres foudroyés, des pans de rochers éboulés, comme autant de sentinelles dans l'attente d'un sinistre événement.

La dépanneuse n'était arrivée qu'en fin de matinée. Des camions militaires bourrés de soldats en armes encadraient un convoi de véhicules civils en provenance de Tamanrasset.

— Que se passe-t-il ? avait demandé Barski au mécano.

— Il se passe que le GIA a frappé. Ils ont assassiné un Français à dix kilomètres d'ici.

— Un Français ?

— Oui, un jeune homme, ils l'ont égorgé et ils ont mis le feu à sa voiture.

Barski s'était senti tout retourné. Il avait eu envie de vomir, de crier, de disparaître. À quoi rimait la vie ? À quoi tenait encore la sienne ? À un fil, à une ombre, à une idée, à un vague idéal ?

Tout cela paraissait loin et vain.

Il s'était écarté de la bonne cause. Il y avait cru. Il avait été mené en bateau par les Garamantes jusque dans cet océan de sable et de chimères où leur vaisseau avait fait naufrage.

Barski avait été sur le point d'abandonner. Il pensait regagner la France, en finir une fois pour toutes avec la violence, avec le désert, avec l'anarchie.

Son frère Serge, le sacrifié, méritait des égards, du respect, de la tendresse. Enfants, ils s'étaient épaulés. Ils avaient résisté aux méchancetés des plus grands. Et, plus tard, à celles des adultes. Orphelins, ils s'étaient promis d'honorer leurs parents dont il ne restait, quelque part dans l'univers, qu'une trace de fumée, qu'une fumerolle d'âme qui se baladait de nuage en nuage, de continent en continent.

La promesse faite aux parents n'était autre que celle d'exister au-delà d'eux-mêmes. Très tôt, ils avaient cherché à se distinguer des autres gosses. À dix ans, Victor se voyait en explorateur, en ethnologue, en anthropologue. Serge visait moins haut. Il serait prof de gym. Ça déplaisait à Victor. Rien que pour le contrarier, Serge s'était mis à faire du sport. Tout y était passé: le cross, la natation, le foot, le rugby.

Pour l'amour de son frère, il s'était imaginé non plus prof mais dieu du stade. C'était un songe. À dix-huit ans, la tuberculose vint mettre fin au rêve. Adieu le sport, bonjour les sanatoriums. Et comme si la bacillose ne suffisait pas, une septicémie et toute une série de faiblesses attaquèrent les reins, le cerveau, le moral.

Lâché par les dieux, Serge avait lâché les stades. Il s'était coupé des parents, détaché du devoir de mémoire pour s'attacher corps et âme à son frère. Une première fois, il l'avait suivi à Garame. Une loque, un boulet. Ils avaient été obligés de faire demi-tour presque aussitôt. Victor était reparti seul. En consolation, il avait nommé Serge secrétaire et intendant du manoir. Puis, d'intendant, il était devenu gardien. Drôle de promotion. Son frère valait beaucoup mieux que cela.

Barski n'alla pas plus loin. À quoi bon continuer sur Tamanrasset ? Peu lui importait de ne plus revoir le routard. Quant à ses élucubrations, elles relevaient davantage de l'obsession et de la paranoïa que du bon sens. Pourquoi aurait-on transporté le Livre jusqu'à Tamanrasset, un si long voyage pour un si vieux manuscrit ? De deux choses l'une : ou bien les volumes, pour ne pas dire les paquets de pages ficelés à l'intérieur de leur manteau de peau, étaient encore sous cette forme compacte ; ou bien, le tout, détaché, déchiré, s'était éparpillé à travers le désert. Dans le premier cas, il existait une chance de retrouver le Livre un jour ou l'autre. Dans le second, on jouait de malchance.

Tandis qu'il se rapprochait de la frontière nigérienne, Barski hésitait entre filer d'une traite jusqu'à Niamey pour y attraper un avion à destination de la France ou s'arrêter pour la nuit à Agadès, dernière étape avant Garame.

En vérité, Barski ne renonçait pas. Lâcher le Livre lui paraissait inhumain.

Rentrer en France sans rapporter le Livre lui semblait impossible, à moins qu'il fût détruit ou égaré à jamais.

Comme il ne pouvait imaginer le sort final du Livre, il ne se résignait pas à s'éloigner. Vivre ailleurs dans le désarroi et dans le doute ne lui paraissait pas acceptable. Il se voyait mal, en Touraine ou ailleurs, gamberger jour et nuit sur les différents scénarios possibles de sa disparition.

À force de courir en vain l'Aïr et le Hoggar, Barski avait conçu toutes sortes de suppositions. L'une d'elles le taraudait maintenant particulièrement. Il lui paraissait en effet improbable que le Livre se soit envolé de Garame avec la tempête, ou qu'il ait été emporté par l'un ou l'autre des Kels dans sa fuite. Plus vraisemblablement, il y était toujours, soit dans quelque cache, soit sous les éboulis des châteaux fous, soit couvert par l'une de ces innombrables dunettes que le vent s'était ingénié à déposer et à remodeler, modifiant ainsi le paysage.

Le pour prenait le pas sur le contre, puis le contre revenait avec vigueur chasser le pour. Le pour, c'était le retour à Garame. Le contre, c'était le retour en France. Pour et contre étaient interchangeables. Cela dépendait de l'état de la piste et de ses états d'âme.

*

Il était arrivé à Agadès en toute fin d'après-midi.

Le temps de se dégourdir les jambes, de prendre ses affaires, le soleil avait disparu derrière la mosquée.

Barski n'était pas en forme. Il avait roulé une douzaine d'heures. La fatigue avait attaqué son moral. Comment l'accueillerait-on, comme un chien ou comme un loup ? Ferait-il pitié ou ferait-il peur ? La réflexion ne s'imposait guère. L'accueil fut plutôt chaleureux.

On ne l'avait pas regardé d'un sale œil. Avec ses habits, il ressemblait à n'importe quel Saharien. L'avait-on reconnu ? L'avait-on déjà vu ?

Difficile à dire. Outre le réceptionniste, un jeune Haoussa, il n'y avait encore personne à qui parler, personne à qui répondre.

Le voyageur réserva une table pour le dîner, puis gagna sa chambre. Une douche s'imposait. Il se dévêtit et ôta son long turban. À soixante-deux ans passés, il avait encore tous ses cheveux. Ils tombaient longs dans son dos. Longs et crasseux.

Illame, la petite Borroro, s'amusait à en faire des nattes. Et bien des cheveux, bien des poils de ce Blanc, y compris ceux du pubis, avaient servi à la confection de nombreux grigris. Mélangés à l'œuf de vipère, à un morceau d'entrailles de fennec, à l'urine de veuve, à la poudre d'ongles, à des raclures de nez, aux premières règles, les poils du Blanc protégeaient maintenant toute la tribu borroro des diableries et des maléfices.

De la table où il dînait, Barski tendait l'oreille. Plusieurs voyageurs et coopérants commentaient la dernière nouvelle : le GIA avait assassiné un touriste peu avant Tamanrasset. On en parlait calmement ou avec effroi. C'était selon le tempérament des clients. Le pauvre jeune homme n'avait-il pas offert une tournée générale avant son départ ? Il avait fêté là ses bonnes affaires de Bamako et de Niamey: trois Mercedes et quatre Peugeot écoulées. En Europe, ces voitures avaient fait leur temps, dix ou quinze fois le tour du compteur. Ici, en Afrique, on leur refaisait une jeunesse. Le routard avait-il joué de malchance? Au lieu de prendre l'avion à Niamey comme ses coéquipiers, il avait préféré rentrer en France par le chemin des aventures, une façon de voir les gens et le paysage sous un autre angle. Les uns le plaignaient sincèrement. Les autres lui reprochaient son manque de réalisme. On ne se lance pas seul sur les pistes algériennes.

Seul ou pas seul, pensait Barski, ça n'aurait rien changé. Il était sur le point d'intervenir quand la conversation dévia brusquement sur l'affaire qui intriguait le tout-Agadès. On n'en finissait plus de retrouver des ossements humains dans les dunes du Ténéré. Les caravaniers ramassaient ce qui était encore à peu près présentable: des objets, des vêtements, des ustensiles de cuisine abandonnés en cours de route. Mais d'où venaient ces voyageurs pour aller ainsi, sans véhicules et sans chameaux, au milieu du désert? Faisaient-ils partie d'un groupe, d'une secte? Étaient-ils sous la coupe du Tchadien qui avait escroqué la coopérative?

Les gendarmes s'employaient à éclaircir ces différents points. Mais, selon les clients, ils ne disposaient d'aucun moyen moderne d'investigation. Après tout, il s'agissait de Touaregs, de Peuls, peut-être de Toubous. En quelques mois, on avait dénombré une vingtaine de squelettes, des morts anonymes dont personne n'avait signalé la disparition.

En réalité, dans ces zones sahariennes où les hommes vont libres et démunis, il en va de la mort comme de la naissance. On ne déclare ni l'innocent qui vient au monde, ni le coupable qui le quitte.

Mécaniquement, Barski s'était livré à une petite comptabilité macabre. Vingt cadavres, cela voulait dire qu'aucun des fuyards n'avait réussi à survivre.

Il en eut des frissons. Il était le seul rescapé. Le Livre n'était donc pas sorti du Ténéré, à moins qu'il n'ait été ramassé dans les sables par un camion ou une caravane.

Barski écoutait avec attention. La discussion s'était portée sur Garame. Un *serial killer* s'y cachait peut-être. Impossible ! déclara quelqu'un, Garame est un four. Tout ce qui s'en approche est aussitôt grillé.

— Avez-vous été voir ? demanda un autre.

— Voir ? Ah non, sûrement pas.

— Et vous ?

— Moi non plus.

— Et pourquoi, s'il vous plaît ?

— Pourquoi ? Parce que c'est interdit !

— Pas du tout, affirma un troisième convive, aucune loi n'interdit de se rendre à Garame. L'interdiction est en nous-mêmes, mieux vaut se l'avouer, tout ce que l'on raconte sur Garame nous terrorise. Même les gendarmes se méfient de l'endroit. Ils l'appellent « la cité maudite ». Pour rien au monde ils n'y entreraient.

— C'est incroyable ! lança quelqu'un.

— Bien au contraire, c'est croyable !

Barski n'écoutait plus. De minute en minute, il s'éloignait un peu plus de son frère pour se rapprocher un peu plus de Garame. Il n'y allait pourtant pas de gaieté de cœur. Outre les esprits et les démons que la tempête n'avait pas expulsés, bien au contraire, il allait devoir affronter les fantômes de Gad et de Yoz. Pas facile de revenir sur les lieux du crime. Pas moyen de clamer son innocence ! Impossible d'échapper à la sentence !

Il le savait. Si les Garamantes n'avaient pas jugé nécessaire d'édifier des tribunaux, ils jugeaient néanmoins sévèrement les crimes de sang. Selon la loi des ancêtres, Barski encourait la peine maximum : quinze ans de réflexion et d'examen de conscience.

Il en était là de ses remarques quand retentit la sonnerie du téléphone.

Le serveur haoussa faillit en laisser tomber son plateau. Les réservations étaient si peu fréquentes qu'il se précipita fébrilement vers le bureau.

Il y eut un « Allô, ici l'Hôtel de l'Aïr, je vous écoute », puis un silence ponctué de « Ça alors ! » et d'autres interjections convenant à une nouvelle de grande importance.

Au bout d'un moment, le garçon revint dans la salle à manger. Il souriait de toutes ses blanches dents. En ménageant le suspense, il balaya d'un long et mystérieux regard les clients, intrigués par le coup de fil.

Quand il eut bien dévisagé tout le monde, il annonça enfin la nouvelle. Elle était stupéfiante. Le routard appelait de Tamanrasset. Il était bel et bien vivant. Une malencontreuse confusion l'avait donné pour mort. Le GIA s'en était pris à un autre Français qui roulait devant lui, à une portée de phares.

Manifestant sa joie, le jeune Haoussa avait ajouté :

Je n'aurais pas cru qu'on était aussi copains. Il pensait que je m'inquiétais. Il a voulu me rassurer. Je suis content pour lui et pour moi.

Barski se surprit à sourire. Ça ne lui arrivait pas souvent. C'était une bonne nouvelle. Tout n'était donc pas noir. Il se dit que le routard allait l'attendre à Tamanrasset. Qu'importe. C'était mieux comme cela. Le petit gars trouverait quelqu'un d'autre pour fêter la victoire de la vie.

Soulagé, il se leva de table et gagna le hall. Il s'apprêtait à décrocher le téléphone mural quand les phares d'un véhicule vinrent éclairer la façade d'une puissante lumière jaune.

Barski se protégea les yeux du revers de la main.

Il se demandait qui pouvait bien arriver à cette heure, sans prévenir, quand le flash d'un appareil photo l'aveugla. Un deuxième puis un troisième éclair achevèrent de l'éblouir. Il se redressa, furieux, et se précipita vers l'entrée. Une nouvelle série de flashes crépitèrent.

Il s'avança, les mains devant les yeux et cria :

— Qu'est-ce que c'est ? Arrêtez ça tout de suite !

Le flash mitraillait toujours, le tenant à distance.

Il se rua sur le bonhomme :

— Salopard, vous allez me le payer !

Le bonhomme cessa de photographier. Il s'excusa et dit :

— Ne vous fâchez pas, c'est moi, monsieur Barski, je suis Claudio Roméo.

Barski se méfia. Il connaissait en effet Roméo. Un réflexe instinctif le poussa à mentir.

— Vous me prenez pour quelqu'un d'autre. Vous dites n'importe quoi. Vous cherchez qui, exactement ?

— Je ne cherche personne, je reviens du Zimbabwe, et je tombe sur vous, j'en profite. Souvenez-vous, monsieur Barski, je vous ai envoyé un tableau d'après photo. Vous aviez un ara sur l'épaule.

Barski fit l'étonné :

— Vous confondez, je n'ai jamais eu de perroquet.

— Je ne confonds pas, monsieur Barski, vous m'avez même remercié par lettre. Vous habitiez la Touraine.

— Vous vous trompez, je ne suis pas Barski, je m'appelle Kurt Weidmann.

— Voyons, monsieur Barski, c'est pas la peine de me la faire. On sait que vous vous planquez à Garame.

Barski fit l'innocent :

— Garame ? Qu'est-ce que c'est que ça, Garame ?

— Allons, monsieur Barski, vous savez très bien de quoi je parle, lâcha Roméo en actionnant son déclencheur.

Barski avait saisi le bonhomme aux épaules et le secouait de toute sa force.

L'autre s'était dégagé d'un coup de genou.

Plié en deux, le souffle coupé, l'explorateur n'était guère à son avantage et le photographe ne s'en priva pas.

Brusquement, l'un des clients, un nommé Carrera, déboula du restaurant et invectiva le reporter :

— Ça suffit maintenant, passez-moi cette pelloche sinon je vous démolis la gueule !

Le type s'avança, menaçant, vers Roméo et tenta de lui arracher l'appareil.

— Ça va, ça va, on se calme, marmonna Roméo. Vous voulez la pelloche, eh bien, pas de problème, je vous la donne.

Ce disant, il recula ostensiblement. Parvenu à la hauteur de son 4 x 4, il fit semblant d'ouvrir le boîtier et jeta le Nikon sur la banquette avant.

Dans le même élan, il se glissa derrière le volant et bloqua les portières.

— Salaud ! s'écria Barski, vous allez me le payer cher !

— Ça m'étonnerait, rétorqua Roméo en démarrant, vous êtes fini, Barski, complètement brûlé !

Les deux hommes regardèrent un moment le tout-terrain s'éloigner dans un nuage de poussière.

Le client qui était venu à la rescousse dévisagea Barski et demanda :

— Vous le connaissez ?

— Pas du tout, c'est une méprise.

Un peu gêné, le client ajouta :

— Si je peux me permettre, vous êtes qui ?

— Un has-been !

Le type chercha ce que le mot signifiait, puis, désignant le tout-terrain qui disparaissait dans la nuit, il dit :

— S'il remonte sur Tamanrasset, il va se faire avoir par le GIA.

— Vous croyez ? répliqua distraitement Barski.

— Y a des chances, oui. Enfin, parlons plutôt de malchance. En tout cas, le routard l'a échappé belle. Je suis content pour lui. C'était un jeune homme très sympa, très amical. En quelques jours, il s'est fait des tas de copains par ici.

Les testicules douloureux, Barski revint vers l'hôtel. Il n'avait qu'une envie : dormir, et encore dormir.

L'autre, une quarantaine d'années, ne le lâchait pas.

— C'est incroyable, le bordel que pouvait transporter le môme. Sa bagnole était bourrée à craquer. Il y avait des tapis, des épées, des selles de chameau, des masques, des portes de grenier, tout un bric-à-brac rapporté du Mali, à croire qu'il achetait tout ce que l'on proposait le long des pistes.

— Le long des pistes, on ne m'a jamais rien proposé, mais on m'a toujours tapé, fit remarquer Barski.

— C'est ce qu'on appelle du troc.

— On peut le prendre comme ça, oui. Moi, je préfère donner et ne rien réclamer en échange.

Arrivé devant sa chambre, Barski fit tournoyer sa clef et dit :

– Bon, eh bien, bonne nuit, monsieur Carréra.

Comme l'autre tardait à partir, il ajouta :

– Et vous, vous faites quoi dans la vie ?

– Moi, je me planque !

Il fit un clin d'œil entendu et jeta :

– Il me semble que je ne suis pas le seul.

Barski ne releva pas. Il entra dans sa chambre et tira le loquet.

Le temps de se doucher, l'autre frappait déjà :

– C'est moi, juste une minute, s'il vous plaît, quelque chose me tracasse.

Barski entrouvrit la porte :

– Si vous me fichiez la paix, maintenant ?

– N'ayez crainte, je ne suis pas du genre collant, mais je pense tout à coup que le fameux Roméo m'a peut-être pris en photo. Si c'est le cas, ça pourrait être aussi fâcheux pour moi que pour vous. Qu'en dites-vous ?

Barski répondit laconiquement :

– Effectivement, c'est possible.

– Vous êtes sérieux ?

Barski s'énerva :

– Écoutez, mon vieux, j'ai assez de problèmes comme ça, je préfère en rester là.

L'autre fit une méchante grimace et lança :

– Merci pour la solidarité. Maintenant, je sais ce qu'il me reste à faire !

– C'est-à-dire ? demanda Barski, croyant être menacé.

– Je vais le flinguer.

Le ton du bonhomme était tranchant, sans appel.

Barski prit sur lui et tenta de l'apaiser :

– Flinguer quelqu'un pour une photo, c'est peut-être un peu excessif ! Vous ne trouvez pas ?

La réplique glaça le sang de l'explorateur :

– Vous savez parfaitement ce que c'est, les gens comme vous et moi ne tuent pas par plaisir mais par nécessité…

Barski attendait l'Émissaire. Épuisé, il ferma les yeux. Il avait lutté toute la nuit contre la fièvre et l'insomnie qu'alimentaient des souvenirs vieux de dix ans. Maintenant, avec l'aube qui pointait à l'est, les dunes rejetaient leurs draps gris dans le lit poussiéreux de l'oued. Et tandis qu'elles offraient leurs flancs gelés aux rayons des ocres qui se levaient, l'homme s'endormit.

Au même instant, l'Émissaire quittait son campement et se mettait en route pour Garame. Peut-être devrions-nous dire «se mettait en piste», car l'unique route, celle qui relie Agadès à Niamey *via* Zinder, passe à cent vingt-cinq kilomètres de Garame.

Montée sur un dromadaire noir, elle-même enveloppée d'un afar de coton noir, Illame se laissait aller au doux balancement de son pas. Lourdement chargée de deux grands sacs de cuir, la bête allait à son rythme, accompagnée sur la droite par sa silhouette en ombre portée.

Blessé à la jambe, ayant pris du retard, Togo, le chef du troupeau de Dieu, l'émissaire en titre, avait autorisé sa fille à faire le voyage à sa place.

Chemin faisant, elle s'interrogeait: le Français allait-il la reconnaître? Lui-même avait dû beaucoup changer. Pourquoi vivait-il toujours à Garame? De quoi, de qui se cachait-il? Comment allait-il l'appeler: «ma petite Borroro», «ma belle Auroro», «ma jolie petite Peule», «ma jour et nuit», «mon îlot», «mon âme», comme il le disait auparavant?

Quel âge avait-elle alors : quatorze ou quinze ans ?
Seize ou dix-sept ? Peut-être un peu plus, ou un peu
moins. Quel âge avait-elle aujourd'hui : vingt-quatre ou
vingt-cinq ans ? Vingt-sept ou vingt-huit ? Peut-être un
peu plus, ou un peu moins.

Sans doute allait-il la trouver trop vieille. Il avait aimé
son allure, sa souplesse, son éclat. Possédait-elle encore
ces qualités ? Devait-elle mesurer son pouvoir de séduction au nombre de ses amants ? Dans ce cas, c'était comme
les yeux de son père. Sa vue baissait, mais il voyait tout
de même assez pour compter les bêtes de son troupeau.

Elle se disait qu'elle était entre deux âges, et qu'elle
possédait toujours cette énergie invisible qui l'animait de
l'intérieur.

Elle se sentait forte. D'accord, la vue de son père baissait, mais la sienne propre lui permettait encore de voir
jusqu'au fond d'elle-même. Elle le savait : elle était prête
à s'enflammer à nouveau, mûre pour aimer autrement
qu'à la mode borroro. Désireuse, enfin, de prendre du
plaisir comme il le lui avait appris autrefois.

Le Français fut tiré de son sommeil par les cris rauques
et prolongés du chameau noir. Togo, le chef du troupeau de Dieu, avait dressé l'animal à blatérer ainsi, sur
commande.

D'ordinaire, Barski allait jusqu'à la piste et en rapportait le ravitaillement. Courageux, guerrier intrépide, Togo
évitait malgré tout d'entrer dans Garame.

Cette fois, les rôles furent inversés. Incapable de se
déplacer au-delà du muret où il s'était traîné, l'explorateur s'apprêtait à héler Togo quand il vit celui-ci venir de
lui-même.

Ça l'intrigua. Il s'en étonnait. Certes, il reconnaissait le dromadaire noir de Togo. Il n'y en avait que deux dans toute la région. En revanche, il ne parvenait pas à identifier le méhariste.

Il attendait. Il était sur ses gardes. Au pas du chameau, il ne fallait qu'une dizaine de minutes pour traverser le no man's land qui séparait la piste de la cité fantôme.

Pas à pas, seconde après seconde, il cherchait à distinguer qui pouvait bien avancer devant la bête avec tant de naturel et de sûreté.

Quand il réalisa, à son allure, à son port de tête, qu'il s'agissait d'Illame, il fit un effort et se redressa pour l'accueillir.

Maintenant, il était là, en face d'elle, à demi-nu, les cheveux tombant sur les épaules, d'une maigreur effrayante, d'une minceur à la Peul.

Elle lui rendit son sourire et dit :

— Tu n'as pas changé.

— Toi non plus. Tu es toujours aussi belle.

— Pas du tout, j'ai l'air d'une vieille femme toute desséchée mais en moi-même, et quand je te vois, je suis toujours ta petite Borroro.

Elle ajouta aussitôt en riant :

— N'aie pas peur, je ne vais pas me jeter dans tes bras.

Il la prit par le cou et l'embrassa longuement. Elle avait une haleine de lait.

Il puait la sueur, la fièvre, la vieillesse.

Elle restait collée à lui, lèvres à lèvres, langue contre langue, comme elle le faisait il y a longtemps.

Aucun des deux ne voulait lâcher l'autre. Ils mélangeaient leur salive, leurs pensées, leurs souvenirs.

Les gestes d'autrefois revenaient. Les mains caressaient. Elles allaient librement, glissant sur le dos, les hanches, le ventre. Elles parlaient à la peau. Et la peau leur répondait. Les corps se délectaient. Ils se racontaient des histoires lointaines. C'était à la fois du vécu et de l'inédit, du déjà-vu qu'ils réinventaient sur-le-champ.

Ils laissèrent passer ce premier choc. Ils avaient besoin de reprendre leur respiration. Besoin de s'étudier, de s'étonner.

Plus tard, quand les médicaments firent baisser la fièvre, il demanda :

— Et comment va grand-mère borroro ? Qu'est-il arrivé à ton père ?

Il apprit la mort de grand-mère borroro, la blessure de Togo…

Quand elle eut répondu à toutes ses questions, elle déballa le contenu des deux grands sacs de cuir et entreprit de le ranger. Il y avait de quoi manger et se soigner pendant plusieurs mois. De quoi lire et écrire, des feutres, des cahiers d'écolier à foison.

Cela faisait des années qu'il rédigeait ses mémoires. Des années qu'il fouillait et refouillait l'oasis en tous sens. Des années qu'il avait croisé le routard-rouleur du côté de Tamanrasset. Des années que Roméo avait été assassiné par on ne sait qui, un peu plus loin, en Algérie. Des années qu'il remplissait des cahiers d'écolier. Des années qu'il les déchirait ensuite. Des années qu'il avait tué. Des années qu'il purgeait sa peine. Des années qu'il parlait avec le désert. Des années qu'il s'y confessait. Des années que le désert lui disait : « Nul autre que moi n'est au courant de tes crimes. Tranquillise-toi, le silence est mon empire. » Des années qu'il attendait la venue d'Illame, le retour des beaux jours.

Et parmi toutes ces choses qu'Illame rapportait d'Agadès, il y en avait une bien plus précieuse que toutes les autres. C'était la lettre de Serge, l'oublié, le sacrifié.

Serge n'en faisait pas des tonnes. Il demandait simplement à son frère de rentrer. Rien de bien important à
signaler, sinon cette jeune femme, Claire Dumas, une biographe, susceptible de se mettre en route pour Garame
d'un jour à l'autre. «*Incroyable! mon cher frère, elle travaille pour d'Armentières. Elle veut tout savoir de toi, de
ta vie, de tes mystères, de tes secrets. Elle est aussi curieuse
qu'astucieuse, prête, il me semble, à bien des sacrifices et à
bien des audaces. Bref, à force de te lire et de décortiquer
tes récits, tes aventures, elle t'a dans la peau. Elle ne pense
qu'à toi et ne voit que par toi. Ne te plains pas, elle est
superbe!*» La lettre était suivie d'un post-scriptum:
«*Évidemment, je ne lui ai donné aucune indication. Elle
te croit à Garame. C'est donc à elle de te dénicher...*»

# Chapitre 3

*Comme tous les autres acacias du désert, l'arbre du Ténéré donnait autant d'ombre qu'il procurait de bois. Il y avait toujours un bout d'écorce, un morceau de branche cassée pour allumer le feu et y préparer son thé.*
*Cela durait depuis des siècles. D'ailleurs, on ne comptait plus les jours mais les feux. Et quand on ne s'y retrouvait plus avec les feux, on comptait les années en verres de thé.*

D'Alger où elle avait débarqué la veille, Claire s'était aussitôt envolée pour In Salah, une ville entre sable et sel, située tout au bout du Tademaït, un plateau désertique, nu comme la paume de la main. C'était sa première oasis saharienne. D'un bleu pur que l'on pouvait assurément dire d'azur, la couleur du ciel contrastait avec l'ocre rouge et le blanc cendré des habitations. Bâties d'argile, les murs et les toits lézardés, elles s'alignaient le long des rues et des chemins plantés de palmiers et de tamaris, que l'on ne cessait pas de désensabler, qui avec des pelles ou des râteaux, qui avec des mini-bulldozers selon l'importance des congères.

Assoupie, quelle que soit l'heure, la ville n'en finissait pas de faire la sieste.

Vêtue d'une robe longue et légère de chez Kenzo, Claire ne laissait voir que ses chevilles. Elle avait suivi à la lettre les conseils des guides : « Ne pas choquer l'habitant. Respecter les autres pour être respectée soi-même. Ne pas répondre aux sollicitations des hommes. Le cas échéant, et le conseil vaut également pour les célibataires, se procurer une alliance et la montrer ostensiblement. »

À l'hôtel Tidikelt où elle était descendue, Claire avait commencé son enquête. Entêtée, elle voulait absolument savoir dans quelles circonstances on avait assassiné Roméo.

Elle était persuadée que le photographe la mènerait jusqu'à Barski. Elle ne se trompait guère, puisque Roméo lui-même, dans son journal de bord, disait avoir rencontré Barski à Agadès. Il était donc probable que Garame se trouve plus près d'Agadès que d'In Salah. Alors, pourquoi commencer à chercher ici plutôt qu'à Tamanrasset ou Agadès? Était-ce parce qu'elle confondait Barski et Roméo, leur donnant le même visage? Était-ce parce que Roméo, au-delà de sa mort, lui avait apporté plus de vérité et de précisions sur la supposée Garame que l'explorateur lui-même? Était-ce par reconnaissance, par besoin de fouiller le passé le plus loin et au plus profond possible? Était-ce professionnellement acceptable, une pratique courante des biographes?

L'oasis d'In Salah n'était-elle pas plutôt une étape sur le chemin de l'initiation, une halte respectueuse et déférente qui s'impose quand on aborde le désert où l'on va bientôt s'immerger?

À In Salah, Claire découvrit ses premiers Touaregs. Au Maroc, en Tunisie, elle n'avait vu que des hommes bleus, de vrais hommes bien sûr, mais de faux Touaregs, des attrape-touristes. Cette fois, il s'agissait d'authentiques Imghad. Le terme signifie «libre, indépendant». Que leur restait-il aujourd'hui de leur liberté et de leur indépendance? se demandait Claire, sinon l'aspect, la fierté, l'orgueil? Il y a beau temps que cette minorité berbérophone ne se lance plus dans d'audacieux rezzous visant l'Arabe ou le Noir.

Jadis, In Salah était l'un des plus vastes marchés d'esclaves du Sahara.

Ennemis jurés des Soudanais et des Maliens qu'ils attaquaient jusque dans leurs lointains territoires, les Touaregs capturaient sans pitié jeunes gens et jeunes filles, hommes et femmes dans la force de l'âge. Soit ils les vendaient à des marchands d'esclaves venus du nord, soit ils les échangeaient contre du sucre, du thé, de la farine ou des armes, soit ils se les attachaient et les employaient dans leurs palmeraies, leurs champs, leurs jardins.

La liberté des Touaregs, c'était aussi celle de priver de liberté les autres et de ne jamais s'abaisser à travailler la terre. Bien trop basse. La noblesse ne se concevait pas autrement qu'en pillant les caravanes arabes, les campements ou les villages des autres ethnies.

Aujourd'hui, dans bien des cas et des régions, c'est autour des Touaregs d'être pillés ou avilis par une administration majoritaire et protectionniste, encore traumatisée par les razzias et les crimes du passé. C'est du moins ce que l'on peut entendre chez certains notables noirs des pays riverains du Sahara.

Parés de leur légende, de leur physique, de leurs vêtements, de leur démarche si particulière, les Touaregs commençaient à fasciner Claire. Était-ce parce que «touareg» rimait avec «reg» qu'elle ne pouvait imaginer le Sahara sans Touaregs? Était-ce cette élégance, ce regard à la fois vague et cruel qu'ils posaient sur elle? Était-ce ce mélange de dureté et de nonchalance qui la troublait? N'était-ce pas plutôt les récits des écrivains et des aventurières, la mythologie des amours volées où se mêlaient romantisme béat et sauvagerie raffinée? En lisant *Un thé au Sahara*, quels émois n'avait-elle pas éprouvés au moment de l'enlèvement de Jane!

Claire ne le savait pas encore, aucun signal, aucun pressentiment ne l'avertissait de cet événement, mais à mille sept cents kilomètres au sud d'In Salah, sa route allait croiser celle d'un chef touareg de la tribu des Kel-Bagzan.

Pour l'instant, Claire était bien trop occupée à résoudre les énigmes Roméo-Barski pour se laisser tenter par une quelconque escapade romanesque.

En réalité, bien qu'invisible et au demeurant quasi insaisissable, Barski l'attirait davantage que le plus charismatique des hommes bleus. Jusqu'à preuve du contraire, elle réservait les soieries de chez Vanina Vesperini à l'auteur de *L'Empire du silence*. Ainsi en avait-elle décidé avant de quitter Paris. Franchement, elle ne se voyait pas revêtir caraco et boxer dans une quelconque zeriba du Hoggar. Ces lingeries de soie sauvage flattaient autant la vue que le toucher. Quintessence de la chenille et du mûrier, la matière semblait conçue pour le seul plaisir des sens.

C'était sans doute une idée stupide, voire absurde, mais elle avait inscrit Barski en premier sur sa liste.

La police d'In Salah n'avait guère envie de s'étendre sur cette histoire ancienne classée «crime de voyou».

– Un crime de voyou? s'étonna Claire, mais comment se fait-il que l'assassin n'ait dérobé ni l'argent ni l'appareil photo?

L'officier de police leva les yeux au ciel et répondit d'un air excédé:

– Il y a des voyous qui ont le sens de l'honneur, Mademoiselle! C'est que M. Roméo n'était pas tout à fait blanc. Voyez-vous, après avoir passé la nuit au Bousbir, il était parti sans régler le montant des passes qu'on lui réclamait.

La stupéfaction se lisait sur le visage de Claire.

L'officier en profita pour abréger:

– Le frère de la prostituée a fait justice lui-même. Il n'y a rien de plus à dire.

Écœurée, Claire risqua :

– C'est ce que vous appelez un crime d'honneur ?

– Exactement, Mademoiselle, l'entretien est terminé, je vous prie de m'excuser.

Claire Dumas quitta le commissariat en ressentant un réel malaise. Tout cela ne cadrait pas très bien avec l'idée qu'elle se faisait du photographe. Son carnet laissait deviner un homme sensible et généreux. Elle le voyait mal refuser de payer les faveurs d'une prostituée.

Alors qu'elle se dirigeait vers son hôtel, elle fut abordée par un personnage qui la suivait depuis un moment.

La soixantaine, bien mis, portant cravate, l'homme se présenta :

– Amed Ben Amrouche, inspecteur de police à la retraite. Je me trouvais au commissariat en même temps que vous, j'ai entendu une partie de votre conversation. Je ne voudrais pas vous importuner, mais il me semble que je pourrais répondre à certaines de vos questions.

Claire dévisagea l'homme en souriant. Il avait une bonne tête. Que risquait-elle à l'entendre ?

L'inspecteur conduisit Claire sur les lieux mêmes du drame, non loin de l'ancienne kasbah Badjouna. Là, il s'anima, expliquant que ce matin-là, il y avait eu un accrochage sanglant entre des rebelles du GIA et l'armée régulière. L'affrontement, d'une violence extrême, s'était malheureusement soldé par la mort de neuf personnes, sans compter les blessés.

La plupart des gens abattus par les uns ou les autres sortaient effectivement du bordel le plus fameux de la ville.

Ravi de rendre service à cette jolie Française, l'inspecteur reprit :

– Vous vous étonnez que l'on n'ait pas volé les affaires de Claudio Roméo, mais imaginez un peu la pagaille : au milieu d'une telle panique, qui aurait pensé à chaparder ou à piller quoi que ce soit ?

Il observa Claire et ajouta sur le ton de la confidence :

– À l'époque, je me suis moi-même occupé de cette affaire. Vous pouvez me croire, Mademoiselle, les choses se sont passées comme cela.

– Il y a donc deux versions de l'affaire ? demanda Claire à voix basse.

– Exactement, Mademoiselle. Comme toujours en Algérie, il est très difficile de s'y retrouver, entre la version officielle et la version officieuse, de même qu'il est extrêmement délicat de chercher à voir plus loin...

Instinctivement, Claire prit cette réflexion pour une mise en garde. Elle regarda l'inspecteur sans rien montrer de son trouble et dit :

– Dans ce genre d'affaire, que ce soit en Algérie ou en France, c'est du pareil au même...

L'inspecteur trouva la formule amusante et précisa :

– Ici, nous dirions « du kif au même » !

Puis, sans laisser à Claire le temps d'apprécier, il proposa :

– Voulez-vous essayer ? J'ai ce qu'il faut à la maison.

Claire remercia l'inspecteur de sa bonté.

– Non, vraiment, le hachisch ce n'est pas mon genre. Je préfère m'éclater au champagne !

Ce à quoi l'inspecteur répondit :

– Alors là, Mademoiselle, je suis désolé, je ne peux rien pour vous car le champagne ne pousse pas dans nos champs...

Claire ne chercha pas d'autres voies, d'autres preuves. Cette version paraissait probable. Rentrée à l'hôtel, elle se demandait encore pourquoi elle dépensait tant d'énergie pour élucider un mystère qui n'en était pas un. Résolue ou non, elle ne voyait plus ce que « l'affaire » Roméo, comme disait l'inspecteur, avait à voir avec « l'affaire » Barski.

Elle attendit qu'il soit vingt et une heures et téléphona à d'Armentières. Il avait souhaité être informé de son travail, jour après jour.

D'Armentières ne répondit pas. Claire lui laissa un message optimiste et se mit au lit. Le lendemain matin, le car de Tamanrasset partait à cinq heures.


Le car n'était pas des plus récents. En plaine, il ne dépassait pas les soixante à l'heure. En montée, il soufflait et crachait des jets de fumée noire qui incommodaient les voyageurs. Heureusement, la biographe était sous le charme de la transsaharienne, une route moitié macadam, moitié sable, moitié roulante, moitié défoncée, moitié hauts plateaux désolés, moitié gorges oppressantes. Celles-ci débouchaient parfois sur des vallées à peine entrevues où dunes et dunettes se partageaient l'espace avec quelques carrés de cultures.

Parmi les voyageurs, une famille touareg de douze personnes, enfants compris, bagages et poulets sur les genoux – tous dignes et silencieux.

Intrigués par la présence de cette Française qui faisait prendre du retard au car à chaque contrôle de police, les passagers mâles, fonctionnaires, négociants, voyageurs de commerce, n'arrêtaient pas de la reluquer. Des regards pesants. Hostiles pour les uns, curieux pour les autres. Un peu trop aimables pour certains.

Tous, ou à peu près, avaient essayer de lier conversation, espérant la poursuivre aux arrêts pipi, notamment dans les bourgades de In Ecker et de In Amaguel.

— N'oubliez pas de vous procurer du papier toilette, conseilla une femme, car par ici, nous ne connaissons que l'eau.

Claire n'avait rien prévu de ce genre. À l'étape d'In Ecker, elle entra dans une échoppe et acheta des Kleenex.

Le vendeur l'apostropha :

— Vous ne pourriez pas faire comme tout le monde ? Ici, le papier, ça bouche les toilettes.

— Comme tout le monde ? s'étonna Claire, mais voyons, l'islam n'est pas la seule religion au monde !

— Vous avez raison, répondit le jeune homme, mais vous ne perdez rien pour attendre, car l'islam va bientôt absorber l'Occident.

— Eh bien, c'est parfait, répondit Claire. Ce jour-là, je ferai comme vous, avec de l'eau et avec mes doigts.

Elle s'apprêtait à sortir quand il poursuivit, agressif :

— Vous êtes française, n'est-ce pas ?

— Il me semble que ça se voit.

Il ne releva pas, mais désigna d'un vaste geste le djebel qui surplombait le village, avec sa ligne de crêtes faites de rochers calcinés aux formes sinistres. Plus bas, parmi les éboulis, un reste de forêt pétrifiée.

Il dit :

— Eh bien, admirez donc cette majestueuse montagne. En apparence, elle est saine, et pourtant, à l'intérieur, elle est rongée par le cancer.

Une mauvaise lueur passa dans ses yeux. Il ajouta :

— Ça vous laisse indifférente, n'est-ce pas ?

Elle ne comprenait pas où il voulait en venir. Elle répondit :

– Non, pas du tout. Que s'est-il passé dans cette montagne ?

– Sous cette montagne, et vous devriez le savoir, votre père a fait péter ses premières bombes nucléaires. Un désastre !

– Désolée, répliqua Claire, mais mon père n'y est pour rien. Il n'est ni militaire, ni savant atomiste.

– Je me fiche de votre père, c'était juste une façon de parler. N'empêche, vous êtes tous coupables. Pourquoi ne pas avoir tenté l'expérience dans les Alpes ? Hein ? Qu'en dites-vous ?

Elle regagna le car en se disant que le type n'avait pas tort.

Tamanrasset la charma. Elle faillit descendre au centre-ville et y rester jusqu'au soir pour flâner, mais le chauffeur n'avait pas envie de s'arrêter. Et puis, il y avait ses bagages. Mieux valait les mettre à l'abri et revenir plus tard.

Le car la déposa au campement des Zeribas, un lieu haut en couleurs, une sorte de camping fait de tentes en peaux de chèvre cousues les unes aux autres et de quelques bâtiments en dur abritant des sanitaires et des bureaux.

D'un côté, les Européens, des couples de retraités assoiffés de pistes et d'horizons nouveaux, des routards orientés ou désorientés, des trafiquants de voitures, essentiellement de Peugeot et de Mercedes, des guides, des pistards, des pèlerins.

De l'autre côté, sous des zeribas surbaissées, des familles entières de Touaregs. Les uns nomadisant, les autres déjà sédentarisés.

Plus loin encore, plusieurs tentes de l'armée en toile blanche. Une tour de guet. Des sentinelles qui préféraient mater les femmes blanches plutôt que d'épier d'éventuels mouvements terroristes.

En réalité, les touristes étaient sur leurs gardes. De vilaines rumeurs couraient. On disait qu'une trentaine d'Allemands avaient été kidnappés, plus au sud, par un groupuscule du GIA proche d'Al Qaïda. On parlait également d'une dizaine d'Italiens et de cinq Français prisonniers d'un autre groupe en plein Sahara.

Bien entendu, les responsables du campement, comme la plupart des commerçants, démentaient ces bruits. Ce n'était que des mensonges, des ragots, des racontars colportés par les ennemis de l'Algérie.

Claire Dumas était retournée au centre-ville. Le harcèlement lui gâchait un peu le plaisir. D'un seul homme qui la suivait au départ, ils étaient maintenant plus d'une douzaine à l'accompagner, sans compter les gamins qui tentaient aussi leur chance.

Elle était passée par tous les états d'âme. D'abord le zen, puis la gêne quand ils la collaient trop. Ensuite l'énervement, les menaces du genre «va-t'en ou j'appelle la police», la colère, les cris. Pour finir, elle avait renvoyé tout le monde n'en gardant qu'un seul, un certain Ali, enturbanné d'un débordant chèche blanc.

Se voyant choisi, Ali avait expédié tous les suiveurs avec des mots choisis qu'elle ne comprenait pas mais qu'elle devinait sans mal.

Bref, Ali promenait à présent sa femme blanche à travers la ville. Il était envié. Personne ne se risquait plus auprès de la Française. En un tour de passe-passe, elle était devenue sa propriété, son monopole. Du moins le croyait-il.

Parvenu dans une large rue bordée d'eucalyptus, le guide fit entrer Claire chez un parent. L'oncle ou le cousin, peut-être un frère, allez savoir, vendait des «moula-moula» en cage, un taquet à tête blanche réputé porteur de bonnes nouvelles.

— Achète l'oiseau et ton vœu se réalisera.

Comme Claire ne se décidait pas, Ali insista :

— Tu n'as pas un vœu à formuler ?

— Bien sûr que si, mais je cherche quelque chose d'introuvable.

— Eh bien, Mademoiselle, achète l'oiseau et il te mènera vers l'introuvable.

— Mais que veux-tu que je fasse d'un oiseau ? Je suis une voyageuse.

— Eh bien, c'est simple. Ne t'embarrasse pas du moula-moula, prends-le, ouvre-lui la cage et suis-le.

— Voyons, Ali, mais moi, je n'ai pas d'ailes, je ne vole pas.

— Toi, répondit Ali, tu as les plus belles ailes du monde et elles vont te porter loin.

Amusée, Claire se laissa faire. Elle acheta le moula-moula et ouvrit la cage.

L'oiseau hésita un instant au bord de la trappe et s'envola tout à coup.

— Eh bien, suis-le ! s'écria Ali. Suis-le, Mademoiselle ! Suis-le ! Il va vers ton vœu...

Claire suivit l'oiseau des yeux. Il allait vers le sud.

Elle dit :

— Tu connais peut-être l'endroit que je cherche ?

— Dis toujours, comment s'appelle-t-il ?

— Garame, l'oasis de Garame.

Garame, ça ne lui disait rien. Il se tourna vers son oncle et lui posa la question en tamajeq.

Non, l'oncle ne connaissait pas. Garame, ce n'était pas un nom de chez eux.

– Tu aurais dû suivre l'oiseau, Mademoiselle. Maintenant, tu n'as plus qu'à me suivre, moi.

– Et où m'emmènerais-tu ? demanda Claire en riant.

– Je ne t'emmènerai nulle part. Je te demanderai de rester ici avec moi.

Elle le regarda gentiment. Il n'était ni beau ni laid, ni agréable ni désagréable. C'était un Touareg moyen. Il avait tout de même une certaine grâce dans sa façon de parler, un humour involontaire.

Auprès de toute personne rencontrée, elle s'était renseignée sur Garame.

Toujours pas de réponse. Garame n'évoquait rien, sinon, peut-être, le néant.

Pressée par Ali, elle acheta un second moula-moula et ouvrit à nouveau la cage.

– Allez, Mademoiselle, envole-toi donc avec lui.

Elle dit :

– Si je m'envole, tu ne m'auras plus auprès de toi.

Il la regarda de ses grands yeux tristes et dit :

– De toute façon, tu vas partir demain.

Ils suivirent des yeux le moula-moula. Celui-ci prit la direction du nord.


Tamanrasset enchantait Claire. C'était une «ville douce» où il faisait bon se promener. Ville douce, ç'aurait pu être une appellation comme «ville d'eau» ou «ville d'art», sauf qu'à Tam, l'eau manquait singulièrement. Quant à l'art, il serait plus juste de parler d'artisanat.

Assise à la terrasse d'un café tout bleu, Claire avait assisté à la spectaculaire disparition du soleil. L'astre s'était soudain brisé contre le sommet de la montagne. Il y avait eu un dernier éclat de lumière, un jaillissement d'étincelles dues au choc. Et puis, un gris de plomb était tombé sur la ville.

De la montagne, on ne voyait plus que les crêtes en dos de chameau, sorte de bosse monumentale qui se découpait sur un reste de ciel clair.

Claire se disait que la montagne avait dû subir un sacré «tabassage» pour être aussi cabossée d'un bout à l'autre du Hoggar.

Avec ce voile couleur plomb qui tombait maintenant sur elle, Tamanrasset alluma ses lampadaires. Incroyable! Il y avait même des néons, des enseignes signalant la poste, les banques, l'hôpital, les mosquées, et des croix au-dessus des pharmacies.

D'un seul coup, cette agglomération saharienne, petite sœur de Tombouctou, prenait des airs de ville moderne.

C'était l'heure propice à la flânerie collective. Les gens sortaient de partout. Touaregs, bien sûr, mais aussi Maliens, Nigériens. Les uns débraillés, en haillons. Les autres en tenue soignée, enturbannés de blanc ou de noir sur des djellabas bleues. Coiffés de bleu ou d'orange au-dessus de djellabas blanches ou noires, sans oublier les amulettes, les grigris, les sacs de cuir fauve, les épées et les poignards aux pommeaux de cuivre rouge, toutes sortes d'équipements en différents cuirs, de différents tons, le vert de Kano, le rouge d'Agadès.

Au milieu de cette foule bigarrée, les touristes paraissaient ridicules avec leurs shorts aux multiples poches, leurs gros mollets poilus et leurs débardeurs tachés de sueur. Ils râlaient après les camions qui roulaient à plein pot d'échappement, en crachant leur fumée bleutée. Ils fulminaient contre les véhicules sans phares, contre les vélos qui les frôlaient, contre les jeunes Touaregs qui zieutaient un peu trop leurs femmes et leurs filles.

L'Empire du silence

Ali n'avait pas lâché Claire. Elle en était à sa troisième pause-thé, à son douzième ou treizième brocanteur ou bijoutier. Elle avait déjà acheté plusieurs croix du Hoggar et du Niger, un bracelet en verre, une pierre noire garantie efficace contre tout venin, une amazonite vert émeraude censée éloigner le mauvais œil, une dent de guépard, un testicule de mouflon, lyophilisé, qui devait en principe favoriser les rencontres amoureuses.

Si le guépard semble définitivement appartenir aux espèces disparues de l'Assekrem et du Tassili, en revanche, on chasse toujours le mouflon au fusil et la gazelle à la Toyota, pitoyable exploit que guides et chauffeurs ont érigé en sport.

*« Lorsque l'on est soi-même à bord d'un de ces véhicules, que faire sinon accepter le jeu ou en descendre ? L'indignation, le raisonnement écologiste, l'appel à la pitié ou à l'indulgence n'ont aucun effet, aucune prise face à la logique touareg des seigneurs du désert. Plaindre un animal serait pris pour faiblesse et lâcheté. Comment dès lors pourrait-on se faire entendre et fraterniser d'homme à homme ? »*

Ces lignes de Barski, extraites de *L'Empire du silence* et soulignées par Claire, lui revenaient en mémoire.

Elle ne savait pas comment se défaire de son guide. À sa manière, celui-ci la traquait. Pas besoin de Toyota, de fusil. Il occupait le terrain. Pas un regard perdu. Pas une seconde d'inattention, pas un vide, pas un creux entre elle et lui.

La nuit était tombée depuis longtemps déjà. Et il était toujours là, devant sa tente, à meubler l'espace de sa haute silhouette. Rien ne semblait le déranger, ni le va-et-vient des campeurs qui entraient ou sortaient, ni les cris, ni les coups qu'échangeaient les gosses, ni les gémissements aigus des chiens chassés à coups de pierres, ni les

166

rires grossiers, les plaisanteries douteuses de certains énergumènes.

Elle sourit. «Energumène», ça sonnait comme du tamajeq, ça ressemblait à *ératimen*, à *irreganeten*, à *issaggamaren*, à *ioulimmiden*. Le mot énergumène lui était venu comme cela, une histoire de consonance, rien de plus. N'empêche, sans se prendre pour une targui, encore moins pour une gazelle, elle abandonna un instant sa place sur laquelle louchait un nouvel arrivant et vint se planter devant Ali:

— Ecoute, tu as été un bon guide, j'ai apprécié ta compagnie, je t'ai donné de l'argent. Alors, maintenant, s'il te plaît, j'aimerais que tu me laisses tranquille.

— Tu ne veux plus de moi? demanda Ali.

— Non, je n'ai plus besoin de toi.

— Aujourd'hui peut-être, mais demain?

— Demain, je serai loin!

— D'accord, alors, puisque c'est comme ça, je m'en vais!

C'était simple. Il fallait juste mettre les points sur les i, et puis, au bout de la phrase, inscrire le point final.

Elle tendit la main. Le geste se voulait fraternel et viril.

Il prit la main et la secoua maladroitement. Il préférait dire au revoir avec les yeux.

Le nouveau venu était certainement beaucoup plus dangereux qu'Ali. Dans les vingt-cinq ans, blond, râblé, l'accent du Midi.

En un rien de temps, il s'était approprié une bonne moitié de la place réservée à Claire, étalant, pêle-mêle, ses affaires de toilette sur le duvet de sa voisine.

— Ne vous gênez surtout pas!

Il la regarda d'un air amusé:

— N'ayez pas peur, je fonce me laver les dents, ensuite je range mon bordel et je me pieute. Au fait, je m'appelle François.

— Vous venez d'où ?

— Et vous ?

— C'est moi qui pose la question ! reprit Claire.

— OK, j'arrive de Toulouse avec une Mercedes volée. Ça vous va ?

Elle était au courant de ce genre de trafic. Dans son carnet de bord, Roméo relatait sa rencontre au campement des Zeribas avec un nommé Jean-Louis. Le jeune homme remontait du Mali avec un véhicule invendu chargé à ras bord d'objets et de marchandises ethniques, achetés tant chez les brocanteurs de Bamako qu'au hasard des pistes et des occasions. Les deux hommes avaient fraternisé. À Tamanrasset, grâce à ce Jean-Louis, un fouineur de première, Roméo avait découvert l'Entrepôt, une véritable caverne d'Ali Baba tenue par Malika la Berbère.

Dans l'après-midi, Claire avait suggéré à Ali de la conduire à l'Entrepôt. Mais Ali avait esquivé, prétextant que l'Entrepôt était fermé depuis des années.

Intriguée par les similitudes qui ne manquaient pas de lui venir à l'esprit, Claire attendit avec curiosité le retour de son jeune voisin.

Décontracté, torse nu, une serviette éponge autour du cou, celui-ci revint des douches en sifflotant *Savoir aimer*, un tube de Florent Pagny.

— Ça va mieux ? demanda Claire.

— Et comment ! Je roule depuis six heures du matin et je n'aspire qu'à une chose, me rouler un pétard d'enfer et laisser faire le reste.

Elle s'interrogea avec quelque inquiétude sur le reste. En le voyant ranger son «bordel» de l'autre côté d'une frontière illusoire, elle fut rassurée et reprit la conversation :

— Vous êtes de Toulouse, n'est-ce pas ?

Il la toisa d'un air surpris :

— Vous aussi, peut-être ?

— Non, pas du tout, je suis parisienne.

— Vous avez quelque chose contre les Toulousains ?

— Je me demandais simplement si vous ne connaissez pas un dénommé Jean-Louis. Il fait également le trafic de voitures entre la France et l'Afrique, sauf que lui, il doit avoir dix ou douze ans de plus que vous.

Il marqua la surprise :

— Pas possible, vous connaissez mon frère aîné ?

Elle n'en revenait pas. D'un seul coup, le hasard ramenait Roméo et Barski au premier plan. Elle dit :

— Je ne le connais pas personnellement, mais j'en ai beaucoup entendu parler.

— Normal, dit-il avec fierté, Jean-Louis, c'est une sacrée personnalité. On le voit une seule fois et on s'en souvient toute la vie !

— Pourquoi n'a-t-il pas fait le voyage avec vous ?

— Bah, il a raccroché depuis longtemps. En fait, il m'a refilé le virus du Sahara. Pendant ce temps-là, il se la coule douce en Thaïlande ou en Floride.

— C'est pas pareil !

— Bien sûr que c'est pas la même chose, sauf que Jean-Louis, il a la bougeotte, il se baguenaude. Avant, il vagabondait, maintenant il vagamonde.

Elle trouva le terme si parlant qu'elle se promit de le lui emprunter.

Intrigué, il questionna :

— Et vous, vous êtes qui ? Vous faites quoi ? Vous allez où ?

– Ça fait beaucoup de «vous» et plusieurs réponses à donner, fit remarquer Claire. Je ne suis pas sûre que ça soit très palpitant.

– Allez-y toujours!

– Je suis essayiste. J'écris la biographie d'un bonhomme que je ne connais pas encore et que je ne rencontrerai sans doute jamais. Bref, je vais quelque part au Niger, chez les Peuls, chez les Borroros, les chez Kel-Gress, chez les Ioulimmiden.

Elle fit une pause-soupir et reprit en récitant d'un ton enjoué:

– Au Niger, à moins que ce ne soit au Mali chez les Foulbé ou les Senoufos, chez les Bellas et les Somonos. Peut-être serais-je obligée de pousser une pointe jusqu'au Tchad, vers le Fezzan ou le Tibesti, chez les Tedas et les Kanens. En réalité, voyez-vous, je suis à la recherche d'un homme introuvable, d'un peuple disparu et d'une oasis où personne ne se rend.

Le jeune homme siffla admirativement entre ses dents et dit:

– Vous vous y connaissez drôlement bien en populations.

Elle rectifia en riant:

– Moi? Mais pas du tout, je fais semblant. J'ai appris tout ça par cœur!

Encore sous le coup du bluff, il désigna les affaires de Claire, un volumineux et très chic sac à roulettes vert olive, contenance cent quatre-vingts litres, de chez Hermès, la réplique imposante de son petit sac à dos catégorie ville estampillé du même cachet garanti snob. Il s'étonna:

– Vous vous trimballez avec cet énorme bahut?

– Pas si énorme que ça, mais quand vient le moment de faire mes valises, je ne sais pas trier l'essentiel du superflu. Alors, bien sûr, j'emmène les deux.

— Vous êtes marrante.

— Vous trouvez ?

— Ouais, bourge plutôt sympa, très sympa même…

Elle s'apprêtait à le remercier du compliment quand quelqu'un gueula :

— Dites donc, vous deux, vous allez la boucler, oui ou merde ?

— Ça sera oui, répliqua le voisin de Claire. D'abord, je suis crevé, et puis je n'ai pas envie de me battre ce soir.

— Demain, quand tu veux ! cria l'autre du fond de la tente.


Ils continuèrent la conversation en chuchotant. François parla de son frère. Il raconta comment Jean-Louis avait échappé au GIA par deux fois. La première, sur la route de Tamanrasset au kilomètre 105. La seconde, quelques jours plus tard, à In Salah, au petit matin, en sortant d'un bouzbir. Jean-Louis était en compagnie d'un photographe français. Le type avait été flingué dans sa bagnole : « Une putain de fusillade, ça explosait de partout. » C'est là que Jean-Louis avait perdu sa jambe. On avait été obligé de l'amputer, tellement elle était déchirée. Les autorités algériennes l'avaient dédommagé en rapatriant son véhicule en France. Ça ne valait pas vraiment le coup, parce que la tire, un tas de ferraille, avait déjà fait trois ou quatre fois le tour du compteur. Le pire, c'est qu'il n'y avait plus rien du tout à l'intérieur.

François s'en souvenait encore. À l'époque, il passait tout juste le bac. Jean-Louis était devenu vert de rage. Impossible de savoir ce qu'ils avaient fait de ses trouvailles. Où étaient donc passés les selles de chameaux, les panoplies touaregs, les portes de gonds, les masques

171

soninke et les autres ? Il râla durant des semaines : l'Algérie, merde alors ! Non seulement il y avait laissé sa jambe, mais en plus on lui avait fauché ses trésors, ses découvertes. Bien sûr, il ne s'agissait que de trucs sans grande valeur, glanés de-ci de-là avec plus ou moins de flair. Ce bric-à-brac lui importait peu. Jean-Louis regrettait surtout un énorme truc de cuir boursouflé de partout, une espèce de bouquin géant fait d'un tas de cahiers éparses et volumineux qui partaient en charpie. C'était un fatras invraisemblable, moitié peau, moitié parchemin, un tas de lambeaux, avec des morceaux reliés, d'autres, en vrac, contenant des feuilles déchirées et brûlées, couvertes d'une écriture inconnue.

Des Touaregs épuisés et faméliques le lui avaient proposé le long de la piste qui va de Tahoua à Zinder. Il avait obtenu la chose contre un kilo de riz, une boîte de haricots verts et douze portions de Vache qui rit. Une réserve à laquelle il ne touchait généralement pas.

Impossible d'obtenir des explications sur la provenance de cette bible monumentale à la reliure à moitié pourrie qu'ils traînaient dans le sable.

La transaction achevée, les trois Touaregs s'étaient aussitôt envolés, comme des criquets.

Jean-Louis s'était dit qu'ils avaient dû subtiliser cette antiquité chez quelque coopérant d'Arlit ou de Zinder, et que mieux valait ne pas trop se vanter de l'acquisition.

Plus tard, au fil des étapes, il avait regardé, ausculté, cherché à comprendre, à déchiffrer cette curieuse graphie qui s'apparentait, croyait-il, aux alphabets grec et cyrillique. S'agissait-il d'une vieillerie religieuse, d'une relique biblique ou égyptienne ? Était-ce du copte, du byzantin, du berbère, du tifinar ? Était-ce le testament d'une tribu perdue ? Autant de questions que Jean-Louis se posait d'étape en étape, et qu'il avait bien failli poser pour de vrai à un drôle de type en panne dans son 4 x 4.

C'était peu après les dunes de Laouni, à deux cents kilomètres de Tam. Il s'était arrêté par solidarité. Il arrivait d'Agadès. L'autre, d'après ses plaques minéralogiques, en venait aussi. Le voyant dans l'embarras, à cette heure de la nuit, il avait proposé son aide.

Méfiant, le type était sorti de son tout-terrain de location. La soixantaine bien tassée, vêtu à la touareg d'une gandoura indigo, coiffé d'un chèche blanc, la gueule burinée, l'œil un peu fou, le bonhomme en imposait.

— Vous êtes Saharien ? avait-il demandé.

— Non, je suis routard !

— C'est gentil de vous arrêter.

— Non, c'est normal.

— Ça peut être dangereux ?

— Dangereux pour vous aussi.

— Bien entendu ! reprit l'homme en souriant.

Son visage disait quelque chose à Jean-Louis. Peut-être s'étaient-ils déjà rencontrés ?

Torches en main, ils avaient inspecté le moteur, l'embrayage, puis ils s'étaient glissés tous les deux sous le châssis. Ça n'était pas beau à voir. Ça pendait de partout. Mieux valait arrêter de bricoler.

C'est là, dans le faisceau de la lampe électrique, que Jean-Louis avait reconnu l'étranger. Ça faisait un petit moment qu'il se trifouillait les méninges. Et puis, tout à coup, le nom était arrivé en même temps que la légende. Incroyable ! Voici qu'il se retrouvait au milieu du Sahara, sous la bagnole de Victor Barski, le célèbre explorateur. Surtout ne pas l'importuner. Ni demande de dédicace ni questions indiscrètes.

— Laissons tomber ! avait dit Barski en se redressant. Je vais attendre la dépanneuse.

— Navré de ne pouvoir faire mieux ! avait répondu Jean-Louis, tandis que Barski le raccompagnait à sa voiture.

Apercevant le singulier chargement, il avait dit d'un air étonné :

— Vous roulez sur vos amortisseurs, mon vieux. Qu'est-ce que vous transportez là-dedans ?

— Des tas de trucs, des choses que j'achète ou que je ramasse au gré des occasions.

— Vous êtes brocanteur ?

Flatté par l'intérêt que Barski lui prêtait, Jean-Louis s'était mis à rougir :

— Non, pas encore mais j'y pense.

C'était l'instant ou jamais. Il était à un doigt d'ouvrir son coffre pour exhiber sa plus récente acquisition. Barski aurait certainement pu la juger en connaisseur.

Impressionné, il hésitait. Peur de déranger, crainte du ridicule.

Il était enfin sur le point de céder à la tentation quand Barski, une vigoureuse poignée de main à l'appui, lança :

— Bon, merci pour tout, je remonte dans ma bagnole, j'ai besoin de dormir un peu. Si vous voulez, on se retrouve demain soir à Tam.

Jean-Louis n'attendait que cela :

— À Tam, oui bien sûr !

Le cœur battant, il démarra en douceur. Il avait eu raison de ne pas insister. Demain soir, il aurait tout son temps.

Il fit un signe en passant. Un geste appuyé d'un large sourire.

En regardant la voiture s'éloigner, Barski pensa que le monde n'était pas si pourri qu'il le croyait. Il suffisait d'un geste, d'une brève rencontre pour éclairer un peu les idées noires.

Le lendemain, après avoir été donné pour mort, assassiné par le GIA, Jean-Louis avait attendu en vain l'explorateur à Tamanrasset.

Le routard l'ignorait, mais Barski avait renoncé à Tam et faisait demi-tour en direction de Garame. Le Livre, pensait-il, y était toujours, enfoui par la tempête sous quelque dune ou tumulus. Il avait eu tort d'abandonner sa tanière. Il avait parcouru l'Aïr en tous sens, de Tafadek à Ifferouane, de Tin Telloust à In Guezzan. Ensuite, il avait traversé les monts Baguezane, quitté le 4 x 4 pour le dromadaire, fouillé Timia et les environs, interrogé des bergers, des caravaniers, des chefs de tribu.

Il n'en avait rien tiré. Aucun de leurs fils, aucune de leurs filles ne manquait à l'appel. Personne ne s'était éloigné du pays.

La même chose. Les mêmes réponses dans le Hoggar. Aucun fils, aucune fille n'était parti tenter sa chance ailleurs. On avait pourtant recruté des hommes et des bêtes pour l'azalai, la grande caravane du sel. « Pourquoi les jeunes montagnards, ceux des Tassili comme ceux des Adrar, abandonneraient-ils leurs familles et leurs jardins, l'ombre et la fraîcheur pour marcher durant des mois dans le sable et le sel jusqu'à finir par se pétrifier ? » Voilà ce que les nobles chefs touaregs du Hoggar et de l'Aïr avaient répondu au metteur en scène américain qui organisait, pour le besoin d'un film, une fausse caravane de trois mille chameaux sur le modèle de jadis.

Ces dernières années, Barski avait échappé plusieurs fois à la course du Paris-Dakar dont les bolides frôlaient l'oasis. Une chance, ils étaient pressés. Ils faisaient la course contre le temps. Autrement dit, ils n'avaient pas le temps de faire autre chose que de gagner du temps sur leur montre. Pas le temps d'apercevoir d'autres monstres qu'eux-mêmes, d'autres fantômes que leur propre double, d'autres voix que celle de leur moteur, d'autres djinns.

L'annonce d'une caravane forte de trois mille chameaux tourmentait davantage Barski que le Paris-Dakar. Il se félicitait de la réponse des chefs touaregs. Cependant, il connaissait assez bien les gens de télévision et de cinéma pour savoir que rien n'est susceptible de faire reculer un projet quand il émane de la direction elle-même, fût-il le plus fou et le plus cher. Il redoutait les caméramans, les assistants, les techniciens. À leur manière, à leur niveau, ils se croyaient tout permis. Ils n'avaient peur de rien. Ils étaient même capables de débarquer à Garame et d'en provoquer les démons.


Jean-Louis avait attendu Barski jusque tard dans la nuit. Comme le bruit de sa propre mort commençait à circuler, il tint à rassurer quelques-uns de ses amis. Il téléphona au serveur de l'Hôtel de l'Aïr avec lequel il avait sympathisé. Les clients du restaurant s'interrogèrent : à quoi rimaient ces interjections si joyeuses ?

La communication passait mal entre Tam et Agadès. Elle fut bientôt coupée. Et quand le serveur vint annoncer à la cantonade qu'il y avait eu confusion entre deux Français et que le routard était bel et bien vivant, Barski s'était dirigé vers le téléphone mural pour rappeler le jeune homme et s'excuser. Au même moment, Roméo l'avait flashé par surprise.

Barski avait lâché l'appareil et s'était précipité sur le photographe.

Ainsi allait la vie. Parfois comme on le voulait. D'autres fois comme elle le voulait. Le hasard se tenait entre les deux. Il restait à l'affût, aux aguets. Parfois il vous invitait à fuguer avec lui. D'autres fois il courait derrière vous et vous proposait d'autres destins.

Jean-Louis, comme Barski, en avait fait maintes fois l'expérience. Sauf que Barski n'était plus maître du sien. À la recherche du Livre, il en était devenu l'esclave. C'est que le Livre, à force d'en voir de toutes les couleurs, à force d'être pris en otage par les uns et les autres, à force d'être brutalisé ou adulé, d'être transbahuté à travers les continents, était devenu porteur de malheur, inspirateur de catastrophes. Le Livre en avait marre. Il avait été déterré, plagié, volé, restitué, souillé par ceux qui se le disputaient. Il avait été convoité, envié, disputé, déchiré, esquinté par la tempête, transporté à dos de chameau, traîné dans le sable, abandonné au bord d'une piste. Maintenant, le comble, il voyageait tapi au fond d'un coffre dans une voiture aussi pourrie que lui-même.

Jean-Louis s'était dit qu'il apporterait le Livre à un expert dès son retour en France. Pour l'instant, il ne voyait pas à qui s'adresser. Les Barski ne couraient pas les routes. Il avait raté l'occasion, tant pis ! « À quelque chose malheur est bon », c'était la maxime préférée de sa grand-mère. En y réfléchissant, il transforma l'adage. Il devint : « À quelque chose l'attente est bonne. »

À Tamanrasset, tandis qu'il guettait l'arrivée de l'explorateur, Jean-Louis avait fait la connaissance de Claudio Roméo. Le photographe revenait du Zimbabwe *via* Agadès. Il avait fait un crochet par Assodé. Il s'était égaré en cherchant un raccourci. Finalement, il avait rejoint Ifferouane où il était resté bloqué plusieurs jours par l'armée qui matait une insurrection touareg. C'était un bon reportage qui ne mangeait pas de pain. Pris entre deux feux, il avait tout de même failli y laisser sa peau.

Il avait débarqué au campement de Zeriba peu avant la nuit. Il en avait plein les bottes, plein les yeux. Le temps de saluer et d'échanger quelques mots avec son voisin, un jeune Français, il s'était écroulé dans son sac de couchage.

Bref contact, sans plus. Le lendemain matin, ce fut un peu plus chaleureux. Ils décidèrent de faire route ensemble. Ils se suivirent et s'amusèrent à se dépasser. Entre Tam et In Salah, la transsaharienne, assez large, bien tracée, permet ces fantaisies.

Les nouveaux amis se retrouvèrent le soir à l'hôtel Badjouda, un bouge réputé pour sa crasse et ses toilettes bouchées. Son seul avantage, pour les Sahariens et les routards en manque de femmes, c'est qu'il jouxtait le bordel le plus fameux de la ville. On y trouvait des Françaises, des Allemandes, mais aussi de soi-disant juives d'Alger et de Constantine, légitimement fières de réussir dans le métier tout en préservant leur hymen.

Repus de chair molle, ayant fumé des joints et le narguilé, Jean-Louis et Claudio s'étaient laissés aller aux confidences. L'un avait évoqué sa dispute avec Barski devant l'Hôtel de l'Aïr. L'autre avait raconté qu'il s'était retrouvé sous la voiture de l'explorateur, une clef anglaise à la main. Tous deux trouvèrent la situation extrêmement cocasse. Le kif aidant, ils partirent d'un formidable éclat de rire. Impossible de le faire cesser. C'était bon de se fendre la gueule, sauf qu'ils commençaient à avoir des crampes dans la mâchoire et dans les côtes. Et ils riaient d'autant plus que Jean-Louis s'était mis dans la tête d'emmener Claudio jusqu'à sa voiture pour lui montrer l'objet le plus curieux du monde, une sorte de bouquin rafistolé de partout, un truc lourd et encombrant fait de lambeaux de peau, de bouts de cuir et de parchemin où court une écriture bizarroïde qu'il ne parvenait pas à identifier.

Ils quittèrent le bordel en finissant tout juste de se rhabiller et en riant encore. En sortant de l'établissement, Roméo s'aperçut qu'il avait laissé allumés ses feux de position. Il trouva la chose hilarante et traversa la rue pour les éteindre.

La fusillade éclata au même moment : roquettes, grenades, fusils d'assaut, ça tirait et ça explosait de partout.

Plus personne ne se marrait.

Jean-Louis courut s'abriter derrière un mur. Une déflagration le projeta en arrière. Il sentit une douleur dans la jambe. Était-ce la cuisse, le genou, le tibia, la cheville ? Il toucha son pantalon inondé de sang. Ses doigts arrivèrent au bord d'un creux. Quand il réalisa qu'il n'avait plus de genou, il tourna de l'œil.

Le livre s'était-il vengé de Jean-Louis ou bien s'était-il débarrassé de Roméo, le seul personnage capable d'identifier son origine en ce lieu ?


Encore sous le choc de la révélation, Claire cherchait désespérément le sommeil. À côté d'elle, François, le frère du fameux Jean-Louis, en écrasait tant qu'il pouvait.

Claire gambergeait. Elle se disait qu'il y a un hasard objectif. Elle avait lu des tas d'essais et d'articles sur le hasard. Elle savait que le hasard est l'ami des romanciers, des artistes, des aventuriers, des joueurs. Eux seuls hasardent leur vie dans la grande loterie de la chance. Ce faisant, les romanciers et les artistes donnent souvent ses lettres de noblesse au hasard, dans la mesure où ils s'en servent et le transforment en création.

Possédant peu d'indices crédibles sur l'endroit où se situait Garame, n'étant d'ailleurs pas certaine que Barski s'y trouvât, Claire n'avait pas eu d'autre recours que de s'en remettre au hasard, espérant qu'il se manifesterait positivement par des signes imprévisibles et personnifiés.

Depuis sa visite au manoir que Barski possédait en Touraine, elle n'avait pas cessé de solliciter le hasard. Et le hasard lui avait répondu favorablement. Il y avait eu la signature de Roméo au verso du portrait en pied de l'explorateur. Sans le devoir tout à fait au hasard, mais plutôt au frère de Barski, le hasard l'avait tout de même guidée jusqu'à l'agence de Papatakhios. Hasard encore quand le macho gréco-nubien exhiba le carnet de bord d'un tiroir où il dormait depuis une dizaine d'années.

Toutefois, si Claire s'en remettait au hasard, le hasard lui-même s'en remettait à Claire. Grâce à l'inspecteur qui l'avait abordée à In Salah, Claire avait élucidé le mystère de la mort de Roméo. Il n'y avait d'ailleurs aucun mystère, rien que de très naturel dans un pays où la violence faisait rage. Roméo s'était fait descendre par les tirs conjugués du GIA et des sections spéciales. Cette explication avait été confirmée par Jean-Louis, le compagnon de bouzbir de Roméo.

En s'envolant de Paris pour In Salah, Claire avait donc forcé le destin en même temps que le hasard. Au lieu de mettre toute son énergie à débusquer au plus vite Barski dont elle préparait la biographie, elle s'était embarquée en car pour Tamanrasset. Logiquement, il eût été préférable de retourner à Alger et d'y prendre un vol régulier à destination de Niamey. Peut-être était-ce l'appel du désert, ce paysage de dunes et de falaises, cette ambiance d'ocre et de grès qui préfigurait Garame, qui lui avaient imposé un autre choix. En son for intérieur, elle avait déjà un faible pour Barski. Il était sa chose, son livre à elle. Elle avait la certitude qu'il ne lui échapperait pas. Cependant, elle doutait toujours de l'existence de Garame. Il lui arrivait même de douter de l'existence de Barski. Une impression qui s'estompait au fur et à mesure qu'elle poursuivait son enquête. Elle avait été bien inspirée d'éviter l'avion, tant l'étape de Tamanrasset lui avait apporté d'éléments nouveaux, aussi troublants qu'indispensables. Là encore le hasard avait joué à plein. Le chauffeur du car l'avait d'abord arrêtée à l'hôtel Tahat, un endroit qui convenait bien mieux à l'élégante demoiselle que le campement des Zeriba. Mais elle avait trouvé l'hôtel surfait, et avait refusé d'y loger.

Dépité et attendant sa commission, le chauffeur avait réembarqué le grand sac à roulettes en se demandant ce qu'elle pouvait bien traîner là-dedans.

Claire avait suivi le mouvement. En route pour le campement des Zeriba, quelque cinq cents mètres plus loin. Elle y avait déposé son bagage, prenant soin de vérifier si les dessous de Vanina Vesperini étaient toujours rangés dans leur pochette de soie sauvage.

Ce n'était ni une manie ni une névrose. Tout juste un pari tenu avec elle-même, une tendresse personnelle, un jeu pour dame sensuelle et quelque peu fétichiste.

Toute la journée, en compagnie d'Ali, elle avait visité la ville et acheté deux moula-moula, les oiseaux porte-bonheur. L'un s'était envolé vers le sud, l'autre vers le nord. Ils portaient chance. Ça devait être vrai !

Elle était rentrée au Zeriba satisfaite et fourbue. Juste une petite faim qu'elle avait apaisée dans la gargote de l'établissement, d'une chorba pimentée à point pour faire passer le goût de rance.

La tente qu'elle partageait, une vingt-cinq places régle-
mentaire faite de poteaux de bois et de peaux de chèvres,
abritait un groupe de vieux et de vieilles en partance
pour les Tassili. C'était d'anciens gendarmes dont certains connaissaient déjà le coin pour y avoir fait la guerre.
Ils voyaient des fellaghas partout et n'avaient pas vraiment tort ; rien ne ressemble plus à un fellagha qu'un
rebelle du GIA, la branche armée du FIS.

Les épouses des gendarmes voyaient Claire d'un sale
œil. Qu'est-ce que cette fille-là venait foutre par ici ? À
plusieurs reprises, elles l'avaient aperçue dans la ville,
accompagnée d'un Touareg.

Surprise dans les souks, assise en tailleur au milieu
d'un groupe de nomades, elle les avait saluées d'un signe
de la tête en les interpellant : « Venez donc profiter de la
cérémonie du thé ! » Les bonnes femmes ne lui avaient
même pas répondu. La cérémonie du thé, tu parles ! Elles
savaient comment ça finissait. Tous des dragueurs, des
obsédés !

De retour au campement, l'une d'elles l'avait apostro-
phée : « Alors, ce thé, il n'était pas trop fort pour vous ? »

C'est à ce moment-là qu'était arrivé le jeune routard en
provenance d'In Salah dans sa Mercedes prétendument
volée. Comment aurait-elle pu savoir, en cet instant, que
le hasard lui ferait un tel cadeau. Qui, en dehors du
hasard, aurait bien pu organiser pareilles coïncidence et
convergence ? Encore qu'« organiser » ne soit pas le bon
mot puisque le hasard n'est fait que d'imprévus. Il collec-
tionne en secret des morceaux de vie épars, des bouts
d'événements, mille choses jetées et oubliées le long des
mémoires et des chemins. On les croit reléguées à tout
jamais, enterrées, ensablées, désagrégées. Et puis, tout à
coup, quand il le faut, où il le faut, où que ce soit, le

hasard vous les restitue et vous les jette en pleine gueule quand on s'y attend le moins.

Toujours sous le choc, Claire commençait à compter les moutons. Plus exactement, elle comptait les peaux de chèvres cousues les unes aux autres qui formaient le toit de sa tente. Il y en avait sept cent vingt-sept ou sept cent vingt-neuf. Est-on à deux chèvres près quand le hasard vient de vous désigner comme son heureux gagnant ? Non seulement elle avait résolu l'affaire Roméo, repéré à peu près Garame sur la carte du Sahara, obtenu de précieux renseignements sur Barski, mais en plus, elle avait appris que le fameux livre des Garamantes s'était baladé anonymement dans le coffre d'une voiture pour aboutir à In Salah, d'où il aurait disparu avec les autres affaires du jeune homme. Sur ce point comme sur le Livre, Claire en savait infiniment plus que Barski lui-même. Naturellement, elle ne pouvait pas prendre tout cela à la lettre. Le temps avait certainement défait ou arrangé bien des choses. L'odyssée du Livre, comme le voyage de Jean-Louis et ses rencontres avec Barski et Roméo dataient pour le moins d'une dizaine d'années. Que s'était-il passé depuis ? Barski avait-il retrouvé son Livre ? Vivait-il toujours à Garame ? Seul ou en communauté ?

Elle se posa plusieurs fois la question. Cela devenait répétitif, obsédant…

Elle finit par s'endormir.

Elle se réveilla au milieu de la matinée. La zeriba s'était vidée depuis longtemps. Quant à François, il s'était éclipsé en laissant un mot sur le sac de Claire : « Après maintes réflexions, la proposition que je vous ai faite hier soir ne tient pas. En cela, je ressemble à mon frère. Je prends grand plaisir aux rencontres intéressantes, mais je préfère vagamonder seul. Ne m'en veuillez pas. À bientôt peut-être.»

Claire en fut dépitée. Elle pensait profiter de sa voiture jusqu'à Agadès. Il avait promis de la réveiller. Il était parti sans elle. Maintenant, elle avait raté l'heure du car.

Cependant, elle comprenait François. On ne vagamonde pas de la même façon seul ou à deux. On peut être frères de sentiment et de sensibilité, aimer les mêmes peintures, les mêmes livres, les mêmes films, les mêmes tragédies, sans pour autant ressentir les choses avec la même acuité. Est-il possible d'appréhender le désert à plusieurs comme on appréhende un monument, un musée? Le désert ne se visite pas, il se vit. Pour les uns, il est parlant. Il raconte des fables de sable. Pour les autres, il est muet, silencieux, indifférent aux états d'âme des personnes qui le foulent. Pour les uns encore, il est le retour aux sources. Pour les autres, il est source d'inspiration. Il est littérateur et poète, créatif, inventeur de chimères, pourvoyeur de légendes. Pour les uns, le désert est une seconde naissance. Il les accouche. Pour les autres, le désert n'est qu'un grand cimetière, qui les enterre. Pour les uns, encore, il représente la paix, la pureté, l'absolu. Pour les autres, il est souffrance, péché, enfer. À vrai dire, le désert est un exceptionnel révélateur du caractère humain. Quant à sa mythologie, elle est aussi vaste et variée que les différents visages qu'il propose. De Moïse au Petit Prince, tout voyageur y ajoute son grain de sable. Cela va de la béatitude à l'effroi, de la réflexion psychanalytique au carnet de notes touristique que chacun se croit obligé de tenir: petit traité quotidien du désert, quelquefois sans grand intérêt mais ô combien nécessaire quand il vient en complément de la photographie. Celle-ci plante le décor mais ne traduit pas forcément les émotions ressenties devant pareil espace par celui qui le traverse. En cela, le désert est particulier. Il inspire les gens les plus simples comme les plus érudits. Il les invite à reconsidérer les idées préconçues, à revoir, à revenir sur leurs préjugés. Tout marcheur du désert effectue, d'erg en reg, un double parcours. D'une part, celui des pieds, qui se compte en kilomètres. De l'autre, celui de l'esprit, plus difficile à évaluer mais que l'on croit plus enrichissant.

Claire se disait qu'un seul homme, Barski, serait capable de lui expliquer le désert. À moins, bien sûr, qu'il n'y ait rien à expliquer. Qu'il y ait tout à apprendre par soi-même.

Il lui restait à approcher l'explorateur. La repousserait-il avec des mots terribles ? L'accueillerait-il, au contraire, avec bonheur, flatté de recevoir sa biographe en *terra incognita* ? N'attendait-il pas cette reconnaissance depuis toujours ? Bien sûr, elle devait tout d'abord situer exactement l'oasis. Grâce aux éléments fournis par Roméo et Jean-Louis, Claire s'en faisait une idée assez précise. Sur la carte, c'était plutôt facile. Sur le terrain, beaucoup moins. Le photographe situait Garame au nord-ouest de Bilma, en plein cœur du Ténéré. Ayant mené son enquête après l'altercation qui l'opposa à l'explorateur, Roméo laissait entendre que les clefs de Garame étaient détenues par un certain Peul-Borroro, chef des troupeaux de Dieu, le seul personnage autorisé par Barski à s'approcher de l'oasis. Certes, Roméo se gardait bien de l'affirmer. Il avait obtenu ces tuyaux par ouï-dire et n'avait pas eu le temps de les vérifier.

Claire se disait que localiser le chef borroro serait peut-être aussi difficile que de mettre directement la main sur

Barski. En outre, elle ne voyait pas pourquoi ce pasteur des savanes se laisserait convaincre par une femme blanche. Qu'avait-elle à lui offrir ? Que lui proposerait-elle en échange ? Comment s'expliquer, se présenter ? « Bonjour, monsieur le grand maître des troupeaux de Dieu, je suis Claire Dumas. Je désire rencontrer Victor Barski au plus vite car mon éditeur m'a chargée d'écrire un livre sur sa vie. » Ou bien : « Bonjour, monsieur le grand maître des troupeaux, Dieu m'envoie chez Victor Barski pour le sauver du désespoir. Conduisez-moi vers lui comme vous menez vos buffles à travers la savane, en prenant soin d'écarter les hyènes et les chacals de mon chemin. Je vous en saurai gré et je vous récompenserai selon vos désirs et mes moyens. »

Irait-elle jusqu'à s'offrir à un chef borroro pour regarder enfin Barski dans les yeux ? Elle se le demanda l'espace d'un instant, puis elle modifia aussitôt sa pensée : « Mais qu'est-ce qu'un chef borroro, grand maître des troupeaux de Dieu, pourrait bien faire d'une fille dans mon genre ? Me verrait-il seulement comme une femme ? Ne me prendrait-il pas pour un monstre, une hérésie de la nature ? »

Devait-elle croire Roméo ? Le passage concernant le Peul-Borroro figurait en post-scriptum à la fin du carnet. Il avait noté ces observations la veille de sa mort.


Claire avait la journée devant elle. Elle avait surtout une mauvaise nuit derrière elle et elle s'en ressentait physiquement. Crevée, complètement crevée. Ça lui arrivait quelquefois. C'était signe de surmenage, annonciateur de coup de cafard.

Elle se mit en quête d'un véhicule pour Agadès. Après bien des recherches, elle retint sa place dans un minibus qui partait en début de soirée. Quatre cents kilomètres jusqu'au poste frontière d'In Gezzam, un peu plus de mille kilomètres jusqu'à Agadès. L'heure lui convenait. Elle rattraperait sa nuit en roulant.

Ali l'attendait à la sortie de l'agence. Elle s'en agaça et le pria de la laisser tranquille.

Un peu plus tard, voyant qu'il la suivait quand même et qu'elle était sans cesse abordée par d'autres hommes, elle le reprit à son service et négocia un tarif au forfait.

Elle fit de même avec le chauffeur de taxi qui les emmena à la sortie de la ville sur la route de Sersouf. À la stupéfaction d'Ali, elle monta à côté du chauffeur et le laissa lui, un ami de toujours, seul sur la banquette arrière. Il observa, en coin, la main du conducteur qui changeait un peu trop fréquemment de vitesse, effleurant au passage la cuisse de Claire d'une manière éhontée.

Le taxi attendit devant l'Entrepôt, un bâtiment en banco, aux murs lézardés, les portes et fenêtres barricadées de barbelés.

Elle entra en se faufilant entre deux chicanes.

Elle était déçue. Roméo décrivait l'endroit comme une véritable caverne d'Ali Baba. À en juger par ce qu'elle voyait, Claire se disait qu'en un peu plus de dix ans, la caverne avait perdu au moins les trois quarts de ses trésors. Quant à Malika, dont Roméo vantait également le charme et la beauté, elle était décédée depuis longtemps.

Son mari, qui avait repris l'Entrepôt, était lui-même assez mal en point. Il mettait cela sur le compte de certains objets maléfiques qui avaient transité dans son magasin. Il s'était débarrassé du plus grand nombre en les fourguant à bas prix. Il n'osait pas jeter les autres, les incollables, ceux dont personne ne voulait, même pas pour une bouchée de pain. Superstitieux, il les avait planqués dans quelque recoin ou transportés ailleurs, le plus loin possible de sa maison.

Quoiqu'il en soit, le propriétaire de l'Entrepôt accusait ces choses de diableries et les rendait responsables de la mort de sa femme comme de la sienne, qu'il disait imminente. Il avait beau se barder la poitrine de grigris réputés salutaires, le malheur rôdait autour de lui et des siens.

Claire s'étonnait de cette complaisance masochiste. Le magasin était quasi vide de curiosités. Il y avait davantage à voir autour du cou de celui qui le faisait visiter qu'à l'intérieur de la resserre. Elle se demandait pourquoi ce pauvre homme s'enfermait derrière des barbelés quand il y avait si peu à voler. Les barbelés empêchaient peut-être les mauvais esprits dont il s'était débarrassé de revenir le hanter.

On était loin, très loin, de cette fameuse caverne d'Ali Baba vantée par Roméo. Claire ne cachait pas sa désillusion. Elle se disait que le temps lui réservait sans doute bien des surprises. Fallait-il continuer à se fier aux notes du photographe ? Ne devrait-elle pas en reprendre la lecture, revoir les choses autrement, sous l'angle des années écoulées ?

Barski était-il atteint par ce même phénomène ? La maladie, la vieillesse ne l'avaient-elles pas diminué, réduit, transformé en fantôme de lui-même, à l'instar de ce lieu jadis prospère, aujourd'hui agonisant ? Mais que s'était-il donc passé ? Qu'était-il arrivé à la belle Malika ? On la disait vive, emballante, prête à s'enflammer pour un oui, pour un non. Elle s'y connaissait comme personne en bijoux berbères, en orfèvrerie, en maroquinerie du Hoggar. Pour un coffre ancien en bois de tamaris ou une épée touareg forgée au XV$^e$ siècle dans les ateliers de Tolède ou de Séville, elle était prête à parcourir des centaines de kilomètres.

C'est comme cela, par passion et curiosité, qu'elle s'était rendue à In Salah. On lui avait signalé une vente, organisée par les Domaines, de bric-à-brac saisis en douane sur des touristes. Il y avait de tout, du bon et du moins bon. Des masques africains, des selles ouvragées de cavaliers kanouri, des rahlas en bois de teborak recouvertes de cuir rouge et de bandes de couleur pistache, des uniformes de méharistes, des chapeaux de zouaves volés dans le musée de Mopti, des portes de greniers dogons, des trophées de chasse naturalisés, notamment une tête d'addax, l'antilope du désert.

Plus rares et facilement négociables, des fragments de squelettes directement prélevés dans la zone de Tazolé, l'un des plus importants cimetières de dinosaures découverts à ce jour.

Les œufs d'autruches et de dinosaures, les selles de chevaux et de dromadaires, les poignards et les épées de Tolède, les bracelets d'argent, les colliers de corail et d'amazonite, les croix de Bilma, de Kano, de Fachi répertoriées comme anciennes, les boîtes magiques, les cuirs de Tombouctou, tout cela n'était que des choses courantes qui ne méritaient pas le détour vers In Salah. Malika en avait déjà plein son magasin, sans parler des innombrables statuettes censées chasser les djenouns et vous protéger des mauvais sorts.

La correspondante de l'Entrepôt à In Salah avait faxé une liste non exhaustive des principales marchandises mises en vente par la douane algérienne. Parmi celles-ci, un seul article – mais peut-on qualifier d'article un objet aussi étrange? – avait décidé Malika à faire le voyage. C'était une sorte de livre aux dimensions impressionnantes, un genre de bible ou de coran des temps anciens, fait de parchemin et de papyrus en lambeaux, le tout serré dans des reliures de peau qui ne valaient guère mieux que le reste.

Si le contenant intriguait la correspondante de l'Entrepôt, le contenu la dépassait. Elle n'avait pas réussi à déchiffrer quoi que ce soit, en dehors d'une note en français scotchée à l'intérieur du manuscrit. Il s'agissait d'une simple feuille de papier au centre de laquelle était épinglé un insecte à longues pattes. On pouvait y lire la mention suivante : «*Voici un spécimen de femelle anophèle* (plasmodium-falciparum) *responsable de destructions massives. Sa piqûre transmet une forme mortelle de paludisme. Au XIe siècle, elle a entraîné l'élimination du peuple garamante de la surface de la terre. Voudrais-tu, mon cher frère, faire analyser cette bestiole par les services compétents et me tenir au courant de la suite ?*

*Fait à Garame, le 7 août 1961.*»

Le mot était suivi d'un post-scriptum : «*Je reste sur place. Je cherche le moyen d'embarquer au mieux et au plus vite cette monumentale bible dont je t'ai déjà parlé. Je t'embrasse fort. J'espère que le moustique te parviendra. Un porteur va poster cette lettre à Agadès.*

*Ton frère de toujours. Victor.*»

Il y avait quarante-deux ans de cela. Le porteur ne s'était toujours pas présenté à la poste.

Malika s'était dit qu'avec un peu de chance, elle obtiendrait ce lot pour pas grand-chose. C'était une pièce antique qui traînait avec elle son parfum de mystère. Elle éprouvait un réel attrait pour les antiquités, et en particulier pour celle-ci. C'est que Malika, tout comme son mari, lequel entretenait à présent Claire de ses avatars, possédait bien des éléments sur Garame et connaissait

Victor Barski de réputation. Tous deux tenaient l'information d'un cousin de Malika, un dénommé Yoz, de la tribu des Kel-Ahaggar. Ce faible d'esprit suivait un certain Gad comme son ombre.

Yoz, que l'on n'avait pas vu dans la région depuis fort longtemps, y avait fait une brève apparition dans l'année 1992. Il s'était présenté à sa cousine comme un homme nouveau. Il prétendait appartenir au peuple garamante, qui avait disparu du désert au XI$^e$ siècle.

Malika avait écouté son cousin s'égarer dans une histoire de livre secret dont la recherche l'avait conduit jusqu'en France.

Yoz espérait recruter Malika. Il agissait sous l'emprise de Gad, lequel, à la même époque, racolait de son côté de pauvres bougres dans les villages voisins.

Approcher Malika n'était guère habile. Yoz s'était trompé de personne. Malika, c'était la joie de vivre, le dynamisme, les pieds sur terre. Elle s'était sortie toute seule de la religion et des préjugés familiaux. Ce n'était pas le genre à revenir dans une secte d'illuminés. Il y avait en effet tout un monde entre ce que proposait Gad, le maître à penser de son cousin Yoz, et ce qu'elle avait lu de Barski. Dans *L'Empire du silence*, l'explorateur relatait le mode de vie des Garamantes selon les écrits socio-philosophiques traduits par lui-même de leur livre sacré. Il n'était pas question alors d'une nouvelle nation garamante créée artificiellement sur les lieux historiques de la cité engloutie.

Tout cela lui paraissait si ahurissant qu'elle chassa sans ménagement son cousin.

Il y avait longtemps de cela, dix ans ou plus. Malika avait oublié Yoz et les Garamantes. Elle se consacrait entièrement à tenir le mieux possible la plus célèbre brocante du Sahara.

Tout allait bien pour elle et les siens, jusqu'au jour où elle reçut le fameux fax d'In Salah lui signalant cette singulière vente.

Malika fit aussitôt le rapprochement entre le manuscrit insolite et le texte secret qui fascinait son cousin. Que s'était-il donc passé ? Que s'était-il tramé ? Que faisait donc le livre sacré des Garamantes dans un lot d'objets hétéroclites saisi par la douane algérienne ?

Autant qu'elle s'en souvenait, Yoz et Gad se morfondaient au sujet de ce livre. L'explorateur le leur avait prétendument volé lors de sa première expédition à Garame. Barski avait-il ramené le livre ensuite ? Cela n'expliquait pas sa présence à In Salah. Qu'étaient donc devenu Yoz, Gad et les autres ? Elle pensait à tous ces Kels du Hoggar, des naïfs qui avaient suivi le soi-disant Garamante jusque dans cette oasis perdue où personne n'aurait jamais l'idée d'aller les chercher.


Malika avait acquis le Livre sur un seul coup de marteau. Personne n'avait renchéri.

Elle était sortie de la salle des ventes en portant le lourd paquet sur son dos. Pas le temps de l'examiner sur place. Le livre paraissait de mauvaise humeur. Il pesait sur les épaules de toute sa force d'inertie. Un passant avait dû l'aider à charger cette drôle de chose dans son coffre. Manifestement, le livre n'aimait pas ce réduit. Il avait fallu le pousser, le taser avec les pieds et refermer le coffre par surprise.

Elle s'était relevée en poussant un cri. Une douleur lui transperçait les reins. À son âge, c'était un comble !

Malika prit ce premier signe au sérieux.

Une heure plus tard, un camion faillit la percuter. Elle tenait pourtant sa droite.

Les malheurs de Malika ne faisaient que commencer. Était-ce la monotonie du paysage ? Elle finit par s'assoupir et faillit basculer dans le vide.

Penchés sur le livre des Garamantes, Malika et son mari l'avaient examiné sous toutes les coutures pendant une bonne partie de la nuit. L'ouvrage dégageait une présence dérangeante. Il avait considérablement souffert de l'âge et des intempéries. Il était composé de parties anciennes et d'éléments plus récents de diverses époques. Les différentes matières utilisées en faisaient foi. Il n'y avait d'unité que dans l'écriture du pur garamantin que personne d'autre que Barski n'était en mesure de lire. La seule graphie compréhensible était la lettre de l'explorateur à son frère. Restait à savoir si le moustique datait lui aussi du XIe siècle. Quoi qu'il en soit, il avait été épinglé intentionnellement par Barski.

Malika s'interrogeait : pourquoi avait-elle fait tant de kilomètres, tant d'efforts, pour acheter ce livre ? Et qu'en ferait-elle maintenant ? Il était invendable. Il y aurait peut-être un ethnologue de passage susceptible de s'y intéresser. Elle se demandait si elle n'avait pas été influencée par une force mystérieuse. Devait-elle essayer de joindre son cousin ? De contacter Victor Barski ? Étaient-ils vivants ? Étaient-ils morts ? Quelqu'un d'autre serait-il sur la piste du livre secret ?

Ces questions restèrent sans réponse. On ne pouvait que faire des suppositions. À force d'hypothèses, Malika avait fini par se persuader que la vérité viendrait jusqu'à elle sous une forme ou sous une autre. Elle ne se trompait pas…

Le mari de Malika retint ses larmes. Il prit les mains de Claire dans les siennes et balbutia :

– Vous êtes celle que ma femme attendait, Mademoiselle. Je vous en prie, débarrassez-moi de cet encombrant porte-malheur. De l'autre monde où ma femme me supplie de la rejoindre, elle vous en saura gré.

Claire n'était pas du genre à se laisser prendre par la sensibilité. Cette fois, pourtant, elle dut combattre un double sentiment : d'une part, elle éprouvait pitié et compassion pour le vieil antiquaire. De l'autre, elle était en proie à une sourde satisfaction mêlée d'appréhension. Ne venait-elle pas de dégoter fortuitement le trésor des Garamantes ? Encore que les verbes dégoter ou dénicher lui paraissaient bien grossiers car il s'agissait ici d'une découverte primordiale.

En s'emparant du Livre, Claire tenait Barski à sa merci : il n'y avait pas meilleure monnaie d'échange contre ce qu'elle souhaitait obtenir de lui. Il ne restait plus qu'à le lui faire savoir.


L'explorateur oubliait les années d'enfer. Il se laissait glisser hors du temps, se faufilant en catimini dans une sorte de bien-être intérieur, un état aux frontières indéfinies où il trouvait quelques raisons de vivre et d'espérer. En réalité, de souffrances physiques en souffrances mentales, l'expérience aidant, Barski parvenait à s'échapper de lui-même durant quelques heures. Il se bâtissait là un lieu intérieur où ne parvenait plus le murmure des idées noires.

Sans parler de méditation transcendantale, on pouvait tout de même évoquer une technique très personnalisée qui lui permettait de repousser les vieux fantômes au-delà de lui-même.

Il était alors agréable de se sentir chez soi à Garame. Il avait plu sur l'oasis. Ça n'était pas arrivé depuis quatre ans. Les palmiers redressaient la tête et une longue traînée de coloquintes s'étirait maintenant dans l'oued asséché.

Illame avait profité de la pluie pour faire revivre un petit potager créé autrefois par l'explorateur. Il y poussait de la menthe, ainsi que deux ou trois herbes médicinales bonnes pour l'amour, un domaine dont Illame, à vingt-huit ans passés, déjà vieille pour une Borroro, faisait grand cas.

Elle avait arrangé le sous-sol de Barski en une chambre confortable. Un flacon de parfum, retrouvé dans les tiroirs de la coiffeuse en bois de tamaris, imprégnait les lieux d'une effluence de jasmin.

Illame ne se faisait guère d'illusions : un jour ou l'autre, le Français allait la renvoyer, comme il avait renvoyé le chameau noir de Togo. La bête connaissait le chemin par cœur. Elle aussi, d'ailleurs. Elle pensait à son père. Elle espérait que sa jambe allait mieux, qu'il était guéri, qu'il n'apporterait pas de mauvaise nouvelle. La mauvaise nouvelle, c'était l'arrivée probable de cette Française à laquelle Barski semblait vivement s'intéresser. Il avait expliqué à Illame ce qu'était une biographe : quelqu'un qui écrit la vie d'un autre et la restitue, telle qu'elle lui a été racontée, en y mêlant assez souvent un peu de sa propre vie et de ses croyances.

Devant l'étonnement d'Illame qui considérait depuis toujours l'explorateur comme un vieux zébu solitaire, fuyant la société, Barski s'était justifié. Jusqu'ici, en effet, il avait misé sur la solitude et le mystère, se cachant des autres comme de lui-même. À force, il ne savait plus où il en était. Il s'était dit qu'en se retranchant du monde il allait intriguer le monde. C'était faux, le monde l'avait oublié. Il était temps maintenant, à son âge, de s'en faire une raison. Temps de regarder les choses avec modestie, temps de rendre les Garamantes au désert.

Il y avait du vrai et du moins vrai dans ce que Barski disait à Illame. Le vrai, c'était ce qu'il ressentait, pas forcément ce qu'il exprimait. Pour rendre Garame au désert, il le savait, il devait en partir lui-même. Le désert n'était pas encore tout à fait cet empire du silence qu'il avait espéré. Le désert criait encore contre lui. Le désert s'énervait. L'élève était intelligent mais dissipé. Les progrès étaient lents, les leçons mal retenues. En sagesse, les notes que lui accordait le désert étaient tout juste dans la moyenne des dunes.

Cependant le désert aimait bien l'explorateur. Sous ses apparences de rudesse et d'aridité, il lui prodiguait quelque tendresse. Il allait lui manquer. Pour l'heure, le désert se disait que Barski n'était pas vraiment prêt et qu'il avait encore beaucoup à apprendre…

Le minibus pour Agadès quitta la gare routière à l'heure dite. On avait prévenu Claire : «Prenez votre temps entre l'horaire affiché et celui du départ, il y a souvent deux heures de battement : les réparations, les palabres, l'arrimage des bagages, la prière, etc.»

Bien inspirée, Claire n'avait pas suivi les conseils de Nato, le mari de Malika. Pour un peu, elle aurait même raté l'embarquement.

Ils étaient treize passagers. Huit Touaregs filiformes et silencieux, vêtus de gandouras bleu nuit, coiffés de chèches blancs, tassés les uns contre les autres. Quatre gros Noirs haoussa, des commerçants en quincaillerie, occupaient les meilleures places. Ils étaient joyeux, volubiles. Ils ne tardèrent pas à s'endormir.

Le chauffeur, un vieux pistard, rodé à toutes les épreuves, avait fait monter Claire auprès de lui : « Les amortisseurs avant sont neufs, vous serez beaucoup moins secouée. »

Touchée par l'attention, Claire l'avait remercié.

Ce geste s'était avéré vain. Ça secouait autant à l'avant qu'à l'arrière. On était bringuebalé dans tous les sens. On décollait de son siège à la moindre bosse, à chaque nid-de-poule. Seuls les Touaregs échappaient aux pièges de la route. Habitués à la selle de leur chameau, ils adhéraient naturellement à la banquette.

Il faisait frais. Claire s'était couvert les épaules d'un shatoosh acheté à New Delhi. L'étole était d'une finesse extrême. On la disait tissée d'un léger duvet de gorge que les chèvres himalayennes laissaient accroché aux ronces. Il fallait environ un an à l'éleveur-tisserand pour fabriquer, poil après poil, ce chef-d'œuvre de deux mètres sur un mètre cinquante. L'étoffe était si fine, si soyeuse qu'elle passait aisément, pliée en quatre, à travers l'anneau d'une alliance.

Aujourd'hui, la vente et la fabrication de shatooshs est interdite. Les ronces, les épines font partie de la fable. S'il existe bien quelques duvets accrochés de-ci de-là le long des haies et des talus, ils ne servent qu'à filer le mensonge et l'alibi. En vérité, pour confectionner un seul shatoosh, il est nécessaire d'abattre vingt chèvres d'altitude. L'espèce est menacée de disparition.

Le châle protégeait Claire de l'air frais qui pénétrait par les vitres mal ajustées. Il lui couvrait les épaules et la poitrine. Elle aimait aussi se cacher entièrement le visage sous ses pans. Elle resta ainsi, durant des centaines de kilomètres, enfouie dans son shatoosh comme dans un cocon, à revivre sa journée mouvementée.

Nato, le mari de Malika, l'avait emmenée au-delà de Sersouf, dans une petite maison isolée aux fenêtres barricadées, qu'il appelait «le pavillon des affreux»: c'est là qu'il entreposait les objets prétendument envoûtants et porteurs de malheur, qu'il n'osait pas jeter, par peur d'être maudit.

Le Livre, si l'on pouvait encore appeler «livre» ce machin difforme, y était caché sous un matelas troué d'où s'échappa toute une colonie de rongeurs.

Claire sursauta. Le rat, c'était sa phobie. Pire encore: elle était la bête noire des rats. Elle dut faire des efforts considérables pour parvenir à se maîtriser.

L'ampoule électrique qui pendait au plafond, une quarante watts, ne permettait pas de voir les détails. Néanmoins, du premier coup d'œil, on se rendait compte qu'il ne s'agissait pas d'un objet courant. En y regardant de plus près, on apercevait une masse de cuir, laquelle paraissait contenir plusieurs autres volumes, pourvus d'autant de couvertures faites de peaux cousues. La plupart des pages, qu'elles soient en parchemin, en tissu ou en papier, étaient dans un état de délabrement avancé.

Le cœur battant, et malgré la présence dérangeante des rats, Claire s'était laissée gagner par l'orgueil. Elle avait le sentiment que rien ne lui résistait, à croire qu'elle était touchée par la grâce. N'avait-elle pas ouvert toutes les portes, même les plus lourdes? Les événements ne s'enchaînaient-ils pas d'eux-mêmes pour aller dans le sens qu'elle souhaitait? Ne le devait-elle pas au hasard?

Elle pensa: «Et si le hasard, c'était Dieu?»

Elle regretta aussitôt. C'était une pensée sacrilège.

Après avoir tapé un peu partout sur le livre et autour de lui pour inciter les intrus à s'enfuir, Claire s'agenouilla la peur au ventre et fouilla fébrilement dans cette masse de pages à moitié désagrégées où demeuraient par endroits les bribes d'une écriture que seuls quelques privilégiés avaient eu la chance de contempler.

Elle savourait sa trouvaille. N'avait-elle pas là, devant ses yeux, le livre sacré des Garamantes?

Elle tenta de le soulever. Elle n'osait dire le prendre. Il semblait résister. Il pesait lourd, trop lourd pour elle. Il était encombrant, intransportable. Il sentait fort la sueur, le beurre rance, le cuir mal tanné.

On avait trafiqué la reliure. Elle avait été renforcée de deux autres peaux de mouton. L'intérieur du livre était horriblement saccagé. Là encore, on avait déchiré les pages, griffonné sur d'autres, réécrit des passages en arabe, raturé tant et plus.

Claire se demandait par qui et pourquoi le Livre avait été défiguré à ce point. D'après Serge, le frère de Barski avec lequel elle s'était entretenue, le Livre, hormis l'énormité de ses dimensions, était plutôt en bon état et se laissait manipuler.

Il avait donc suffi d'une quarantaine d'années pour défigurer une rareté que les siècles avaient épargnée jusqu'alors.

Claire se disait que les Touaregs qui s'étaient enfuis de Garame avec le Livre avaient dû le malmener terriblement. C'était même à se demander s'ils n'avaient pas fait bouillir des chapitres entiers, des bouts de parchemin, des morceaux de peau pour les manger.

Et qu'avait donc fait Jean-Louis du Livre: l'avait-il seulement recouvert d'une bâche? Certainement pas. La poussière des pistes, le sable, l'humidité s'étaient infiltrés à travers ce qu'il restait de pages pour y former une sorte de glacis rugueux. En outre, les sous-sols humides de la salle des ventes d'In Salah n'avaient sans doute pas arrangé l'ouvrage. Il faisait pitié à voir !

En rognant largement les bords, en se goinfrant à l'intérieur, les rats avaient fait bien pire que les pauvres Touaregs affamés. En réalité, les rongeurs avaient fait autant de mal que le fanatisme des hommes et des moustiques. Ceux-ci avaient éliminé les Garamantes. Sept siècles plus tard, les rats finissaient le travail en dévorant leurs écrits.

Évidemment, le codex des Garamantes n'était pas perdu à tout jamais. Les frères Barski en possédaient la traduction. Peut-être même Victor l'avait apprise par cœur.

Voyant l'embarras de la jeune femme, Nato avait insisté :

— Je vous en supplie, débarrassez-moi de ce machin-là !

— Vous me le vendez combien ? avait demandé Claire, naïvement.

Il s'était indigné. Il n'avait plus que la peau et les os, mais sa voix était coupante :

— Voyons, Mademoiselle, cette question n'a pas de sens ! Ce livre a tué ma femme, il est en train de me voler mes dernières forces. Et vous osez me parler d'argent ?

Éberluée, Claire le regarda.

Il reprit :

— En me débarrassant de ce fardeau, vous me feriez le plus beau des cadeaux !

Elle demanda :

— Est-il si dangereux ?

Plus que ça, il est diabolique. Je vous en prie, puisqu'il vous intéresse autant, prenez-le et faites-en ce que bon vous semble. La suite ne me regarde pas.

J'aimerais le ramener à Garame. L'ennui, c'est que je ne sais pas au juste où c'est. Et je ne veux pas m'encombrer d'une telle masse pour mes recherches.

Elle marqua une pause puis regarda Nato comme si elle était prise en faute. Pourrait-elle le convaincre? Elle se risqua à continuer:

– Franchement, je ne me vois pas avec ce fardeau, comme vous dites, sur les épaules. Peut-être pourriez-vous le garder un moment?

Il prit un air pathétique et répondit:

– Mais enfin, vous n'y pensez pas, mademoiselle! Enlevez-moi ça d'ici, faites-en ce que vous voulez… Ou plutôt, déposez-le dans une décharge et foutez le camp le plus vite possible. Croyez-moi, il serait capable de vous rattraper.

Nato se trompait. Claire n'avait pas quitté Paris pour un simple aller-retour. Garame faisait partie de la vie de Victor Barski. Et Barski, maintenant, faisait partie de la vie de Claire. Elle n'imaginait pas l'avenir autrement. Elle était impliquée, corps et âme, dans l'aventure garamante. Qu'importe les malédictions, les mauvais sorts! Qu'importe les compagnes du maître! Au fond d'elle-même, elle se disait que Barski l'attendait et qu'elle irait avec lui jusqu'au bout de l'aventure. N'avait-elle pas ramené de Paris ses déshabillés de soie? Nul encore n'avait eu le privilège de les lui ôter.

La prétention, la futilité de ces idées l'incitèrent à sourire.

Le chauffeur arrêta son minibus au kilomètre 155 et décréta l'arrêt toilettes obligatoire.

Les hommes descendirent et se soulagèrent dans l'obscurité. Vêtus de gandouras et de sarouals, les Touaregs s'accroupirent pour uriner. Les Haoussas, habillés à l'occidentale, pissèrent debout, à grands jets. Claire s'éloigna du groupe. Elle se croyait bien cachée derrière un monticule et s'aperçut un peu tard que sa tête dépassait. Il n'y avait pas de quoi rougir, mais elle piqua tout de même un fard.

Les hommes l'attendaient devant le bus. Ils s'effacèrent pour la laisser monter. C'était un geste de galanterie. Ça n'empêcha pas Claire d'être prise d'un mauvais pressentiment. Peut-être était-ce déjà les effets néfastes du Livre qui se manifestaient.

Pourtant, elle n'en ramenait avec elle que la lettre de Barski à son frère Serge. Le moustique y était toujours épinglé. Elle se disait qu'il pourrait bien se réveiller et se mettre à piquer tout le monde en refilant le palud au Sahel tout entier.

Elle avait laissé le Livre à la garde de Nato. Ça n'avait pas été facile. Il craignait des représailles. Elle avait finalement trouvé la bonne formule. En payant le Livre, elle en dédouanait le propriétaire. Dès lors, le mauvais sort épargnerait Nato. Le Livre exercerait ses diableries sur elle-même.

La solution proposée par Claire n'était pas des plus cohérentes. Elle défiait carrément la logique. Mais pouvait-on raisonner autrement avec un personnage comme Nato qui se nourrissait d'irrationnel ?

Payer le Livre et se l'approprier était une chose. Le ramener, en débarrasser le mari de Malika en était une autre.

La discussion achoppait sur ce point particulier : comment transporter ce génial fourbi ? Comment pourrait-elle s'encombrer d'une telle masse, d'un tel poids ?

Quand on ne sait pas de quoi le lendemain sera fait, ni même où l'on va, ni même où l'on sera les jours suivants, s'encombrer du Livre n'était-il pas risquer de se le faire voler ?

De marchandage en marchandage, ils arrivèrent tout de même à s'entendre. Nato conserverait le livre de Claire jusqu'à ce qu'elle vienne le reprendre. Pointilleux, il établit une facture-contrat laquelle faisait non seulement état d'un achat mais déclinait toute responsabilité concernant les dégâts que cet ouvrage pourrait occasionner chez sa cliente.

À cette facture s'ajouta un bail de garde. Restait encore à se mettre d'accord sur la durée. Faute d'une solution adéquate susceptible de régler les problèmes de succession, on laissa de côté le décès éventuel de Nato. Comme il le disait lui-même : « Pour moi, il n'y a plus qu'à prier. Pour vous, il n'y a plus qu'à faire vite ! »

Le minibus fit un nouvel arrêt toilettes à la frontière. Là, il y avait des gargotes, des groupes électrogènes, des néons et des papillons de nuit plein les ampoules, les tubes et les pare-brise.

Les douaniers algériens et nigériens s'étaient donné le mot. Ils s'en prenaient aux poids lourds. Une cinquantaine de « gros culs » patientaient les uns derrière les autres.

Trop occupés à fouiller sous les remorques, les agents laissèrent filer le minibus. On ne contrôla même pas la Française.

Deux heures plus tard, Claire aperçut au loin les lumières d'Arlit, une cité minière toute neuve et toute grise, nichée au milieu d'un immense plateau sinistre réputé pour ses gisements d'uranium.

Le minibus traversa le nouveau centre d'Akokan, avec ses petites maisons jumelles et ses jardinets tracés au cordeau, comme si toutes ces constructions étaient sorties d'un même embryon. Il longea ensuite la gigantesque fosse béante d'une carrière d'uranium, où des centaines d'engins monstrueux sommeillaient, impeccablement alignés, en attendant la reprise du travail.

Claire eut une pensée plutôt drôle ; elle se demanda pourquoi on parlait généralement d'uranium enrichi, et jamais d'uranium appauvri. Elle se souvint tout à coup qu'elle empruntait là inconsciemment une formule notée par Roméo dans son journal de route.

Elle s'endormit peu après Arlit. Le paysage, autant que l'on pouvait s'en rendre compte dans la lumière des phares, n'avait rien de bouleversant.

Elle faisait un rêve assez rose, quelque chose d'ineffablement doux et apaisant, quand elle fut brusquement projetée, tête en avant, contre le pare-brise.

Le chauffeur venait de freiner sec. Tout de suite après le crissement des pneus sur cette partie de goudron, on avait entendu les passagers se plaindre et hurler. Puis ils s'étaient soudainement tus. Barrant la route, les fusils pointés sur le véhicule, trois hommes, masqués par leur taguelmoust noir, se faisaient menaçants.

L'un d'eux monta à bord. Souple et nerveux, d'une stature impressionnante, il dévisagea lentement l'ensemble des voyageurs. Tous paraissaient résignés. Était-ce une attaque du GIA local, ou un commando de la rébellion touareg ? Ne s'agissait-il pas, plus simplement, d'un rezzou organisé par une bande de brigands ?

On sut bientôt ce qu'il en était. L'homme, un nommé Tawin, chef de tribu, prononça quelques mots en tamajeq. Quelques autres à l'adresse des Haoussas.

Enfin, il se tourna vers Claire :

— Suivez-moi, vous êtes ma prisonnière.

Interloquée, sonnée par le choc, la Française resta sans réaction.

Le froid glacial, le silence de plomb. Le tout n'avait pas duré plus de deux minutes. Juste le temps de descendre le bagage de la passagère et d'entraîner celle-ci sans ménagement hors de la route.

Un autre homme les attendait avec des chameaux. Il chargea non sans mal le gros sac de chez Hermès.

Claire, encore abasourdie sous l'effet de la surprise, ne réalisait pas vraiment ce qui lui arrivait. Elle se sentit soulevée de terre et se retrouva sur le dos d'un dromadaire, coincée entre la bosse de l'animal et la poitrine de son ravisseur.

Quand l'animal se redressa, dépliant d'un seul coup ses pattes antérieures, elle faillit basculer en avant. L'homme la retint d'un bras vigoureux. Sa peau sentait le sable et la fumée. Claire n'était montée à dos de chameau qu'une seule fois, à Tozeur, en Tunisie, où son éditeur, d'Armentières, l'avait emmenée en week-end prolongé. La nausée provoquée par le balancement du chameau avait alors dégénéré en vomissements. La honte ! Faire cela devant d'Armentières, c'était un tue-l'amour.

Cette fois, il s'agissait d'une tout autre situation. L'étrangeté de cette course nocturne à travers le reg caillouteux amenait Claire à se poser bien des questions : que lui voulait-on ? Où l'emmenait-on ? Son enlèvement était-il prémédité depuis Tamanrasset ? Avait-on signalé sa présence dans le minibus au passage de la frontière ? Le livre des Garamantes avait-il quelque chose à voir avec le rapt ? Était-elle aux mains de la rébellion touareg ? Allait-on exiger une rançon en échange de sa libération ? Qui pourrait-elle contacter ? Où, et comment ?

Bref, pourquoi s'en prenait-on à elle, une étrangère, si ce n'était pour la faire payer?

Un doute lui effleura l'esprit : et si le rapt était organisé par Barski ? Serait-ce pour l'empêcher d'aller plus loin sur le chemin de Garame ? Ou, à l'inverse, ne lui fournissait-il pas une escorte chargée de l'accompagner jusqu'à l'oasis ?

Progressivement, Claire se rendait compte que la caravane n'allait pas en direction du désert mais vers la montagne. Elle se demandait encore qui étaient ces voleurs de femmes et pour le compte de quelle organisation ils agissaient quand la bande armée, aux visages toujours masqués du taguelmoust noir, arriva au douar.

Des youyous les accueillirent.

Curieuses, les femmes s'approchèrent de Claire et la touchèrent. Elles palpèrent ses vêtements, son visage, s'amusèrent à la décoiffer.

Tawin, le chef de tribu, rabroua ses femmes d'un air mauvais, et poussa la Française devant lui.


Il n'était que huit heures, mais le soleil tapait déjà durement sur les murs de la petite maison de pierre où Tawin, un Kel Bagzan, avait enfermé sa prisonnière. Un matelas fait de nattes superposées, une couverture, un seau d'eau, un miroir fêlé, une serviette douteuse avaient été mis à sa disposition.

On lui avait laissé, à son grand soulagement, son petit sac à dos. Elle en vérifia le contenu, en passant par tous les stades de l'appréhension. La précieuse lettre était toujours soigneusement rangée au milieu de ses dessous.

Tawin et son frère Amekin s'étaient contentés de confisquer les soieries et l'argent. Ils avaient déplié la feuille de papier sans y prêter vraiment attention. Cependant, apercevant le moustique, et le croyant vivant, Tawin l'avait écrasé du plat de la main.

Les deux frères étaient sortis sans dire un mot.

— Qu'allez-vous faire de moi ? avait demandé Claire.

Sa question était stupide. Elle s'en rendit compte.

Tawin, le chef, avait baissé son taguelmoust pour se présenter à visage découvert. Il avait longuement observé la Française. Il était sur le point de lui répondre, mais se ravisa.

Par les fentes des planches disjointes qui obstruaient sa fenêtre, Claire pouvait apercevoir les quelques baraques plus ou moins croulantes du douar où on la retenait. L'endroit, que l'on atteignait par des pentes escarpées, ne semblait pas habité en permanence. Sans doute s'agissait-il d'une base de repli, d'un abri pour bergers.

En contrebas, au loin, s'étendait une vaste plaine mi-herbeuse, mi-sablonneuse, qui s'étirait jusqu'à l'horizon.

Claire avait suffisamment étudié la carte de la région pour situer approximativement le lieu où elle était détenue, probablement entre Azzaouageur et l'Adrar Madet. Cette zone montagneuse de l'Aïr, bordée par l'erg du Ténéré, permettait une retraite rapide des rebelles ou des brigands en cas d'attaque gouvernementale, menée par le désert comme par la montagne.

Vers midi, une femme nommée Kemeda, dont la tribu faisait grand cas, l'épouse ou la favorite du chef, vint apporter des galettes de blé et une ration de dattes en poudre battues dans du lait et du piment.

La chevelure tombant au creux des reins, enveloppée dans un afar rouge retenu au cou par un bijou d'argent et de corail, la Targui affichait un sourire espiègle auquel on ne pouvait répondre qu'en arborant le même sourire.

Après avoir tenté d'échanger quelques mots, qui en français, qui en tamajeq, Kemeda invita Claire à manger. Elle resta debout à la regarder, le visage empreint de la même expression malicieuse, comme si elle s'apprêtait à dévoiler un secret.

À la première bouchée de leguaza, cette mixture de dattes et de piment, Claire, la gorge en feu, faillit s'étrangler. Le souffle coupé, elle cherchait désespérément à reprendre sa respiration.

C'était si drôle à voir que Kemada ne put pas s'empêcher d'en rire. La quinte avait duré le temps de la suffocation.

Claire s'en remettait à peine quand Kemeda laissa tomber tout à coup la large étoffe qui la drapait, et découvrit son corps.

Là, Claire en eut de nouveau le souffle coupé, au figuré cette fois. Parée de la lingerie Vanina Vesperini, la Targui prenait des poses provocantes.

Claire ne savait pas si elle devait s'en offusquer ou s'en amuser. Elle pensa un moment que la Targui violait son intimité et se moquait d'elle. Pire, ne souillait-elle pas ces somptueuses soieries de sa sueur et de ses manières ?

Elle chassa la méchante image en même temps que les mauvais sentiments.

Kemeda était superbe : dix-huit ou dix-neuf ans, une poitrine d'adolescente, le ventre plat et lisse comme du jade, les jambes fines, les attaches et les hanches élégantes. La peau couleur miel mettait en valeur le vieux rose des soieries.

Ignorant toujours ce que l'on attendait d'elle, la prisonnière ne savait comment réagir à ce spectacle. Était-ce là un signe d'amitié ou bien, plus probablement, une brimade destinée à la mettre en condition ? Qu'était-il advenu de ses autres affaires ? Étaient-elles déjà partagées entre toutes les femmes ?

Quoi qu'il en soit, Claire convenait qu'aucun mannequin professionnel n'aurait pu faire mieux que cette fille de l'Aïr. Elle avait la grâce, le naturel, la fierté pour école. Son regard, ses postures, ses manières débordaient de sensualité.

En guise de consolation, Claire se disait que le jupon, le caraco et le boxer ne seraient jamais aussi bien portés qu'en cet endroit sinistre. Depuis que son éditeur les lui avait offerts, Claire réservait ces frivolités de luxe à l'homme de sa vie. Cela faisait pompeux et catherinette, pour ne pas dire cul-cul et midinette, mais c'était sa façon à elle, en quelque sorte, de s'offrir une seconde virginité, comme le lui avait fait remarquer d'Armentières.

Kemeda interrompit brusquement sa représentation. Elle se déshabilla sans la moindre pudeur et tendit les dessous de soie à la prisonnière. Son sourire, ses petites dents d'une blancheur éclatante en disaient long sur ses intentions.

Claire commença par refuser catégoriquement. Pas question de jouer, ici, à ce petit jeu des échanges.

Le français et le tamajeq s'affrontèrent. Il y eut beaucoup de « oui » et beaucoup de « non », des cris, des rires, des gloussements, des fâcheries. Autant d'invitations que de refus, autant de coquetterie que de féminité.

En dernier recours, avec des gestes et des mimiques appropriés, Claire essaya de faire comprendre à Kemeda qu'elle n'était pas en position favorable. Elle désigna ses cheveux poussiéreux, ses yeux rougis, son visage fatigué. Elle parla de lumbago, de mal aux fesses. C'est que le trajet en chameau lui avait laissé de sacrées traces.

Il n'y eut rien à faire. La Targui était plus jeune, plus forte, plus fraîche. La Targui était chez elle. Elle agissait en maître.

Claire finit par céder. Elle délaça ses baskets et ôta sa saharienne sans un regard pour celle qui l'obligeait à s'humilier. Elle laissa tomber à terre sa culotte, son soutien-gorge.

La Targui gloussa. Elle complimenta la prisonnière. Elle la trouvait belle. Belle comme la nuit. Belle comme une chanson d'amour. Belle comme l'étoile Polaire, belle comme la gazelle aux cornes d'or. Belle comme un jour de mariage, belle comme une source de montagne. Belle comme le miracle.

La Française ne comprenait pas ces paroles. Elle les devinait. Ça sonnait comme une chanson. Et c'était effectivement la chanson de l'Aïr. Il ne manquait que les youyous et les voix de crécelle des femmes.

La nudité de Claire stupéfiait Kemeda. Elle n'avait pas imaginé la prisonnière aussi bien proportionnée. Le bassin était peut-être un peu plus large que le sien, les épaules également. Long, flexible, le cou devait se prêter aux baisers. Des mèches de cheveux bouclés y tombaient en accroche-cœurs.

La poitrine de Claire battait de loin celle de Kemeda. Pleins et fermes, les seins s'ornaient de tétons bruns, auréolés d'un camaïeu d'ocres.

Claire faisait visiblement des efforts pour ne pas déplaire à sa geôlière. Le cœur n'y était pas. Ni le cœur ni l'esprit. Elle enfila le slip en grimaçant. C'était vrai, ses fesses étaient rouges, marquées par la selle.

Kemeda remarqua ses cuisses. C'étaient celles d'une femme bien nourrie : amples et généreuses, galbées à la perfection. Elles ne laissaient voir aucun creux là où la chair est la plus douce.

Le creux, c'était le seul défaut de Kemeda. Debout, cuisses fermées, un petit interstice persistait.

Quand Claire, encore toute percluse de douleurs, eut passé mécaniquement ses précieux dessous, Kemeda se mit à trépigner, puis à l'applaudir.

C'était gentil, enfantin, excessif, sans la moindre équivoque.

Claire ne put retenir un sourire.

La porte s'ouvrit brusquement.

C'était Tawin. Il tenait sa kalachnikov par le canon.

Il regarda longuement les deux femmes, sans dire un mot, puis il expulsa sa jeune épouse de la pièce.

Mue par un réflexe de pudeur, Claire attrapa sa saharienne et noua les manches autour de sa taille.

Le Targui posa la kalachnikov à terre et déroula lentement son taguelmoust. Il dit :

— Pas la peine de vous cacher. Montrez-vous donc telle que vous étiez avec Kemeda.

La voix était rauque, le ton cassant.

Claire luttait contre elle-même. Pourquoi se laisserait-elle intimider par des manières aussi machistes que démodées ? Elle se disait que les femmes d'aujourd'hui ne se laissent plus avoir par ce système de séduction complètement éculé. En même temps, bien qu'elle s'en défendît, elle était impressionnée par la virilité de son ravisseur.

Peut-être était-ce dû à la précarité du gourbi avec le matelas pour seul mobilier, à cette ambiance à la fois tendue et feutrée qu'accentuait encore l'atmosphère de clandestinité ?

Quoi qu'il en soit, la prisonnière se sentait trahie par elle-même. Ça n'était pas tant les sens que les sensations, pas tant l'attirance physique que la curiosité intellectuelle, cette irrépressible envie de se définir par rapport à la nouveauté et le goût des autres.

Elle ne savait toujours pas où elle en était exactement, ni ce qui motivait son enlèvement. Peut-être allait-on la libérer aussi abruptement qu'on l'avait capturée. Il n'y avait pas de meilleur moment pour demander des explications et éviter les ambiguïtés. Elle pensa, au contraire, que l'on ne discute pas de son sort en étant à moitié nue sous le regard possessif de son ravisseur. Elle le croyait sous le choc, pour ne pas dire sous le feu de l'image qu'elle offrait malgré elle.

Elle se trompait. Le Targui n'était pas plus impressionné par le corps de Claire que par ses atours, fussent-ils de petites merveilles.

Tawin venait pour parler, non pour la violenter, comme elle l'avait supposé. L'attitude équivoque de Claire modifiait le sens de l'entrevue.

Plutôt que de l'affronter d'égal à égal en oubliant sa nudité et sa condition, elle s'était réfugiée sur le matelas. D'abord assise, s'appuyant sur les mains, elle s'y était ensuite allongée, le bravant du regard.

Ils étaient restés comme cela, un bon moment, en silence, lui, debout, en guerrier, l'air farouche, impitoyable, elle, reposant sur le dos, un coussin sous la tête, le visage légèrement relevé.

Elle avait cédé la première. Oh, ce n'était pas grand-chose, juste une esquisse de sourire.

Il n'avait pas répondu. Avait-il compris le code ? Le langage des sourires est-il différent chez les Touaregs ? Fallait-il lui faire signe, lui dire : « Eh bien, rapproche-toi, qu'attends-tu ? »

Il n'avait jamais touché une Française. Ça ne l'intéressait pas. Il avait entendu dire que ces femmes-là criaient, qu'elles griffaient, qu'elles se mettaient à chameau sur l'homme.

Il hésitait. Devait-il s'abaisser ? N'était-ce pas mieux de la respecter ?

Il l'observait.

Elle était là, devant lui, allongée, mi-joueuse, mi-sérieuse, à se mordiller les lèvres.

Elle l'attendait.

Il ne bougeait toujours pas. On l'aurait dit à l'affût.

Elle réalisa brusquement le ridicule de la situation. Que s'était-il passé ? Comment en était-elle arrivée là ? Bien plus que ridicule, c'était pitoyable, dégradant. Elle pensa à d'Armentières, à Barski.

Elle se redressa d'un bond et se rhabilla aussitôt.

Envolé les sourires, les faiblesses.

Tawin ne bougeait toujours pas.

Elle se sentait méprisable et méprisée.

Elle s'écria :

– Merci à vous, c'est mieux comme cela. Et surtout n'en parlons plus jamais !

Pourquoi réagissait-elle ainsi ? se demandait Tawin. Quel serpent l'avait mordue ? Quelle espèce de scorpion l'avait piquée ? Était-ce une simple guêpe, une abeille ? Était-ce autre chose : avait-elle aperçu un djenoun ? Reçu un message des esprits ?

Qu'avait-il fait ? Que n'avait-il pas fait ?

Il secoua la tête comme pour y dégager une réponse plausible. Il n'en trouvait pas.

Il ramassa sa kalachnikov et sortit.

Claire était sonnée, en pleine remise en question. Par quel mauvais tour des sens en était-elle arrivée à s'abandonner sur un matelas, étalée, offerte au mâle ? Était-elle frustrée à ce point ? N'avait-elle pas été la proie de quelque sortilège ?

Elle y songeait sérieusement. Ne s'était-elle pas laissée captiver, là encore, par une sorte de fascination littéraire ? N'y avait-il pas dans son comportement une part de mimétisme, une aptitude à confondre les rôles, une tendance de biographe à vivre la vie de ses héroïnes ? Elle pensait, bien entendu, à toutes ses aînées, Alexandra David-Neel, Ella Maillard, Isabelle Eberhardt, Gertrude Bell, à la Jane d'un *Thé au Sahara*. Et même, mais oui, à Lawrence d'Arabie.

Elle essayait de se trouver des excuses. Tant d'événements, tant de péripéties s'étaient précipités ces derniers jours qu'elle ne se maîtrisait plus tout à fait. Elle vivait des moments où l'espoir et l'appréhension alternaient et combattaient si fortement que le moindre incident supplémentaire la mettait en déroute.

C'est peut-être ce qui lui arrivait.

Elle cherchait. Elle se disait que la frontière est bien mince entre sexualité débridée et romantisme échevelé. Avait-elle été atteinte à son tour par le syndrome des voyageuses du désert ?

Aventurières géniales ou simples randonneuses des sables, femmes assez libérées pour ne se priver d'aucune expérience et pour tenir à merveille, l'espace d'un désir, le rôle de l'esclave.

Il n'y a sans doute pas de meilleure manière d'apprendre un pays que de l'aborder par le sexe et d'aller, comme cela, au gré des rencontres, du mendiant au milliardaire, du chamelier au sultan, de l'Intouchable au brahmane.

Elle enrageait. Elle avait agi comme une conne.

Il s'était comporté en seigneur.

Elle se disait qu'entre elle et lui, il y avait eu l'incompréhension des modes et des codes, la divergence des cultures. L'un se référait à la tradition, à son éducation, à Dieu. L'autre vivait avec son temps. C'était une femme éclairée, une femme de plein jour. Une fille de magazine partagée entre le romanesque et l'inconsistance, sans cesse en quête de repères. Aussi fréquemment en porte-à-faux qu'en porte-à-vrai. Ça n'empêchait pas la profondeur, les hautes pensées, les nobles ambitions, la soif d'apprendre, la faim des autres.

Côté Dieu, Claire était plutôt du genre garamante. Dans la vie, elle croyait davantage en l'humain qu'en Dieu. Oh, rien de radical. Il lui arrivait même de prier les forces du Bien. Elle se définissait d'ailleurs comme athée cent pour cent, ce qui faisait bondir Emma, sa mère, une provinciale rigoureusement catholique.

Pour ce qui est de l'esprit, il y avait moins de différence entre Emma et Tawin qu'entre Claire et son geôlier. L'une croyait au Christ, l'autre à Mahomet. Au ciel comme ici-bas, les morales ont des points de convergence et bien souvent les mêmes exigences.

À vrai dire, Claire était plutôt agnostique qu'athée. Encore que l'agnosticisme de Claire faisait la part belle à la nature intime des choses comme à leur origine. Elle se disait qu'au XXIᵉ siècle « croire ou ne pas croire » pourrait aisément compléter « être ou ne pas être ».

Claire avait été rapidement fixée sur son sort. En vérité, il tenait au bon vouloir de quelques personnes qui se comptaient sur les doigts de la main : sa mère, Emma Dumas ; André d'Armentières, son éditeur ; Laure Dutilleul, sa meilleure amie, bibliothécaire à la BN ; Régis Fauconnier, son premier amant, directeur de société, avec lequel elle dînait deux fois par an ; Abraham Zowinger, soixante-dix ans, un ami de la famille, généreusement présent après la mort du père de Claire.

Le sort de Claire pouvait également se jouer chez l'ambassadeur de France à Niamey, au Quai d'Orsay par émissaires interposés, ou encore par un assaut des Forces spéciales nigériennes lancées contre ce bastion de la rébellion touareg.

La somme demandée, cent mille euros, n'était pas considérable. Intrinsèquement, Claire valait beaucoup plus que cela.

Ce prix, fixé pour la libération de la Française, était même assez vexant. La modicité de la somme sentait l'amateurisme et décourageait les officiels chargés de négocier l'opération. On ne met pas en branle le Quai d'Orsay ni les « Messieurs Afrique », pas plus qu'on ne déplace des troupes dans une région montagneuse réputée imprenable, pour cent mille euros. La modestie de la rançon laissait à penser que la Française était détenue par un groupuscule autonome pas vraiment organisé.

Pour cent mille euros, les marchands d'armes tchadiens et mauritaniens n'offraient que dix fusils d'assaut français type famas, deux kalachnikov russes à chargeur en cercle, quatre chapelets de grenades offensives américaines, deux revolvers 357 Magnum, un tube de roquettes et une demi-douzaine de projectiles *made in Peshawar*.

La plupart des négociations, pour étrange que ce soit, se traitaient à travers le portable de Claire. Encore fallait-il capter le réseau, dans ce coin de montagne perdu, et pouvoir recharger l'appareil, soit sur l'allume-cigares d'une vieille Toyota, soit à l'aide d'un groupe électrogène.

Naturellement, Claire était de tous ces déplacements. Sa voix, ses accents, ses dires authentifiaient les appels.

Si la situation n'avait pas été aussi critique pour la jeune femme, les premiers contacts auraient prêté à rire, tant ils paraissaient saugrenus.

Voix haletante de Claire :

– Allô, maman ! Bonjour, c'est Claire.

Voix enjouée de la mère :

– Claire, c'est formidable, d'où m'appelles-tu ?

– Non, maman, ce n'est pas formidable, je suis aux mains des rebelles touaregs. Ils réclament une rançon de cent mille euros. Je t'en prie, n'alerte personne. Il en va de ma sécurité. Nous te rappellerons plus tard.

Voix rieuse de la mère :

– S'il te plaît, cesse donc ce genre de farce, avec moi, ça ne prend pas.

Voix ennuyée de Claire :

– Ça n'est malheureusement pas une blague, maman, je te passe mon ravisseur.

– Bonjour, Madame Dumas. Je suis un Touareg anonyme. Vous comprendrez que je ne peux ni me nommer ni vous révéler l'endroit où votre fille se trouve. Procurez-vous au plus vite ces cent mille euros. Nous vous contacterons demain.

La voix gutturale de Tawin terrorisa Mme Dumas.

Défaite, elle s'écria :

– Mais où voulez-vous que je trouve cent mille euros, monsieur ?

– Ça ne me regarde pas. Je vous repasse votre fille.

Voix ferme de Claire :

– Allô, maman, c'est moi. Demande donc à Abraham de nous aider. Surtout, pas un mot à la police.

Madame Dumas pleurait. Des sanglots dans la gorge, elle demanda :

– Tu manges bien, au moins ?

– Mais oui, maman, ne t'inquiète pas, je suis bien traitée. Tawin mit fin à la conversation.

Il était temps de se déplacer. On ne pouvait pas passer le second appel du même endroit.

Cette fois, il s'agissait de prévenir d'Armentières.

Comme d'habitude, Claire tomba sur Corinne, la collaboratrice de d'Armentières. Elle se rendit compte immédiatement que quelque chose clochait.

– T'as une petite voix. Que se passe-t-il?

– Passe-moi André, s'il te plaît.

L'autre insista:

– Tu appelles d'où?

Claire, d'une voix cassante:

– S'il te plaît, passe-moi André.

Voix de l'éditeur, à peine surpris:

– C'est vous, Claire! Ça va, mon chou?

– Non, pas vraiment.

– Ça se passe mal avec Barski?

Voix calme de Claire:

– Rien à voir, je suis l'otage de la rébellion touareg.

– S'il vous plaît, ne déconnez pas.

Voix fatiguée de Claire:

– Écoutez, André, je vous passe l'un de mes ravisseurs.

D'Armentières n'eut pas le temps de réagir. Brutale, la voix de Tawin le fit blêmir:

– Si vous voulez revoir votre amie vivante, préparez cent mille euros en liquide.

Silence de l'éditeur. Il réfléchit, il calcule.

Voix sèche de l'éditeur:

– J'en fais quoi, de ces cent mille euros?

– Quelqu'un vous contactera demain.

Voix méfiante de l'éditeur :
– Qui me dit que vous ne me menez pas en bateau ?
Silence de Tawin. Il ne comprenait pas la question.
Énervement de Claire. Elle s'adressa à Tawin :
– Qu'est-ce qu'il dit ?
– Il croit que nous sommes dans un bateau.
Claire se saisit du mobile. Elle entendit d'Armentières gueuler de très loin :
– Passez-moi Claire ! Passez-moi Claire, nom de Dieu !
– C'est moi, dit Claire, c'est sérieux. J'ai une kalachnikov sur le ventre, si vous voulez me revoir, faites ce qu'il vous dit.
Silence de d'Armentières, suivi de la question stupide :
– Vous êtes bien traitée, au moins ?
– Ça pourrait être pire.
Voix insidieuse de l'éditeur :
– J'espère qu'on ne vous a pas touchée…
Il n'alla pas plus loin.
La réponse de Claire se voulut provocante :
– Ce n'est pas le moment, mais si je m'en sors, je vous raconterai.
Regard de Claire vers Tawin. Regard sombre du Touareg vers Claire.
Claire à d'Armentières :
– J'ai failli craquer !
– Comment ça, craquer ?
– Comme une allumette, mon cher.
– Bon, on déménage, lance Tawin, en reprenant le téléphone.

Le lendemain, comme les jours qui suivirent, Tawin et son frère Amekim, kalachnikov sous le bras, grenades à la ceinture, trimballèrent à nouveau Claire à travers la montagne. Ils se méfiaient des bergers, des chèvres, des brebis, des rares arbres épargnés par la foudre.

Les communications avec Paris n'étaient pas des meilleures. Parfois, les négociateurs étaient coupés en pleine discussion. Il fallait quitter les lieux, chercher une autre place, dégotter un fuseau acceptable.

Aux dernières nouvelles, André d'Armentières aurait bien réuni la somme exigée, mais les kidnappeurs n'en étaient pas persuadés. Il disait la tenir à la disposition de l'intermédiaire. Celui-ci, toujours d'après d'Armentières, ne s'était pas encore présenté.

L'éditeur de Claire possédait effectivement l'argent. Pour l'instant, il n'avait pas jugé nécessaire d'en grever son compte en banque. Cette histoire de rébellion touareg puait le faux à plein nez. D'après l'un de ses amis reporters, spécialiste du Sahel et auteur maison, il s'agissait d'un groupe armé qui mettait en coupe réglée cette région du Niger.

Comme le contact de la rébellion ne s'était toujours pas fait connaître, d'Armentières avait confié l'affaire à son ami reporter, lequel usait de ses contacts au Quai d'Orsay.

Bien qu'ayant déjà fort à faire avec l'Irak, la Côte-d'Ivoire et le Congo, le Quai avait pris bonne note de cet incident. Selon toute vraisemblance, l'ambassadeur de France au Niger parviendrait à arranger la situation dans les meilleurs délais.

Emma Dumas avait réuni les amis de Claire dans son appartement du XVI<sup>e</sup>. Tous étaient choqués de ce rapt aussi injuste que stupide. Passe encore qu'on kidnappe un correspondant de guerre. Pourquoi s'en prendre à une biographe inoffensive ? « Ça n'arrive pas qu'aux

autres, avait déclaré Abraham Zowinger. Malheureusement, ce sont les innocents qui paient le prix fort.» Sur
ces bonnes paroles, chacun, en fonction de ses moyens et
de sa générosité, s'était fendu d'un chèque. On était loin
du compte. Qu'importe, le geste y était.

Pour finir, on avait décidé d'avertir le commissariat du
XVIᵉ arrondissement. Lequel commissariat avait transmis
l'affaire au ministre des Armées. Lequel ministre avait
repassé l'information au Quai d'Orsay.

La panne du portable de Claire n'arrangea pas les
choses. On avait beau recharger la batterie, celle-ci restait
désespérément inutile.

Le groupe se mit en quête d'un autre mobile. On
envoya Anekim en faucher un dans les environs d'Arlit.
À son retour, quatre jours plus tard, Claire dut leur expliquer que tout portable possède son propre code secret.

On essaya en vain des centaines de combinaisons possibles sans parvenir à trouver la bonne.

Coupés du monde extérieur, ils ne leur restait plus
qu'à attendre le miracle !

Pendant ce temps, en France comme au Niger, on
commençait à bouger. Paris avait envoyé un négociateur
à Niamey, une sorte de «Monsieur Afrique» que ses
contacts locaux surnommaient «le Monsieur à fric».

Mieux encore, un commando de l'armée nigérienne,
basé à Zinder, commençait à passer la montagne noire au
peigne fin, sans repérer le moindre rebelle.

De l'Aïr, le commando s'était redéployé sur le Ténéré.
Au même moment, ceux qu'ils traquaient avaient fait le
mouvement inverse. Recherchés dans l'Aïr, ils s'étaient
volatilisés dans l'immensité du Ténéré. Recherchés dans

le Ténéré, ils étaient retournés, le plus naturellement du monde, dans l'Aïr.

Histoire de ne pas revenir les mains vides, le commando s'était chargé d'empoisonner quelques puits à la strychnine. La méthode était courante, les conséquences atroces. Outre la mort des assoiffés, hommes et bêtes, l'empoisonnement des puits avait pour effet désastreux la sédentarisation des tribus nomades brutalement privées de cheptel.

Trimballée de gauche à droite, passant tour à tour de zones montagneuses à des zones sablonneuses, de rocaille en dunes, Claire commençait à perdre espoir. Elle avait beau se dire que sa captivité était une expérience enrichissante, qu'elle comprenait la désespérance des Touaregs opprimés, elle avait beau admirer, pour autant qu'elle la comprît, l'organisation archaïque de cette société touareg, être persuadée de la noblesse de cette tribu des Kel-Bagzan, penser qu'après tout, elle aurait pu tomber beaucoup plus mal, et s'efforcer de privilégier l'émerveillement en dépit du sordide, en se répétant qu'il n'y avait pas de meilleure façon que celle-ci d'approcher les farouches Touaregs ; qu'elle vivait la grande aventure malgré l'inconfort des lieux et la rudesse du climat, et essayer de rester zen, mais pas forcément idiote, devant l'inconnu, elle n'en regrettait pas moins d'avoir été aussi brusquement détournée et éloignée de son but.

Engagée pour percer le mystère de la disparition de Victor Barski, sujet auquel elle se consacrait depuis des mois et qui l'accaparait tout entière, elle se retrouvait à présent, elle aussi, de l'autre côté du miroir, au cœur d'un empire du silence où elle risquait, bizarrement, d'être rattrapée par une image d'héroïne qu'elle ne souhaitait pas avoir. Des diplomates, des flics, des journalistes, des soldats n'étaient-ils pas, en ce moment même, lancés sur ses traces ?

Les jours, les nuits s'écoulaient. Parfois, c'était tranquille. D'autres fois l'alerte.

Il fallait décamper, trouver un autre repère. S'installer hâtivement, repartir aussitôt ou presque.

Ni les deux frères, Tawin et Anekim, ni la demi-douzaine de guerriers qui les accompagnaient dans ces déplacements, au demeurant très risqués, ne s'occupaient de la Française. Depuis que le portable avait rendu l'âme, Tawin ne lui adressait plus la parole, ou si peu. Il se contentait de donner des ordres relatifs à la prudence et au camouflage. Il laissait à Kemeda et à ses trois sœurs le soin d'encadrer l'otage.

Claire ne s'en plaignait pas. Grâce à ses gardes du corps, elle avait appris une foule de choses sur la vie affective et sexuelle de la femme targui. Les confidences donnaient lieu à de nombreux fous rires. Rien n'était véritablement choquant. Chacun interprétait selon ses intuitions. On traduisait les signes, les gestes, les expressions. On inventait là une langue du désert, un idiome de la montagne.

Quand c'était au tour de Claire de se soumettre au feu des questions les plus indiscrètes et qu'elle réussissait à se faire comprendre, les espiègleries, les étonnements, les rires touchaient des sommets. C'était à se demander si ces Touaregs, aussi jeunes que délurées, ne retenaient de la première que ce qu'elles voulaient entendre. Passionnées par les choses de l'amour, elles avaient soif d'apprendre tout ce qui s'y rapportait, jusque dans les moindres détails.

Lorsque Claire tardait à satisfaire leur curiosité, elles n'avaient de cesse que de la provoquer.

Il régnait un tel climat de confiance entre l'otage et ses geôlières que Tawin ne jugea plus utile d'enfermer Claire. Elle vivait à présent parmi eux, partageant les habitudes de la tribu rebelle. Elle avait même réussi à reprendre quelques-unes de ses affaires que les femmes touaregs s'étaient partagées les premiers jours.

Plus personne ne touchait à sa valise à roulettes. Celle-ci avait perdu pas mal de sa splendeur. À force d'être trimballée à flanc de dromadaire et déposée n'importe où, au gré des déambulations sauvages, elle puait la sueur et l'urine.

Claire ne gardait sur elle que le petit sac à dos. Outre les soieries qui n'avaient plus qu'une importance secondaire, il renfermait la lettre de Victor Barski à son frère ainsi que le certificat délivré par le mari de Malika.

Aucun signe, aucune nouvelle, bonne ou mauvaise, ne venait rassurer Claire sur son sort prochain. Il en était de même pour les rebelles qui manquaient singulièrement d'armement et de munitions pour envisager une attaque spectaculaire.

Faute de portable, on ne pouvait plus communiquer avec la France. On décida alors d'envoyer Claire, vêtue à la targui, flanquée de Kemeda et d'Anekim travestie en vieille femme, la kalachnikov planquée sous la gandoura, jusqu'aux mines de Tarouadji.

Deux jours de chameau auxquels s'ajoutèrent quelques heures de marche épuisantes dans la caillasse et la poussière.

Un ingénieur de Niamey, récemment muté dans ce

bled, se fit prier, mais laissa son téléphone mural à la disposition de Claire.

Kemeda avait prévenu la prisonnière que si elle cherchait à s'évader, Anekim la descendrait. Ce n'était pas dit en ces termes précis mais on ne pouvait pas hésiter sur le sens.

Claire n'avait pas l'intention de s'échapper. Elle était trop droite, trop honnête pour trahir des gens qui ne l'avaient jamais menacée de mort. Au contraire, elle leur faisait confiance. Sans épouser la cause de la rébellion targui, elle comprenait son combat. Il y avait certainement un autre moyen de se libérer que de s'enfuir.

Petite bourgeoise, elle s'était tout à coup retrouvée chez les plus faibles, face aux puissants. Autant aider cette minorité à s'émanciper du pouvoir central. Encore que, dans ce cas, il ne s'agît ni d'un désir d'émancipation ni d'une aspiration à la domination, mais d'une exigence de respect, d'une revendication à la reconnaissance.

Cela, pensait Claire, valait bien qu'elle y mette du sien. Cent mille euros, ça n'était pas le prix de la liberté, juste celui des armes.

Elle appela d'abord sa mère. Un coup de fil qui se voulait rassurant et auquel M^me Dumas ne comprit pas grand-chose. D'un côté, Claire demandait si la somme était réunie. De l'autre, elle se disait en panne de 4 x 4, accompagnée d'auto-stoppeurs touaregs.

Écoutée par l'ingénieur, Claire se voyait obligée de biaiser. Sa voix enjouée, le prétendu 4 x 4, les auto-stoppeurs, tout cela déroutait sa mère. Claire était-elle toujours prisonnière des Touaregs ? Avait-elle réussi à leur fausser compagnie ? Que venaient faire les auto-stoppeurs là-dedans ? Pourquoi avait-elle besoin d'argent ? Était-elle en bonne santé, était-elle bien traitée ?

Mme Dumas ne savait plus quoi répondre. Oui, les amis avaient cotisé. Pas assez, mais tout de même, ils avaient été généreux. Non, personne ne s'était présenté pour prendre l'argent. La même chose chez d'Armentières. Tout était prêt, disait-elle, son éditeur attendait l'intermédiaire.

Aux dernières paroles de Claire : « Bon, maman, ne t'inquiète pas, tout va bien, mais je suis obligée de te laisser », M^me Dumas demanda :

— As-tu beau temps, au moins ?

Claire n'en revenait pas. Qu'est-ce que le temps venait faire là-dedans ? Elle se souvint de l'obsession météorologique des Français. Tout cela lui paraissait loin, très loin.

Inutile de contrarier sa mère. Mieux valait éviter de la décevoir, quitte à en rajouter un peu. Elle répondit :

— Oui, maman, il fait un temps splendide, un soleil de plomb, 40 °C à l'ombre.

Sa mère parut vraiment satisfaite :

— C'est bien, ma fille, bravo, profites-en bien !

Même question stupide chez d'Armentières. À peine eut-elle joint Corinne, la secrétaire, que celle-ci lança :

— Ah, c'est toi ! On commençait à s'inquiéter sérieusement. Ça va ? Quel temps fait-il là-bas ?

— Tu te fiches de moi ! avait répondu Claire.

— Je ne vois pas pourquoi tu le prends mal. Ici, c'est le déluge, le froid !

— Passe-moi André.

— André ! s'exclama Corinne. Je ne peux pas, il est absent.

— Absent, comment ça, absent ? Tu veux dire en week-end prolongé ?

— Oui, c'est ça.

— Merde alors ! Si je comprends bien, il m'a laissée tomber.

– Pas du tout, on a la somme. Tout le monde est prévenu. Le Quai, les flics, l'ambassade s'occupent de toi, sauf que le contact de tes ravisseurs ne s'est pas manifesté.

– Pas possible !

– Si, je t'assure, j'ai fait le transfert d'appels, le standard fonctionne chez moi vingt-quatre heures sur vingt-quatre. Et pour l'instant, c'est toujours le grand silence blanc !

Claire n'écoutait plus vraiment. Elle était ailleurs, quelque part, chez des amis touaregs.

Machinalement, elle demanda :

– Il est parti avec qui ?

– Avec Alice.

– Alice ?

– Ouais, tu sais bien, Alice Castor, celle qui a écrit *Les Sentinelles du désir*.

Claire regarda gentiment Anekim. Elle fit un clin d'œil à Kemeda et raccrocha.

Elle était loin, très loin de tout cela…

Ça dérapait du côté de l'intermédiaire, un certain Semik, cousin de Tawin, étudiant à Paris. Craignait-il de se faire piéger, arrêter ? Était-il surveillé, suivi, mis sur écoute ? Peut-être l'avait-on déjà descendu ? Peut-être était-il noyauté par un autre groupe d'obédience touareg opposé à la violence ? Autant de questions que Tawin se posait.

Il réfléchissait, à l'écart.

Faute d'argent et de soutien extérieur, le combat lui paraissait perdu d'avance. D'un jour à l'autre, la tribu allait se faire massacrer. Mais qu'est-ce que l'héroïsme, qu'est-ce que l'idéal, quand les grands sentiments tournent à vide comme la poulie d'un puits tari ? Mieux vaudrait peut-être quitter l'Aïr et se replier vers le Mali, où les Touaregs des Iforas, bien organisés et beaucoup mieux armés, obligeaient le gouvernement à d'importantes concessions.

Était-ce possible de relâcher la prisonnière sans perdre la face ?

La prisonnière, qui suivait des yeux les allées et venues du Targui, abandonna le coin des femmes et se dirigea vers lui.

Elle y pensait depuis un certain temps. Cette fois, c'était le moment d'en parler.


Claire ne pouvait pas faire autrement que d'en revenir à Barski. Selon toute vraisemblance, et si l'on prenait à la lettre ce qu'il écrivait en 1962 dans *L'Empire du silence*, l'explorateur avait découvert le trésor des Garamantes, des centaines et des centaines de sachets de poudre d'or.

À défaut de payer pour obtenir la libération de sa biographe, il offrirait bien une partie de sa fortune pour entrer en possession du livre sacré.

C'était l'idée de Claire, et elle n'eut guère de mal à convaincre Tawin que la solution Barski arrangerait les uns et les autres.

Encore fallait-il localiser Garame, ce que les Kel-Bagzan de l'Aïr étaient bien incapables de faire. Aucun membre de la tribu, pas même les deux plus anciens, des vieillards qui ne se déplaçaient qu'attachés à leur chameau pour éviter d'en tomber, ne savaient où se situait Garame par rapport à la montagne d'Azzouageur où ils étaient nés.

Cette oasis était-elle à huit jours de dromadaire en direction de Bilma ? Ou, plus loin encore, en allant vers Fachi et Dirkou ?

Claire, une Parisienne de la rue Bonaparte, se faisait une idée plus juste de l'oasis maudite.

Claire se souvenait de Togo, le chef du troupeau de Dieu, le seul, disait Nato, à détenir les clefs de Garame. Curieusement, Roméo avait employé la même formule. Bien sûr, ce n'était qu'une expression à remettre dans le contexte du récit, car on voyait mal l'Ardo, le maître suprême du troupeau borroro, ouvrir les portes des dunes avec de vraies clefs.

Le mari de Malika avait expliqué à Claire que l'Ardo, en l'occurrence ce fameux Peul-Borroro, dédaignait les biens matériels au profit des liens spirituels. Son troupeau représentait une valeur intrinsèque, mais il constituait avant tout une source de prestige, une richesse abstraite. Plus il y avait de zébus dans le troupeau, moins ils avaient à manger.

Noblesse du geste et respect des traditions, le pasteur borroro s'interdisait tout commerce. En tirer profit serait vulgaire. Tant que ses vaches produiraient assez de lait pour nourrir le clan ou la tribu, l'Ardo laisserait ses zébus mourir plutôt que de s'en séparer. Il y avait là un vrai dilemme entre spiritualité et orgueil.

Claire imaginait la tête de Barski lorsqu'elle arriverait chez lui avec ses ravisseurs. C'était pour le moins une manière originale de se présenter. Elle en souriait intérieurement.

Tawin, lui, n'avait aucune idée préconçue. Seule sa cause le préoccupait, et tous ceux qui pouvaient l'aider à se procurer des armes étaient les bienvenus. Barski ou un autre, cela revenait au même.

Restait ce Togo que l'on disait intraitable. Accepterait-il de conduire un émissaire porteur de preuves irréfutables jusqu'à Garame ? Comment le trouver, l'aborder, le convaincre ? Claire se faisait quelques soucis à son propos. Tawin était plutôt optimiste. Grâce à ses relations du désert, il se sentait tout à fait capable d'approcher le chef borroro.

Le visage grave, il prépara son chameau, remplit ses guerbas d'eau fraîche, s'équipa de son poignard et de sa toukouba, deux armes blanches qu'il tenait de son grand-père, ce dernier les ayant hérités d'un bisaïeul. Le couteau et l'épée avaient été forgés au XV$^e$ siècle dans les ateliers de Tolède.

Tawin avait fièrement fait remarquer à la prisonnière les trois cannelures et les deux demi-lunes qui décoraient les lames et témoignaient de leur origine.

Dans ses fontes, deux grands sacs suspendus qui battaient les flancs du dromadaire, Tawin avait caché la pochette de coton noir que l'otage lui avait remis. À l'intérieur, une lettre de Claire destinée à Victor Barski. Elle y présentait la situation avec humour, elle lui demandait de faire diligence. À cet appel au secours, Claire avait joint la missive de Barski à son frère Serge, où figurait encore le moustique à moitié écrasé, en guise de preuve que la biographe était bien en possession du fameux livre.

À l'insu de la prisonnière, Kemeda, aussi malicieuse que jalouse, avait glissé les dessous de soie dans la pochette. C'était un geste instinctif, quelque chose d'irréfléchi. Elle y avait déposé aussi un grigri de famille qu'elle tenait de sa grand-mère. Il était censé repousser les mauvais esprits et éloigner du cœur de Tawin tout sentiment amoureux n'émanant pas d'elle-même.

On le voit, Tawin était bien gardé. Avec ce grigri venu s'ajouter à ceux qui le protégeaient déjà, il pouvait partir en paix à travers le désert.

Si l'on prend en compte l'habidj, le bracelet de pierre noire qu'il portait au-dessus du coude gauche, et la croix d'argent d'Iferouane, martelée et ciselée au poinçon, Claire pouvait raisonnablement penser que Tawin bénéficiait d'une protection exceptionnelle. Cependant, craignant les patrouilles et les fouilles, Tawin avait confié à regret sa kalachnikov à son frère Anekim. L'arme avait servi en Afghanistan, puis au Yémen, avant d'arriver au Tchad chez un receleur de Djaména où la rébellion touareg se fournissait en partie.

Jusqu'au dernier moment, Tawin avait espéré un signe en provenance de l'ambassade de France à Niamey. Son cousin l'ayant lâché – accidentellement ou volontairement? il n'en savait rien –, il s'était dit que l'ambassade prendrait le relais. La prisonnière le lui avait d'ailleurs laissé entendre. Cent mille euros, ça ne faisait jamais qu'un dix-millième de Mirage, qu'un mille-millième de porte-avions ou qu'un séjour de trois semaines à la Gazelle d'Or de Taroudan. Il avait demandé des explications à la Française. Comment aurait-il su qu'un Mirage n'était pas ce phénomène d'optique auquel il était habitué mais un bombardier supersonique capable de lâcher ses bombes à hydrogène sur n'importe quel point du globe? Quant à la Gazelle d'Or, la résidence marocaine des chefs d'État français, alors là, ils avaient franchement rigolé. Claire y était descendue une fois, invitée par un homme de lettres célèbre qui y avait ses habitudes. Lui, ce n'était pas un chef d'État, mais un chef de famille, et un tireur à plus de cent mille. Pas des euros, non, des exemplaires.

Tawin n'avait pas saisi grand-chose aux rapports qu'entretenait la prisonnière avec cet écrivain, pas plus qu'il n'avait pu apprécier l'atmosphère feutrée, ce subtil accord du douillet et du luxe qu'elle lui décrivait.

231

Aussi incroyable que cela puisse paraître, Tawin exécutait maintenant les ordres de sa prisonnière.

Il l'avait longuement regardée avant de la quitter. Il aurait souhaité qu'elle vienne jusqu'à lui. C'était le message que délivraient ses yeux. Tant pis, les yeux n'avaient pas parlé le bon langage.

Elle était restée au milieu des autres femmes. Peut-être était-ce pour lui signifier qu'elle n'était plus son otage, qu'elle faisait partie de la tribu.

Cette idée le rassura.

Pour tout homme qui ne serait pas un Touareg, un Peul ou un Toubou, trois peuples habitués à fréquenter le désert du Ténéré, l'expédition solitaire de Tawin relevait du défi. Peu de gens, en effet, se seraient risqués plusieurs jours dans le désert avec un seul chameau. La plupart naviguaient en groupes. Soit ils faisaient déjà partie d'une caravane, soit ils s'arrangeaient pour en rencontrer une qui les accepterait.

Bien peu avaient la chance de croiser l'Azalaï, la grande caravane du sel. Elle rassemblait jadis vingt mille dromadaires et parcourait en une semaine la distance qui sépare Bilma d'Agadès.

Bien que considérablement réduite, à environ cinq cents chameaux, l'Azalaï existe encore aujourd'hui. Elle part chaque année d'Agadès. À l'aller, les bêtes sont chargées de toutes sortes de marchandises qui approvisionnent les oasis. Au retour, elles croulent sous les briques de sel et les espoirs à venir.

Si l'Azalaï est concurrencée par quelque transporteur routier qui ne s'y retrouve d'ailleurs pas dans le prix du gasoil, elle l'est bien davantage par de nombreuses petites unités indépendantes d'une soixantaine de bêtes, généralement levées par des Toubous et des Peuls, plus rarement par des Touaregs.

Quelles que soient les caravanes, la prestigieuse Azalaï de cinq ou six cents bêtes, les plus restreintes, d'une cinquantaine de bêtes, elles méritent toujours d'être suivies.

Suivies, cela veut dire que l'on suit le mouvement, ou au moins que l'on marche à côté de sa propre bête, encadré par toutes les autres, assourdi par le martèlement des pas sur le sable, fasciné par le mouvement précis et mécanique des longues pattes qui fonctionnent, telles des bielles, dans une splendide et naturelle asymétrie.

Quel que soit le degré d'exaltation qui s'empare du voyageur, il est unique et incommunicable. On avance, serré, au milieu du troupeau, agressé ou ravi, c'est selon, par l'odeur aigre des sueurs et des urines, par le blatèrement des animaux, cette espèce de déchirement angoissé et angoissant qui nous paraît aussi physique que métaphysique.

Et que dire du langage des hommes au sein de la caravane? Il est fait d'ordres brefs, du murmure des voix et des estomacs, de complaintes récitées, reprises en chœur pour aider les pas à tenir le coup.

On croit à tort que les caravaniers se déplacent à dos de chameau comme des méharistes. Dans une caravane, les bêtes ne portent pas les hommes. Ce sont les hommes qui portent les bêtes. Les hommes qui guident la caravane. Les hommes qui la mènent à bon port ou, grand malheur, trompés par la fatigue ou les étoiles, les hommes qui la conduisent à la mort.

Tawin montait son dromadaire à la méhariste. C'était une bête âgée, très fiable, habituée à tout terrain, une sorte de 4 x 4 en somme.

En dehors des provisions de voyage et des quatre guerbas pleines à ras bord, la bête n'était guère chargée. Tawin ne pesait que soixante-cinq kilos pour un mètre quatre-vingts. Mais il n'était pas si léger qu'on le croyait. Il portait en lui les aspirations du peuple touareg à conquérir son indépendance, non pas en organisant des rezzous et en s'emparant des touristes, mais en préconisant la lutte armée sur tout le territoire. Le rapt de la Française n'était qu'un incident regrettable. Une erreur qu'il devait assumer sans montrer la moindre faiblesse vis-à-vis des siens et de son otage.

Toujours est-il que Tawin allait à la recherche de ce fameux Borroro sans être tout à fait convaincu de la bonne volonté des Borroros envers les Touaregs.

Ils ont beau cohabiter sur le pourtour du Ténéré, et plus au nord, vers le Sahel, Peuls et Touaregs ne sont ni des frères ennemis ni des frères amis. Disons qu'ils se supportent, mais que le troupeau des uns gêne toujours le troupeau des autres. Dans cette vaste étendue de sable qu'est le Ténéré, l'espace vital, c'est-à-dire la savane, l'herbe, les buissons, est réduit au minimum.

Tawin se repérait sans difficultés. De jour, il allait seul. Le soir, il s'arrangeait pour rattraper le chemin des caravanes et passer la nuit auprès d'autres gens. La nuit n'est pas la meilleure amie des Touaregs. Si les caravanes ne font halte que pour quelques heures, de préférence autour des puits, pour repartir une fois les bêtes abreuvées, les voyageurs solitaires cherchent à se regrouper et se reposent du crépuscule à l'aube.

Choisir son lieu de pause est un véritable rituel, qui dépend de la nature du terrain, de son orientation et même de sa réputation. Les Touaregs connaissent de père en fils les endroits fréquentés par les djenouns, où rôdent les maléfices. Ils se méfient des creux, des espaces qui ont l'air accueillants, riants, mais qui ensorcellent le dormeur et lui volent son esprit, son âme.

Ces sites abritent de mauvais génies qui profitent du sommeil de l'innocent pour lui inoculer des maladies à retardement. Ainsi, à la mort de Kiltin, le grand-père de Tawin dont il avait hérité l'épée, ses proches savaient depuis longtemps qu'il avait été contaminé vingt ans plus tôt, en voyage, par un djenoun tout droit sorti de la nuit. Le démon était venu s'allonger auprès de lui. Il n'avait ni visage ni corps ni forme, juste une main glacée qui s'était promenée sur son torse.

Le lendemain matin, Kiltin s'était réveillé en sueur pour se rendre compte que le djenoun, non content d'avoir aspiré sa vitalité, lui avait dérobé son portefeuille.

Deux jours après avoir quitté les monts d'Azouageur, Tawin aperçut de loin l'arbre du Ténéré. Comme tous les Touaregs, il regrettait le vieil acacia, l'énorme épineux, ce tahla dont les racines plongeaient profondément dans le sable, atteignant la nappe phréatique cinquante mètres plus bas.

L'arbre millénaire, sous l'ombre duquel des générations et des générations de caravaniers se reposaient d'un parcours souvent effroyable, avait fini ses jours déraciné par un camion libyen.

Écologie oblige, même au Niger, les restes du tahla sont exposés au musée de Niamey. On ne sait pas, en revanche, ce qu'il est advenu du camion, pas plus que l'on ne sait si le colonel Kadhafi a indemnisé les milliers de nomades désormais privés d'ombre et de bois.

En effet, comme tous les autres épineux du désert, cet acacia donnait autant d'ombre qu'il procurait de bois. On trouvait toujours à son pied un bout d'écorce ou de branche cassée pour allumer le feu et y faire son thé. Cela durait depuis des siècles. D'ailleurs, on ne comptait plus les jours mais les feux. Et quand on ne s'y retrouvait plus avec les feux, alors on comptait les années en verres de thé.

Ce temps-là est révolu. En lieu et place de l'arbre, on a dressé une horreur qui se veut, sans doute, un chef-d'œuvre de stylisation. Ce n'est qu'un bout de ferraille aux branches coupées court d'où pendent deux ou trois jerricans percés. N'empêche, quand on débouche, épuisé, des dunes, et que l'on voit briller au loin le cylindre d'acier, on est pris d'une immense frénésie. La cadence des pas s'accélère. Une ultime poussée d'adrénaline finit même par nous faire courir jusqu'à lui.

Si l'arbre du Ténéré n'est plus mythique, l'étape l'est toujours. Quand on vient de Bilma, on sait que les dunes vont bientôt s'estomper pour laisser place à des zones de broussailles ressemblant à une savane. Quand on vient d'Agadès et que l'on va, à pied, vers Bilma, par Fachi ou Achegour, on sait que la savane est derrière nous et que nous attendent, immuables et impressionnants, d'interminables couloirs de dunes, au détour desquelles peut surgir, soudain, une caravane fantomatique. Écrasée par un soleil de plomb, elle semble d'abord compacte, pour ne pas dire compressée. Puis, au fur et à mesure de son avancée, l'œil s'habituant, on la découvre étrangement présente, s'étirant, vivante et bruyante, sur des centaines de mètres.

Peu avant que le soleil ne décline, Tawin s'approcha d'une de ces caravanes.

Visage et cou enroulés dans son chèche blanc, le chef, un Toubou de peau noire dont on ne voyait que les yeux enfiévrés, salua le Targui et lui demanda :

— Tu es seul ? D'où viens-tu ? Où vas-tu ?

Tawin répondit :

— Je suis de la tribu des Kel-Bagzan. J'habite dans les monts d'Azouageur où j'ai laissé ma famille. Je ne sais pas exactement où je vais. Cela ne dépend pas de moi mais d'un autre. Si celui que je recherche fait paître son troupeau dans la savane, alors je suivrai le même chemin que toi.

Comme le veut la politesse du désert, Tawin s'intéressa à celui qui le questionnait :

— J'espère que tu feras un bon profit de tes briques de sel. As-tu des fils parmi ces gens qui t'accompagnent ? Comment va leur santé ? Et la tienne ?

Ils devisèrent ainsi jusqu'au puits en parlant de tout et de rien, mais pas de la pluie ni du beau temps, car de pluie, il n'y en a jamais dans ces contrées, alors que le temps, si l'on excepte le sirocco qui menaçait de se lever, y est toujours beau.

À la vue, à l'odeur de l'eau, toute la caravane se mit à blatérer. Cela faisait un sacré chahut.

— Fais d'abord boire ton chameau, dit le Toubou à Tawin.

— Non, toi d'abord ! répondit le Targui.

— Voyons, mon frère ! Moi, j'ai soixante-deux bêtes et une demi-douzaine d'assistants. Patienterais-tu tout ce temps ?

Tawin remercia et fit boire son chameau.

Il n'attendit pas. Il savait que les dromadaires du Toubou, pourtant lourdement chargés, allaient le rattraper. Il y a un dynamisme de la caravane. Les bêtes se donnent le mot, elles transcendent le rythme. Si le départ est parfois lent à cause des muscles froissés, une fois lancée la caravane est une vraie machine à vapeur.

Cheminant côte à côte, les deux hommes semblaient se connaître depuis toujours. Le Toubou, qui se prénommait Gaou, n'avait pas son pareil pour deviner le passé des gens qu'il rencontrait. Il ne savait ni écrire ni compter, cependant il lisait à travers les visages et les apparences. Il se doutait que Tawin n'était pas un voyageur ordinaire. C'était le genre à porter des secrets sous son taguelmoust.

Surtout ne pas le brusquer, éviter de le contrarier.

Ayant traversé plus de cinq cents fois le Ténéré, Gaou savait qu'à un moment ou à un autre, on jette quelques bribes de sa vie aux dunes, exactement comme on jette une pierre contre un chien pour qu'il cesse de vous suivre.

Le désert se nourrit de toutes les pensées que nous lui abandonnons en marchant. Entre le désert et le voyageur du désert, il y a même un jeu de transmission et de pensées qu'ils se renvoient l'un l'autre.

Bizarrement, l'aridité du désert, sa nature à la fois désolée et inquiétante, fertilise le voyageur. En un seul parcours, un imbécile est susceptible de devenir intelligent et prodigieux. Il renverra alors au désert un peu de l'inspiration qui lui a été offerte.

Gaou le Toubou marchait à côté de Tawin le Touareg. Leurs bêtes suivaient, derrière venait la masse compacte de la caravane.

Gaou se disait qu'entre ses ruissellements de sueur et ses rêves inspirés, il avait dû, à son tour, depuis tant d'années, fertiliser le désert.

Il eut soudain une idée dont il fit part à son nouveau compagnon :

— Sais-tu que les Touaregs, les Peuls, les Borroros, les Toubous sont l'eau du désert ?

Tawin le regarda de ses grands yeux sombres à moitié cachés par le taguelmoust. À contre-jour, on n'en voyait que le blanc.

Difficile de déchiffrer le regard quand les yeux n'ont pas de visage.

La réponse du Touareg surprit le Toubou :

— Tu veux dire que les peuples du désert sont la rivière du désert ?

— C'est cela, tu as bien compris ma pensée.

Peut-être, ajouta Tawin, mais l'oued touareg qui prend sa source dans l'Aïr est asséché.

Il parlait par métaphore.

— Je sais, murmura Gaou d'un air triste, c'est comme l'oued toubou.

— Et l'oued peul, et l'oued borroro, rien que des rivières qui devraient couler et qu'on laisse mourir, déclara Tawin.

— Il faudrait faire des barrages, proposa le Toubou, qui relayait l'image.

— Pourquoi faire des barrages quand il n'y a pas d'eau à retenir ? s'écria Tawin. Non, crois-moi, mon frère, il vaut mieux faire sauter les barrages qu'élèvent entre eux et nous les riches et les puissants.

Gaou ne laissa rien voir de sa surprise. Il le savait depuis le début, son compagnon n'était pas un voyageur ordinaire. Et puis, c'était arrivé comme cela, normalement, au fil des dunes, le voyageur avait jeté un morceau de sa vie sur le sable.

Il y eut un moment de silence troublé par le crissement des pieds et le martèlement des sabots sur le reg.

Quand cette portion de terrain dur fut franchie et que le désert commença à buissonner d'épines, de feuilles et d'une herbe haute semblable aux joncs, Tawin demanda :

— Je suppose que nous sommes arrivés dans le domaine des Borroros ?

— Tu te trompes, mon frère, il nous reste encore une bonne journée de marche.

Il ajouta sur un ton jovial :

— Tu le sais aussi bien que moi, on ne se débarrasse pas du désert aussi facilement. Quand on croit qu'il se termine, il ne fait que commencer. Quand on croit être au milieu, nous sommes sur le bord. Quand on est sur le bord, de quelque côté que l'on regarde, le désert est encore là, tout autour.

Tawin s'étonnait. Ce Toubou était un sage. Il connaissait mieux le désert que lui. Il en parlait bien.

Le Toubou s'arrêta tout à coup. Il porta ses mains en visière et scruta l'horizon.

— Tu vois ce que je vois ?

— Des touristes ? demanda Tawin en voyant un convoi de 4 x 4 qui apparaissait dans le prisme déformé et tremblant des fumerolles de chaleur.

— Non. C'est pire, ce sont les mercenaires.

Tawin se raidit.

— Qu'est-ce que les mercenaires viennent faire par ici ?

Le Toubou regarda le Targui et lui dit :

— Voyons, mon frère, ce n'est pas à moi de te l'apprendre.

Tawin se le tint pour dit.

Il regardait se rapprocher lentement cette espèce de mirage mécanique écrasé par le soleil et qui traînait derrière lui un long ruban de poussière.

— Ne perds pas de temps, lança le Toubou. Prends ton chameau et va te cacher au milieu des autres. Et n'oublie pas d'ôter ton épée, ta selle, tes sacs.

Il ajouta en riant :

— Tu es un peu trop blanc pour être Toubou, mais ça devrait aller quand même.

Tawin fit agenouiller sa bête et déposa au pied d'une dune tout ce qui était susceptible d'être identifié comme typiquement touareg.

Il n'y avait pas d'autre solution. Il reviendrait plus tard prendre ses affaires.

Il eut une pensée pour sa prisonnière, une autre pour Togo le Borroro. Il enrageait à l'idée d'être démasqué et arrêté. Que deviendrait Kemeda, son frère, la rébellion ? Qui désormais pourrait se faire entendre du gouvernement et négocier d'égal à égal comme l'avait fait le grand Mano Dayak ? C'était un *imajlren*, un seigneur. Sa mort brutale dans l'avion qui l'amenait de l'Aïr à Niamey avait fait capoter le dialogue entre la rivière asséchée et la rivière des puissants.

Maintenant on distinguait le camion des miliciens.

De la main, Tawin entailla le flanc de la dune. Une coulée de sable, petite avalanche naturelle, recouvrit ses affaires.

Satisfait, il fit relever son dromadaire et rattrapa au plus vite la caravane au milieu de laquelle il se glissa. Il n'avait ni l'allure ni la démarche toubou mais, curieusement, parmi les fils et les aides de Gaou, il se sentait protégé.

À l'arrêt, leur élan soudainement coupé, toutes les caravanes protestent. Celle de Gaou n'échappait ni aux blatèrements ni aux grognements rauques ni aux plaintes et aux contestations de toutes sortes.

Si la révolte grondait chez les bêtes, les hommes, en revanche, se tenaient tranquilles.

Les mercenaires n'avaient pas quitté leurs véhicules. Ils restaient assis sans manifester le moindre intérêt pour ces pouilleux. C'était leur dixième contrôle de la journée. Après celui-ci, il ne leur resterait plus qu'à foncer vers la garnison. À trois jours de chameau, celle-ci n'était qu'à trois heures de 4 x 4. Une autre manière de vivre, une autre façon de penser.

Accompagné par son ordonnance, l'officier, planté devant Gaou, contrôlait les papiers de la caravane et examinait les différents tampons qui y étaient apposés.

Quand le Toubou eut terminé de répondre à toutes les questions concernant ses hommes et le chargement, l'officier, incommodé par l'odeur, releva son chèche kaki jusqu'aux yeux et se faufila entre les bêtes. Il vérifia le chargement de chacune d'elles. Il n'y avait que des pains de sel que l'on aurait cru moulés dans un bol et sous lesquels il aurait été bien difficile de dissimuler des armes. Il faisait ce contrôle de routine pour la forme. Il parcourut du regard les silhouettes des chameliers. C'étaient tous des jeunes gens effroyablement maigres et sales. La plupart travaillaient pour leur nourriture quotidienne et une poignée de monnaie à l'arrivée.

Les deux fils de Gaou, qui paraissaient en meilleur état et se distinguaient des autres esclaves par la couleur de leur taguelmoust, intéressèrent particulièrement l'ordonnance et furent fouillés du chèche aux sandales.

Quand vint le tour de Tawin, Gaou prêta l'oreille. Le Targui avait bien appris sa leçon. Comme convenu, il dit être le fils aîné du chef, issu d'un premier mariage.

Gaou confirma. Sa première femme était une Targui de la tribu des Kel-Bagzan.

Cela se passait mal. L'officier demanda à voir les papiers de ce fils aîné.

Ayant enterré les siens, Tawin se justifia :

— Tu me demandes quelque chose que je ne suis pas censé posséder. Je suis un nomade, mes papiers, c'est le désert.

L'officier trouva son ton trop agressif. Il dit :

— Je ne suis pas ton père, je suis un officier, tu me dois le respect.

Puis il hurla :

— Allez, salue-moi ! Qu'attends-tu ?

Tawin se fit violence et salua militairement l'officier.

Celui-ci reprit d'une voix plus calme :

— Tu te trompes. La loi t'oblige à présenter tes papiers chaque fois qu'un supérieur te le demande. Voyons, comment pourrais-tu ouvrir un compte en banque et inscrire tes enfants à l'école si tu n'as pas ta carte d'identité ?

— Je ne suis pas citadin, répondit Tawin. Je ne suis qu'un caravanier toubou, mon adresse, c'est le désert, ma banque, c'est le vent de sable. Le peu que je gagne disparaît aussitôt.

L'officier qui cherchait des histoires gueula à nouveau :

— Je vois que tu persistes à ignorer les lois du pays. Mais qu'as-tu donc dans la tête, espèce de bougnoul ? Un creux, un gouffre, une datte, un asticot ?

En son for intérieur, le fier Targui bouillonnait. Néanmoins, il s'efforçait de montrer bonne figure.

Comme il ne réagissait pas à l'insulte, l'officier se tourna vers Gaou et lui intima l'ordre suivant :

— Approche-toi, et gifle ton fils aîné.

Gaou s'approcha :

— Pourquoi dois-je gifler mon fils ? demanda-t-il.

— Pour me prouver que tu es bien son père, répondit l'officier.

— Je n'ai jamais battu mes fils, répliqua fièrement Gaou, la peur au ventre.

— Eh bien, il y a un commencement à tout.

L'officier dévisagea le chef de la caravane d'un air sévère et lança :

— Je ne te le dirai pas deux fois.

Gaou ne pouvait que s'exécuter. Ses yeux demandaient pardon à Tawin. Sa main claqua sèchement sur sa joue.

Le Targui encaissa le coup. Il comprenait les sentiments du Toubou. Mais la gifle l'avait décoiffé, et le tageul-moust baissé, sa colère pour l'officier devenait visible.

Il était temps de mater ce fils de pute.

L'officier leva le bras et moulina l'air avant de frapper.

Tawin vacilla et tomba à terre. L'autre attendit qu'il se relève pour le frapper à nouveau.

La main sur son épée, le Toubou s'interposa :

— Au nom de Dieu, laissez-le.

Sur un signe de l'officier, la troupe s'extirpa aussitôt des véhicules et cerna la caravane.

Ils s'y mirent à dix, puis à vingt, puis à trente. Ils assommèrent les hommes à coups de poing, à coups de crosse. Ils crachèrent et urinèrent sur eux. Et quand les nomades furent humiliés, à terre, blessés, cassés, évanouis, les soldats s'en prirent au chargement. Ils coupèrent les cordages, firent dégringoler les pains de sel et s'amusèrent ensuite à les réduire en poudre.

Et comme un malheur n'arrive jamais seul, le vent de sable se leva et dispersa à jamais les trois quarts de la cargaison.

Ce fut un triste jour, une triste nuit, où l'on vit les éclopés couverts de sang se traîner jusqu'aux dromadaires pour s'y abriter de la tempête.

Plus personne n'avait envie de parler.

Quand Tawin pénétra dans le domaine des Borroros, toutes les personnes qu'il rencontrait lui demandèrent :

— Que t'est-il arrivé ? Qui t'a blessé ?

— Ce n'est rien, répondait Tawin, c'est la faute à mes papiers.

— Comment ça, mon frère, de quels papiers parles-tu ?

— Tu es gentil, mais s'il te plaît, ne cherche pas à savoir ce que je ne sais pas moi-même.

— Comment ça, mon frère, tu ne sais pas ce qu'il t'est arrivé ?

Quelquefois, Tawin passait son chemin sans répondre. D'autres fois, il disait :

— Il y a des choses qu'il vaut mieux oublier. Voilà pourquoi je ne sais plus.

Dans cette zone herbeuse et feuillue où toute végétation était sèche, pour ne pas dire séchée sur pied, les serpents étaient bien plus nombreux que les buffles et les bufflonnes. On croisait aussi des gerboises et des gerbilles qui s'enfuyaient par bonds sur le passage du dromadaire.

Un peu plus loin, deux gazelles s'approchèrent. Leur sens du danger leur disait qu'il n'y avait pas grand-chose à craindre des Borroros. Avec Tawin, grand chasseur de gazelles et de mouflons, elles se trompaient. Mais Tawin avait d'autres préoccupations que de poursuivre les gazelles et les mouflons, comme il le faisait avant la rébellion, dans les hamadas, les hauts plateaux pierreux et escarpés de l'Aïr.

Outre qu'il évitait de descendre de chameau, tant il avait la phobie des reptiles, qu'ils soient vipères à cornes, agames ou varans, il avait hâte d'arriver à l'étape avant la nuit. En effet, après avoir rassemblé tant bien que mal ce qui restait de la caravane, Gaou était parti quelques heures avant lui. Il avait promis à Tawin d'alerter les chefs borroros qu'un valeureux étranger demandait à rencontrer d'urgence le maître des troupeaux de Dieu.

On imagine l'étonnement et la méfiance de Togo quand Tawin, un Targui de la montagne, l'aborda avec ces mots :

– Le salut sur toi, mon frère. Voudrais-tu t'écarter de cette marmaille et m'écouter de tes deux oreilles ?

Togo regarda l'homme au visage tuméfié qui osait s'adresser à lui du haut de sa monture. Décidément, pensa-t-il, il n'y a pas pire espèce que ces Touaregs.

– Si tu veux me parler, répliqua le Borroro, descends donc de ton dromadaire.

– Je ne peux pas, répondit le Targui, ma jambe est cassée et mon dos ne vaut guère mieux.

Togo jugea que le Touareg disait vrai. Il chassa la douzaine d'enfants qui l'entouraient, ses derniers fils mais aussi ses petits-fils, et s'avança au milieu de ses buffles efflanqués.

Les traits fins, les cheveux longs, l'œil vif, Togo ne faisait pas ses soixante ans. Torse nu, ceint d'une sorte de tablier de peau, il se tenait droit comme un jeune homme. Mais au nombre des cicatrices qui marquaient son corps, on aurait pu, comme en comptant les striures de la tranche d'un arbre coupé, établir son âge réel.

— Peux-tu m'aider à descendre ? demanda le blessé. J'ai quelque chose à te montrer.

— Si tu ne peux pas descendre seul, dis-moi plutôt comment tu as réussi à monter sur ta bête.

— Par ma volonté et par la sienne, répondit Tawin. Il a d'abord fallu que je ramasse mes affaires et que je les charge. N'étant plus bon à rien, incapable de me hisser sur la selle, j'ai parlé à mon chameau : « Écoute, mon vieux Imnas, encore un petit effort, tu t'es agenouillé, c'est bien, mais si tu voulais t'allonger complètement, ça me permettrait de me glisser sur ton dos.

— Et ton Imnas t'a obéi ?

— Oui, il s'est allongé dans le sable comme un serpent.

— Sans l'aide d'Allah ?

— Je ne sais pas, répondit Tawin tandis que le chef borroro le saisissait sous les bras. Je n'ai rien demandé à Dieu, mais il m'a peut-être aidé, comme il m'a aidé à venir jusqu'à toi.

— Il t'a surtout envoyé les militaires, dit Togo.

— Comment le sais-tu ?

— J'ai vu passer la caravane. Tout le monde était amoché. Leur chef s'est arrêté et m'a parlé de toi.

— Le chef ne sait rien de ce que j'attends de toi, c'est un secret.

— Un secret ? Eh bien, dis-le !

— Non, pas ici, pas comme cela.

— D'accord, mon frère, alors préserve encore un peu ton secret et allons jusque chez moi.

Soutenant le Targui qui avait bien du mal à marcher, Togo laissa la garde du troupeau aux enfants. Ils n'attendaient que cela. Chacun d'eux, au moment de la naissance, avait reçu, avec le sien propre, le nom d'un animal qui faisait partie du cheptel. Il s'était établi ainsi, dès leur venue au monde, une osmose avec un buffle ou une bufflonne du troupeau.

Le chef du troupeau de Dieu fit entrer le porteur du secret dans sa cabane faite de branches d'épineux et d'herbes séchées. Pour tout décor et mobilier, deux nattes mises bout à bout, une corbeille, un seau, quelques calebasses, des cuillères.

Tawin se disait que la rivière borroro était encore plus asséchée que la rivière touareg. À côté de ce peuple de la steppe chez lequel toute hiérarchie était bannie, excepté pour le maître du troupeau, ce dernier donnant un sens à la vie, les Touaregs faisaient figure de peuple riche et raffiné.

Ici, pas de cérémonie du thé comme chez les Touaregs et les Arabes. Un simple verre de lait servi sans cérémonial.

Par l'ouverture de la cabane, Tawin suivait des yeux les allées et venues des jeunes gens et des jeunes filles aux corps quasi dénudés. Ils passaient silencieusement d'une case à l'autre. Ces cases se ressemblaient toutes, construites, aurait-on dit, pour être abandonnées du jour au lendemain.

Togo offrit un second verre de lait et dit :

– Tu parais surpris de notre dépouillement, à moins que tu ne redoutes d'attraper nos poux. Sache tout de même, mon frère, que tu es ici dans une aire de transhumance, tout comme tu es toi, le Touareg, de passage dans notre condition de Borroro. Vois-tu, mon petit frère tout cassé, si je peux me permettre de t'appeler comme cela, pour les Blancs et ceux qui les imitent, l'existence n'est faite que d'étapes successives à franchir. Pour nous, Borroros, dès notre arrivée sur terre, toutes les étapes sont déjà franchies. Il ne nous reste qu'à apprendre à nous protéger des autres et de nous-même. Nous ne désirons qu'une chose : que dure éternellement notre errance. Comme armes, nous n'avons que des lances. Comme ennemis, nous n'avons que ceux qui nous empêchent de tourner en rond. Comme amis, nous n'avons que nous-même. Comme dieu, nous avons nos troupeaux.

Tawin écoutait la leçon tout en se disant que l'Ardo n'était guère pressé d'écouter son secret. Lui, il n'avait pas encore franchi toutes les étapes. Pour exister décemment, il avait besoin d'autre chose que de lances. N'était-il pas venu jusque-là pour cela ?

Au troisième verre de lait, il ouvrit sa gandoura tachée de sang et en tira la pochette de coton noir que la prisonnière lui avait remise.

Afin que nul autre que son destinataire ne soit tenté de l'ouvrir, Kemeda avait cousu le sac de ses propres mains.

— Voici mon secret, dit le Targui en tendant la pochette au Borroro. Tu dois le porter toi-même au Français qui habite Garame.

Interloqué, Togo fixa Tawin d'un regard dur :

Qu'est-ce que c'était que cette histoire ? Qu'attendait ce Touareg du Français ? Pas question de dévoiler quoi que ce fût susceptible d'attirer des ennuis à son ami.

Il demanda d'un ton bourru :

— Que sais-tu de ce Français ? Qui t'a parlé de lui ?

— Calme-toi, mon frère, et ne me parle pas avec sévérité, répondit froidement Tawin. Je ne connais ni le Français ni les liens qui t'unissent à lui. On m'a simplement dit que tu étais le seul, dans tout le Ténéré, à pouvoir l'approcher.

Togo tournait et retournait le sac noir entre ses doigts. On entendait un curieux froissement de papier.

D'un ton plus conciliant, il interrogea le Touareg :

— Qui t'a raconté cela ?

— Celle qui m'a confié la pochette que tu tiens dans la main.

— Une femme ? demanda le Borroro d'un air stupéfait.

— Oui, une Française.

— Une Française ? répéta le Borroro en réfléchissant. Alors, c'est peut-être celle qu'il attend. Et où se trouve cette personne ?

— Chez moi, dans la montagne, répliqua le Targui avec fermeté.

Tawin eut l'impression que le Borroro ne comprenait pas la situation. En réalité, il la comprenait fort bien. Il se crut obligé de préciser :

— Elle est ma prisonnière.

Togo secoua la tête et dit :

— Je suppose que tu voudrais échanger ta prisonnière contre de l'argent, mais il n'en a pas.

— Je me contenterai de la poudre d'or avec laquelle il rétribue tes services.

Le Borroro jeta un regard noir au Touareg et rectifia :

— Non, pas mes services. J'achète sa nourriture et ses médicaments.

Il se radoucit tout à coup et regarda son hôte malicieusement :

— Tu penses payer tes armes avec de l'or en poudre ?

— Parfaitement, répondit spontanément Tawin. À Djamena, il n'y a pas de meilleure monnaie.

Soudain troublé, il demanda :

– Comment sais-tu qu'il me faut des armes ?
– Permets-moi de ne pas répondre. En revanche, si mon frère, ce rebelle tout cassé, veut se reposer quelques jours dans ma modeste case en attendant mon retour, il est le bienvenu…

Le visage grave, Victor Barski ouvrit d'un coup de lame la pochette de coton taillée dans un taguelmoust noir que Togo lui avait remise.

Debout, à une distance respectable du Français, le Borroro, appuyé sur l'épaule de sa fille Illame, attendait tout aussi gravement.

Quand les déshabillés de soie que Kemeda avait malicieusement ajoutés aux messages de Claire tombèrent de la pochette, les visages passèrent du sérieux à l'étonnement le plus complet. Personne n'eut envie de rire ou de sourire. La farce était trop saugrenue et bien trop malvenue pour provoquer un effet comique.

D'un geste excédé, Barski lança ces choses indécentes à sa compagne.

Moins rugueux que ceux du maître, les doigts d'Illame apprécièrent le délicieux toucher. Elle n'avait jamais eu pareil tissu entre les mains. Elle se demandait, tout comme son père, s'il était courant, pour une Française, de se présenter comme cela à un homme, en lui envoyant par porteur ses sous-vêtements les plus précieux.

Barski rejeta par-dessus son épaule sa chevelure blanche tressée en nattes et déchira la première enveloppe.

C'était un mot de Claire Dumas, sa biographe, hâtivement griffonné sur un bout de papier maculé de taches. Claire y exposait sa fâcheuse situation. Capturée par des rebelles touaregs qui la menaçaient d'égorgement, elle le priait de bien vouloir accéder à leur demande, une rançon de cent mille euros en échange de sa libération.

Si Barski avait été fort irrité par l'apparition soudaine des dessous de la biographe, cette fois-ci, il semblait franchement surpris.

Le mot se terminait par ces phrases : «*Des tractations sont en cours entre la Nation française et la Nation touareg. Des amis parisiens ont réuni la somme. Ils ne savent ni à qui la remettre ni comment la transférer, le contact de la rébellion ayant disparu dans la nature. Au cas où vous auriez quelque doute sur l'authenticité des faits que je vous ai exposés, le contenu de la seconde enveloppe devrait vous faire bondir… de joie, bien entendu.*»

Barski était peut-être bondissant, mais ça ne se voyait pas. Il attendit quelques instants avant d'ouvrir la seconde enveloppe. Il huma la fraîcheur de l'air en suivant avec nostalgie les dernières minutes du coucher de soleil. Comme chaque soir, le spectacle le fascinait. Et comme chaque soir, peu avant que la boule orange ne s'enfonce dans les confins de l'Ouest, il attendait vainement d'apercevoir le fameux rayon vert des marins, signe d'espoir et de chance, qui apparaissait, disait-on, au moment où l'astre plongeait dans la mer.

Il se disait que le rayon vert allait peut-être surgir de cette autre enveloppe qu'il décachetait avec autant de crainte que de précaution.

Il ne se trompait pas. Le rayon vert lui brûla les yeux puis, juste après, il fut pris d'un éblouissement.

Incroyable ! Comment avait-il pu passer aussi près du Livre ? Comment lui, un maniaque du signe et du hasard, un artiste du pressentiment, n'avait-il pas compris que ce qu'il cherchait depuis des mois avait été là, tout près de lui, dans la voiture du routard, parmi cet incroyable chargement?

Il n'en revenait pas. Le petit gars s'était arrêté en pleine nuit. Il avait proposé de le dépanner. Pourquoi l'avait-il choisi, lui, plutôt qu'un autre? Entre Agadès et Tamanrasset, le monde entier est en panne. Panne de moteur. Panne de freins. Panne d'essence, panne de vie.

C'était trop con. Il n'y avait pas eu que l'embrayage. Lui aussi devait être psychiquement à plat, incapable de ressentir le moindre présage. Pire encore, au lieu de continuer sur Tamanrasset comme il l'avait laissé entendre, il s'en était détourné pour repartir vers son oasis, persuadé que le Livre n'avait pas été volé et qu'il se trouvait toujours à Garame, enfoui sous les dunes ou les éboulis.

Depuis, il n'avait pas cessé de fouiller.


Il avait retourné en vain des milliers de mètres cubes de sable et de caillasse en s'acharnant autant contre le désert que contre lui-même.

En vérité, le Livre n'était plus qu'un prétexte. Il cherchait plutôt quelque chose d'immatériel, une vérité, le sens d'une vie perdue, enfouie elle aussi sous les sables. Il piochait et déblayait à corps perdu, espérant, par ces travaux de forçat, parvenir à déterrer son propre cadavre.

Exhumer celui-ci était devenu sa raison de vivre, sa rédemption. Il n'y avait pas d'autre façon de se racheter, d'autre manière de tuer en lui l'assassin de Yoz et de Gad. Il était obsédé par ces deux-là mais beaucoup plus encore par tous les autres Kels de l'Aïr et du Hoggar, pauvres petites choses humaines qu'il n'avait pourtant pas assassinées de ses mains. C'était tout aussi épouvantable.

Innocents manipulés, ils étaient morts de faim et de soif. Morts par sa faute.

Tout cela venait de très loin et remontait maintenant à la surface. Il avait découvert Garame à l'âge de vingt ans. Que s'était-il passé en lui ? Pourquoi s'était-il emparé du Livre ? Quel démon l'avait poussé ? N'importe quel autre petit aventurier de son espèce aurait délaissé le Livre, trop content, en revanche, d'embarquer le trésor.

Lui, dans son genre, il était sans doute unique. Il avait embarqué le Livre et abandonné le trésor.

Revenu de son périple dans l'Aïr et le Hoggar, il s'était remis à inventorier méthodiquement l'oasis. Pas une dune, pas un tumulus ne lui avaient échappé.

Contrarié par ces échecs successifs, Barski s'était mis dans l'idée de fouiller plus à fond la galerie, qu'il avait explorée lors de sa première expédition grâce à un conduit creusé à la verticale avec des moyens de fortune. Depuis, le boyau avait totalement été obstrué par les tempêtes successives.

Entièrement concentré sur ses travaux de forçat, il était à peu près convaincu qu'une seconde chambre secrète communiquait avec la première. Grisé par ses fabuleuses trouvailles, le jeune Barski, pressé de se faire connaître, avait négligé de mener plus avant ses investigations.

Cette fois, Barski s'était acharné jusqu'au délire, s'imaginant tomber nez à nez avec sa propre momie desséchée. Habité par sa phobie, il avait réussi à ouvrir une brèche dans la paroi du fond et s'était faufilé à travers un goulet pour déboucher finalement dans une pièce attenante où s'alignaient, comme autrefois dans la chambre contiguë, une centaine de gros sachets remplis de poudre d'or.

Mais là n'était pas le plus étonnant.

Sur le coup, Barski n'en avait pas mesuré tout à fait l'importance. À présent, après avoir lu cette lettre, il se disait que d'une certaine manière l'histoire se répétait. N'avait-il pas trouvé dans cette même salle un parchemin rédigé en tedas et en arabe émanant d'un clan kanen basé dans le Tibesti (aujourd'hui le Tchad)?

À en croire le texte, un chef kanen, qui commerçait avec les Garamantes, s'était approprié le Livre et le détenait.

En échange, connaissant l'attachement du peuple pour cette bible d'une haute élévation spirituelle, il réclamait une somme d'argent si importante que toute la stratégie monétaire de la cité s'en trouvait réduite à néant car elle prônait le troc dans un avenir proche. Payer équivalait à redistribuer cette poudre impure, source de tous les maux, à travers le Sahara.

Le dilemme avait dû agiter tant et plus la communauté des Garamantes. Bizarrement, on ne trouvait pas mention de ces débats dans les annales du codex concernant la vie courante à Garame. Quoi qu'il en soit, le trésor entassé dans cette seconde galerie prouvait que la rançon n'avait pas été versée.

Le Livre avait-il été rendu aux Garamantes à la suite d'un repentir ou d'un coup de force? Nul ne le savait.

Barski replia méticuleusement la missive que la biographe lui avait si complaisamment fait remettre. Il trouvait la situation particulièrement cocasse. Des siècles et des siècles plus tard, c'était à son tour de recevoir une demande de rançon pour un livre qu'il ne possédait toujours pas, mais qu'une otage lui promettait de récupérer, sitôt intervenue sa propre libération.

L'aventure était pour le moins aussi romanesque que passionnante. Cette fois, bien entendu, Garame n'était pas en mesure de monter une expédition commando contre les Touaregs de l'Aïr, semblable à celle que la cité avait sans doute dépêchée autrefois chez les Kanens du Tibesti.

Pas question de tergiverser ou de chercher un autre moyen de libérer la Française. Barski était bien trop content de payer.

Il invita Togo à s'asseoir dans le petit appartement qu'Illame avait arrangé à son goût et où pendaient un nombre considérable de grigris supposés neutraliser l'esprit néfaste des démons.

Togo refusa d'y entrer. Le Bororo préférait attendre dehors. Il abreuva son chameau noir et modifia la selle. Il se doutait déjà qu'Illame ne resterait pas avec l'explorateur. Sa fille était trop entière, trop fière pour supporter de partager son amant avec une autre.

Le regard d'Illame en disait plus long que les mots. Elle ne connaissait pas la Française, cependant elle n'avait pu se retenir de passer ses soieries. Elle l'imaginait aussi belle que les mannequins de La Redoute, le livre-fable de grand-mère bororo qui avait marqué son enfance.

Comme Barski se faisait attendre, le chef du troupeau de Dieu s'installa à l'écart pour la nuit. Il envisageait de quitter Garame à l'aube avec sa fille.

Il la regardait avec autant de tendresse que de surprise. C'était vrai, vêtue de ce cache-cœur et de ce jupon si vaporeux qui lui tombait juste au-dessous des genoux, elle ressemblait exactement à ces filles de La Redoute que les jeunes de la tribu contemplaient encore dans les pages du catalogue.

Barski remonta du souterrain en souriant. Il avait évalué, au jugé, la quantité de poudre d'or correspondant à la somme demandée. Par crainte d'être un peu court, il avait rajouté quelques pincées et s'était servi lui-même au passage, ne prenant que le strict nécessaire à son propre voyage.

La décision était arrivée comme cela, d'une manière irréfléchie, tandis qu'il s'affairait à compter les sachets. D'abord floue, puis saugrenue, sur le point d'être abandonnée, elle s'était imposée irrépressiblement jusqu'à devenir une évidence absolue : il partirait à l'aube, lui aussi.

Il n'y avait plus de temps à perdre. Il fallait seulement remonter le temps et reprendre la route de Tamanrasset comme il l'avait fait dix ans plus tôt. Cette fois, pas d'arrêt aux dunes de Laouni. Pas de crochet par les villages perdus de l'Aïr et du Hoggar. Pas de berger muet à interroger. Il suffisait de suivre les traces du routard et d'imaginer, tout le long du parcours, ce que pourrait être la rencontre avec sa biographe.

Saurait-il encore parler ? Être vrai, authentique ? Saurait-il raconter simplement, sans effets, sans artifices ? Saurait-il encore charmer ? Se montrer prévenant, délicat, attentionné sans être pressant ?

Après tant d'années passées dans le désert, face à soi-même, le caractère se durcit, la sensibilité s'émousse. On devient rustre, pour ne pas dire rustique. On ne peut être à la fois l'intime des dunes et le meilleur ami du raffinement. Le sable finit toujours par crisser dans les pensées les plus élevées. Parfois, heureusement, quand elles vous ont initié, les dunes vous invitent à écouter leur chant qui n'a rien d'une mélodie-guimauve mais qui joue dans les symphonies avec des cuivres et des cymbales, avec des harpes, des violoncelles. Il ne faut pas confondre chant des dunes et chant du désert. Celui-ci est plus simple. Il s'accompagne d'un instrument à cordes. L'instrument, c'est le vent lui-même.

Remodelé par le désert qu'il s'apprêtait à quitter, Barski n'échappait pas aux questions qui se posent quand vient le moment de retourner vers le monde civilisé, là où les déserts géographiquement absents sont pourtant aussi vastes et tout aussi périlleux. En réalité, Barski préparait maintenant une sorte de retour aux sources à l'envers. Un parcours tout aussi initiatique que le précédent. Cette fois, l'explorateur en était persuadé, le parcours, comme le retour, passait par Claire Dumas.

Togo, le chef du troupeau de Dieu, eut bien du mal à s'endormir. Les cris de sa fille le gênaient. Oh, ce n'étaient pas des éclats de voix, des aboiements de dispute. Non, c'était bien pire. Le Français avait appris à sa fille toute une gamme de cris liés au plaisir. C'était inattendu et choquant. Illame avait donc transgressé le rituel amoureux borroro qui se caractérise par une soumission silencieuse.

L'amitié que portait Togo à l'explorateur lui interdisait tout reproche.

Barski ne s'était même pas retourné sur Garame.

Chargé d'un volumineux sac à dos qui tirait sur ses épaules, il suivait à pied sa famille borroro. Il emportait les écrits de dix ans, ceux qui avaient résisté à ses fureurs : des essais, des poèmes ainsi qu'une nouvelle traduction du livre secret incluse dans *L'Histoire des*

*Garamantes*, un monumental ouvrage de trois mille pages.

Il marchait vite, en cadence, mû par la farouche volonté d'arriver à Tamanrasset le plus rapidement possible et d'y attendre sa biographe dans le meilleur hôtel.

Il n'avait pas ressenti pareille exaltation depuis fort longtemps. Elle atténuait les peines, les remords. Plus rien ne lui paraissait vraiment important, pas même le fait d'abandonner sa compagne. À vingt-huit ans, Illame possédait toujours le naturel des filles du désert. Son allure, sa démarche provoquaient le paysage. Vêtue de ce déshabillé qu'elle avait déjà arrangé à la mode Borroro, et dont le jupon couleur vieux rose tranchait sur le pelage noir du chameau, elle faisait un effet mirage qui flattait les dunes.

Barski cherchait à déchiffrer le genre de message que la biographe avait voulu faire passer à travers ces luxueux dessous de soie. S'agissait-il d'une grosse farce, d'une provocation érotique, d'un gentil geste d'amitié ou bien d'une invitation à la fête ? Quoi qu'il en soit, il trouvait la chose aussi folle que déplacée. Pourquoi glisser sa petite culotte dans une demande de rançon ? Était-ce réfléchi, était-ce une lubie ? N'était-ce pas plus vraisemblablement un coup tordu, une perversion imaginée par ses ravisseurs ?

Après une journée de marche, Barski n'avait toujours pas trouvé une réponse satisfaisante.

Il chassa la question qui tournait autour de lui. Il était temps de quitter sa famille borroro. Leur route convergeait ici, au carrefour des pistes.

Illame ne descendit pas de chameau. Elle se détourna carrément et fixa l'horizon d'un regard noir.

Togo demanda :

— Quand vas-tu revenir, mon frère ?

— Bientôt, ne t'inquiète pas pour moi.

— C'est pour moi que je m'inquiète, mon frère, pas pour toi.

— Ton troupeau te garde, ta fille aînée veille sur toi, que veux-tu de plus ?

Togo paraissait contrarié :

— Je voudrais pouvoir te prévenir. Te dire que j'ai parlé avec le Targui, qu'il a pris l'argent, qu'il a promis de libérer l'otage.

— Tu n'as pas besoin de me dire quoi que ce soit au sujet du Targui. J'ai confiance en lui comme j'ai confiance en toi.

— Comment peux-tu faire confiance à quelqu'un que tu n'as jamais vu ?

— Voyons, petit frère, tu sais très bien que j'ai vu à travers tes yeux et que je lui ai parlé à travers tes propres lèvres.

Togo eut un sourire ambigu et ajouta :

— Tu ne devrais pas t'embarrasser de ce sac aussi lourd et encombrant. Confie-le moi, tu le prendras à ton retour.

— Voyons, petit frère, me confierais-tu ton troupeau s'il était enragé ?

Comme Togo s'étonnait, il poursuivit :

— Dans ce sac, vois-tu, il y a le poids de mes erreurs, le sang de mes crimes et un peu de ma rédemption.

— Cela veut dire que tu pars à tout jamais, en portant le malheur sur ton dos. Tu devrais jeter tout cela dans les broussailles et y mettre le feu.

Barski préféra abréger. Il dit :

— Toi qui devines si bien ma pensée, pourquoi éprouves-tu le besoin de perdre tes mots dans le sable ? Tu sais très bien que je vais revenir à Garame.

— Nous ferons comme autrefois, alors ?

— Non, autrefois, nous avons volé le Livre. Cette fois, nous allons le restituer. Ensuite, tu seras libéré de ton secret.

— Tu veux dire que j'étais l'otage du secret ?

— En quelque sorte, oui. Bientôt, tu pourras jeter le secret au sable.

La réaction de Togo surprit Barski :

— Tu te trompes, mon frère. Je ne jetterai jamais le secret au sable car le secret nous a unis durant tout ce temps. Qu'allons-nous devenir à présent si le secret s'échappe de nous ? Vois-tu, mon frère, il est partout en moi et partout autour de moi. Il est en Illame, il est dans ma maison, dans ma famille, dans mon troupeau. Le secret, mon frère, c'est un peu de notre âme. S'il te plaît, fais ce que je te dis : rends le Livre, mais garde le secret !

Barski promit à Togo de garder le secret jusqu'à la fin du monde. Il n'en pensait pas moins.

Ils discutèrent encore de la vertu des secrets jusqu'au passage d'une caravane.

Barski la rejoignit.

Illame quitta des yeux l'horizon et le regarda partir.

Il se retourna.

Elle fit un geste, un appel plus qu'un au revoir. Il y répondit négligemment…

Tawin, encore tout cassé, descendit avec peine de son chameau.

On l'avait vu venir de loin. Tout le monde, les femmes et les guerriers, l'otage aussi, l'attendait à l'entrée du hameau.

Le visage tendu, Claire n'osait pas préjuger du résultat.

Elle accrocha le Targui du regard tandis qu'il déroulait lentement son tageulmouz selon un rituel immuable.

Un sourire posé sur les lèvres enfin dévoilées la rassura.

Le youyou des femmes, le cri de guerre des hommes saluèrent l'exploit du chef.

Il s'avança vers l'otage et dit :

— Ton ami a payé. Maintenant, tu es libre.

Elle attendait ce moment depuis des jours et des jours. Curieusement, elle fut déconcertée.

La lettre que lui remit Tawin la plongea encore un peu plus dans le désarroi. L'explorateur déclarait quitter définitivement Garame, un endroit non propice aux confidences et d'un confort bien trop élémentaire pour une écrivaine du VI^e arrondissement, habituée au luxe des grands couturiers, comme le laissaient supposer les délicieux et si tentants sous-vêtements joints à la demande de rançon.

Entre autres considérations et conseils, l'explorateur ajoutait : «*À ce jour, je n'avais pas encore eu la faveur de payer une femme. Voilà qui est fait et vous m'en voyez fort troublé. La somme n'est sans doute pas considérable. Néanmoins, vous m'avez choisi comme votre libérateur, me préférant à toute autre de vos connaissances. J'y vois un signe prometteur et j'en tire vanité jusqu'au plus profond de mon être. Je vous souhaite plein de bonnes et douces choses. Ne vous inquiétez de rien. J'ai prévu votre transfert, de l'Aïr où vous êtes retenue, à Tamanrasset où vous serez attendue par moi-même. Mon ami Togo, un Borroro, chef du troupeau de Dieu, viendra vous prendre au pied des monts d'Azouageur et vous conduira sous bonne escorte jusqu'à cette chose de ferraille que certains appellent encore «arbre du Ténéré». Là, un 4 x 4 avec chauffeur vous attendra et vous mènera à Agadès où vous resterez quelques jours, le temps de vous remettre de toutes les émotions qui vous ont agitée ces derniers temps. Ne me remerciez pas.*

*Ayez plutôt une pensée pour les Garamantes. Je dispose à profusion de leur fortune. J'ai en effet découvert une nouvelle cave voûtée semblable à celle que je décris dans* L'Empire du silence.

*Sachez que les Garamantes tenaient bien davantage à leur Livre qu'à leur trésor. Ils n'amassaient pas celui-ci pour bâtir des palais ou équiper une armée, ni par esprit de lucre ou par folie des grandeurs. Plus simplement, et c'est à peine croyable, ils rêvaient d'un monde d'où toute monnaie, toute richesse matérielle seraient exclues.*

*Marchands émérites, grands armateurs de caravanes, ils commerçaient avec l'ensemble des peuples de la région. L'or et l'argent étaient immédiatement stockés dans leurs souterrains, comme on le fait aujourd'hui encore à la Banque de France, et n'en sortaient plus. Ils pensaient ainsi assécher les réserves de leurs partenaires commerciaux et obliger ceux-ci à instaurer un système de troc. Ils n'ont évidemment pas réussi à atteindre cet objectif.*

*Je vous instruirai de la suite un peu plus tard. Excusez cette digression. Elle était nécessaire. Votre dévoué, Barski.»*

«Désarroi» n'était peut-être pas le bon mot. «Déroutée», «désorientée» paraissaient plus justes.

Claire avait beau se dire qu'elle était délivrée grâce au trésor des Garamantes, il n'en restait pas moins que Barski avait barre sur elle et qu'il était déjà en route pour Tamanrasset, prêt à s'emparer du Livre.

Elle ne se trompait qu'en partie.

À peine arrivé à l'Hôtel de l'Aïr, il jetait ses habits et s'engouffrait sous la douche. Ça ne lui était pas arrivé depuis onze ans. Il voyait l'eau chaude glisser le long de son corps et creuser des sillons dans l'épiderme. Ça coulait jaune et rouge, à croire qu'il n'était formé que de sédiments ou qu'il était devenu oued lui-même.

*

Chaussé d'Ératimen en cuir de Kano, vêtu d'une gandoura neuve, les cheveux longs rejetés en arrière, la barbe taillée aux ciseaux, il s'examina un moment dans la glace fissurée posée au-dessus des lavabos.

Il avait effectivement pris un sacré coup de vieux. Onze ans exactement qu'il était descendu dans ce même hôtel. Onze ans qu'il y avait croisé Claudio Roméo. Qu'était-il devenu celui-là ? Avait-il vendu les photos ? Il palpa ses paupières et étira, de ses larges doigts, les cernes qui dessinaient de sacrés méandres. Ça n'était pas beau à voir. Il avait une peau de lézard, des ravines plein les joues et le front.

Il pensa à Claire Dumas. Il la voyait blonde, la peau translucide, un joli nez, de petites oreilles de louve, l'œil gris acier, le regard profond.

Il se gourait complètement. En vérité, qu'elle soit brune ou blonde, de peau mate ou translucide, il s'en foutait. Il l'espérait simplement frémissante.

Il avait un besoin fou d'aimer et d'être aimé. Il avait envie de parler, d'être écouté, d'écouter à son tour, d'entendre autre chose que le chant des dunes, autre chose que les berceuses borroros. Il avait envie de séduire, envie de jouer à l'homme, au petit garçon. C'était un grand costaud, un dur à cuire, mais sous la taille et le cuir se cachaient des faiblesses, des failles. Il aurait aimé qu'on les découvre, qu'on les apprécie, quitte à en être effrayée.

Il avait une folle envie de revenir à la vie civile. Ainsi qualifiait-il la vie en France par rapport à la vie saharienne. Vivre au Sahara, cela tenait de la vocation, de la mission. Il y avait là quelque chose de militaire, ne serait-ce qu'une certaine discipline à respecter.

Maintenant que le livre secret était à portée de main, tout lui était permis. Fini la vocation, terminé la mission. Il irait chercher le Livre à l'entrepôt et le ramènerait à Garame pour le déposer dans la crypte, tel qu'il y était autrefois. En même temps, il y enfouirait son passé, sa mémoire. Pas la peine de déblayer et de remblayer. Quelques bâtons de dynamite feront l'affaire. Un grand éboulement s'ensuivrait. Il ne resterait plus qu'à contempler une dernière fois Garame et à s'enfuir.

Ainsi en avait décidé le maître de l'oasis. Il rendrait Garame à Garame.


Il se sentait revivre. Il descendit dans le hall et appela son intermédiaire habituel. La banque lui envoya une autre personne. L'homme était en costume trois pièces avec cravate, une pochette blanche dépassant de la poche de son gilet.

Barski hésita. Il croyait reconnaître le bonhomme. Il cherchait et ne trouvait pas. Son allure, ses gestes l'intriguaient.

Il finit par ne plus y penser. Incroyable tout de même, Agadès prenait des airs de Wall Street.

L'employé rangea avec soin les sachets d'or dans une mallette et les troqua contre un gros paquet de liquide.

Tout à coup, Barski revit la scène. Ça se passait dix ans plus tôt. Le type était sorti de l'hôtel et avait furieusement bousculé le photographe.

Son intervention avait permis à Barski d'échapper aux flashes de Roméo.

Une fois le photographe parti, le bonhomme avait demandé à Barski:

– Vous croyez qu'il m'a pris moi aussi en photo?

265

— Il y a des chances, avait répondu Barski.

— Merde, c'est la tuile, je suis tricard en France, je n'ai pas envie qu'on me reconnaisse.

— Que peut-on y faire ? avait lâché Barski. On ne va tout de même pas l'assassiner ?

Le type l'avait regardé d'un air mauvais et répliqué :

— Je ne suis pas d'accord avec vous, c'est un salopard, je vais le descendre.

Barski rangea les billets dans un portefeuille touareg fait du même cuir que ses Ératimen et demanda négligemment :

— Au fait, vous n'êtes plus tricard ?

Le type devint tout blanc et se reprit :

— Cessez vos insinuations, mon vieux, vous voyez bien que je me suis refait une situation.

C'était franc et direct.

Barski demanda :

— Ne le prenez pas mal, mais une chose me tracasse : Roméo, vous l'avez tué ?

Le type transpirait à grosses gouttes. Il dénoua sa cravate et ouvrit le col de sa chemise.

— Alors ? insista Barski.

— Je suis arrivé trop tard. Il venait de se faire flinguer à In Salah ! Je n'ai même pas pu m'approcher de la bagnole, l'armée avait investi le secteur.

Il regarda Barski et ajouta :

— Nous sommes tous des tueurs, mon vieux, et si je ne me trompe pas, vous en avez également buté quelques-uns.

— Si on en restait là ? proposa Barski, soudain assailli par les fantômes de Yoz et de Gad.

L'autre profita de la trêve. Il se leva et poussa à fond le ventilateur à palmes qui brassait l'air de la pièce.

Il revint en s'épongeant le cou et dit :

– Naturellement, je ne vous demande pas d'où vient cette poudre d'or. Ça serait gênant, n'est-ce pas ?

– Votre savez très bien que je suis orpailleur. La banque apprécie la qualité de mon métal et n'a aucun doute sur sa provenance. Autrement, elle ne vous aurait pas dépêché jusqu'à moi.

– La banque, c'est une chose, moi, c'en est une autre. On prétend que vous avez fait main basse sur un trésor.

– C'est du délire, répondit Barski sans se démonter.

Il ajouta en riant :

– Vous voyez des Templiers partout, mon vieux !

– Ne me prenez pas pour un imbécile, monsieur Barski, je sais qui vous êtes et ce que vous faites. Jusqu'à présent, vous avez joui ici d'une totale impunité car personne n'aurait osé s'aventurer jusqu'à Garame. Aujourd'hui...

Barski serra les poings et l'interrompit :

– Il s'agit d'une menace ?

L'autre se força à sourire et murmura :

– Non, c'est une proposition.

– C'est-à-dire ?

– C'est-à-dire que j'aimerais quitter cette banque de merde et me la couler douce, les pieds dans l'eau, les couilles à l'air, avec une belle blonde dans mon lit.

C'était au tour de Barski de transpirer. Il était pourtant tout en muscles, sans un pouce de graisse.

D'une voix forcée qui ne reflétait pas ses pensées, il rétorqua :

– Cette existence de rêve ne se rencontre pas à Garame, mon cher ami.

– Peut-être, mais elle passe par là-bas.

Barski se sentait pris au piège. Il n'était pas nécessaire d'aller plus loin. Il se leva d'un bond et congédia le bonhomme sans ménagement. Il était terriblement contrarié.

Il n'abandonnait pas Garame pour laisser l'oasis aux mains d'un truand. Il fallait en finir au plus vite avant que ce salopard ne vienne faire capoter son projet final.

Kemeda et les trois autres femmes de Tawin accompagnèrent la prisonnière au pied des monts d'Azouageur. Par le chemin des chèvres, la descente était assez vertigineuse, mais cela n'empêchait pas Claire Dumas de traîner son gros sac à roulettes Hermès. Elle mettait d'ailleurs un point d'honneur à refuser l'aide de Kemeda, lui reprochant de l'avoir ridiculisée auprès du Français.

Mis à part ce souci de paraître, lié au fait qu'elle était passée aux yeux de Barski pour une petite bourgeoise futile du VI<sup>e</sup> arrondissement, Claire savourait pleinement sa liberté retrouvée. À la deuxième lecture, la lettre de Barski lui parut plutôt positive. Certes, elle regrettait de ne pas avoir été conviée à Garame. Elle aurait aimé y voir l'explorateur dans son jus. Une chambre dépoétiserait la rencontre. Quittait-il Garame pour de bon ? Y avait-il seulement vécu ? Est-ce que toute cette mise en scène ne cachait pas une immense supercherie ?

Tout en s'arc-boutant à la paroi qui délimitait le sentier de l'abîme, Claire se demandait qui, de Barski ou d'elle-même, parviendrait le premier à l'entrepôt. Barski lui avait donné rendez-vous à l'hôtel Tahat, sans autre précision. C'était le meilleur établissement de la ville. Avant, elle avait refusé d'y descendre parce qu'il était trop occidental, trop bien tenu. Elle préférait alors se frotter à ce qu'il y avait de plus typique. Au campement des Zeribas, par exemple.

Depuis, elle avait eu son saoul de vie typique : deux mois chez les Touaregs de l'Aïr et quelques escapades au désert quand les patrouilles de l'armée se risquaient à venir chasser les rebelles. Ça lui suffisait.

Son bagage l'ennuyait. Elle le trouvait inutile, dérisoire. C'était bon pour une soute, bon pour une cale, pas bon pour un chameau. Elle s'écarta du sentier escarpé et gagna une plate-forme qui surplombait le vide. Des silhouettes se distinguaient en contrebas. Elle compta quatre dromadaires et trois chameliers. Les gens de Togo, pensa-t-elle en faisant basculer son sac dans le vide. Elle en avait marre de ce gros machin encombrant.

Elle se mit à rire. Avait-elle changé à ce point, n'était-elle pas sous l'effet d'un caprice, d'une excitation ? Une surprise l'attendait en bas. Il y avait Togo monté sur son chameau noir. Il était accompagné d'un autre homme, jeune, torse nu, un bracelet d'ivoire au bras, une longue lance à la main.

Une troisième personne vêtue de ses sous-vêtements semblait la narguer.

Fière, hautaine, elle descendit de son dromadaire et vint vers elle.

Claire ne pouvait qu'admirer la façon dont elle portait la vaporeuse lingerie, qui semblait faite pour cette femme borroro dont le naturel et l'allure la désarmaient au point qu'elle n'osa pas la questionner.

Elle jeta un regard vers Kemeda et les autres femmes touaregs, qui pouffaient déjà de rire. « Tu es une vilaine petite fille, voulait dire le regard de Claire, mais je ne t'en veux plus. » Elle leur fit un signe d'adieu.

Leurs mains s'agitèrent, ponctuées de : « Au revoir ! Au revoir ! *Ar essaghet* ! Que Dieu te garde ! »

Togo s'impatientait.

– Mon fils Arak, ma fille Illame, dit le vieux borroro en faisant les présentations. Nous allons vous accompagner jusqu'à l'arbre du Ténéré.

Illame, dont les longues mèches noires encadraient un visage ovale, fit agenouiller son chameau et plaça la Française entre le pommeau de la *rahla* et sa poitrine.

Comme Claire se montrait un peu nerveuse, coincée entre le cuir et les soieries, Illame désigna son frère qui chargeait le gros sac tout abîmé sur le quatrième chameau et dit :

— Tu préfères peut-être monter avec Arak ? Il est fort, il te tiendra mieux que moi.

Claire ne répondit pas. Elle demanda :

— Tu parles bien le français, où l'as-tu appris ?

— Je l'ai appris dans le catalogue de La Redoute, dit Illame, c'était un livre qui appartenait à ma grand-mère.

Étonnée, Claire répliqua :

— Et les habits que tu portes sur toi, ils viennent aussi du catalogue de La Redoute ?

— Non, ce sont les tiens.

— Les miens ! Comment le sais-tu ?

— J'étais chez M. Victor quand il les a reçus.

— Chez M. Victor, répéta Claire, étonnée. Tu le connais bien ?

— Oui, très bien.

— C'est lui qui t'a appris le français ?

— Oui, c'est lui et La Redoute.

— Tu le connais depuis longtemps ?

— Depuis que je suis jeune fille.

Claire n'aima pas cela. Elle cessa de la questionner.

Le chameau lui donnait le mal de mer.

Elle pensait à la lingerie de chez Vanina Vesperini. Un succès international sans précédent, le must des Touaregs et des Borroros, la caresse du désert, la soie des dunes, une sorte de fil rouge tendu entre elle et Barski.

Depuis le temps qu'elle entendait parler de l'Hôtel de l'Aïr, Claire y était enfin. Lieu mythique des vieux Sahariens comme des jeunes aventuriers, qu'ils soient sur deux roues ou sur quatre, l'établissement, pourtant loin d'être chic, a remplacé dans leurs fantasmes de bastringue l'ancien Hôtel Sahara tombé en désuétude.

C'est là, à l'Aïr, en 1994, que Claudio Roméo avait reconnu Barski. Là que s'était arrêté Jean-Louis le routard. Là que les expéditions et les révoltes se préparaient. De là que les rumeurs partaient et là qu'elles revenaient forcément pour y être commentées. Là encore qu'arrivaient, du Gana ou du Nigeria, les prostituées promises aux héros du Paris-Dakar.

Suspendue au téléphone mural qui trônait dans le hall, Claire essayait vainement de joindre Paris.

Un quarteron de motards attablés autour de leurs bières regardaient avec avidité et curiosité cette élégante jeune femme brune à l'air hagard, aux gestes désordonnés et aux vêtements couverts de sable.

Après soixante jours de détention, Claire accusait le coup. Tout en attendant la communication, elle s'examinait dans un petit miroir fêlé accroché auprès du téléphone. Elle effleura du doigt ses lèvres gercées et se recoiffa machinalement.

Elle se trouvait marquée. Les joues creusées, les pommettes saillantes. Il ne ressortait que ses grands yeux noirs légèrement étirés. L'héritage lointain d'un aïeul maori.

Elle allait certainement se sentir mieux après quelques jours de repos.

Elle gambergeait, en attendant. Elle se disait que le repos n'était peut-être pas la meilleure façon d'oublier sa captivité, pas plus que de se réfugier dans le silence. Est-ce qu'il ne valait pas mieux faire face, parler, raconter, extraire de sa mémoire le moindre détail qui refuserait justement de s'en échapper ?...

La ligne, prise en otage par quelque tornade ou orage électrique, se libéra enfin.

Claire appela d'abord sa mère. Elle l'imaginait déconfite, perdue, au plus mal. Elle fut aussitôt rassurée.

— Allô, maman, c'est moi.

— C'est toi, ma fille ? D'où m'appelles-tu ?

— D'Agadès, maman, tout va bien, j'ai été relâchée.

— Tu as beau temps, au moins ?

— Oui, maman, il fait chaud, je transpire, je sens mauvais et je n'ai pas pris de douche depuis deux mois.

— Tu me fais marcher ?

— Non, maman, tu me verrais que tu ne me reconnaîtrais pas.

— Tu manges bien, au moins ?

— Oui, maman, j'ai mangé des dattes pilées, de la chorba et du fromage de chamelle, mais ce soir, tu vois, je vais me payer un gueuleton à tout casser. Je ne vais pas choisir entre les « ou » ou les « ou » mais je vais prendre tous les « ou », tout ce qui est marqué sur le menu.

— Qu'est-ce que tu racontes ? Où es-tu ?

Claire hésitait entre la colère et la modération. Elle choisit la tempérance.

— Allô, maman, tu ne me demandes pas qui a payé la rançon ?

— La rançon ? répliqua M^me Dumas, mais voyons, c'est nous qui l'avons payée, comme convenu !

Claire accusa le coup. La tête lui tournait. Elle s'écria :

— C'est pas possible, tu n'as pas fait ça !

— Mais si, ma fille, j'ai remis les cinquante mille euros que nous avions récoltés.

— Cinquante mille euros ! murmura Claire. Mais à qui, maman ? À qui ?

— À qui ? Mais voyons, ma chérie, tu nous as bien dit qu'un jeune homme se présenterait de ta part.

Claire était anéantie. Elle en prenait plein la gueule, plein le moral. Elle entendit sa mère demander :

— Tu rentres quand, ma chérie ?

— Je ne sais pas, maman, je ne sais pas, mais je rentre, oui, ça c'est sûr, oui, je rentre…

Les motards n'avaient rien perdu de la conversation. Ils étaient d'ailleurs aussi gênés que Claire et n'osaient plus la regarder.

Elle allait mal. Elle se trompa trois fois de suite en composant le numéro de son éditeur. Elle pensait à Tawin, à son frère Anekim. S'étaient-ils fait avoir, eux aussi, par le cousin ? Allait-il garder l'argent ? Ou bien réussirait-il à leur remettre, d'une manière ou d'une autre ?

Elle tomba sur Corinne, la secrétaire.

— C'est moi, Claire.

— Ça y est, ils t'ont libérée ? lança Corinne d'une voix enthousiaste.

— Oui, ça y est.

— C'est formidable ! Tu sais, on a eu peur jusqu'au dernier moment. Le type avait une sale tronche. C'est moi qui lui ai remis la rançon. Bon, ne bouge pas, je vais te passer André.

Elle ajouta :

— Tu as beau temps, au moins ?

— Oui, très beau.

— Ça y est, on vous a libérée ? demanda sérieusement d'Armentières. Ça n'a pas été trop dur ?

— Assez dur, si, et en plus, je vous ai compliqué la vie.

— C'est normal, non ? Au fait, où en êtes-vous avec Barski ?

C'était le moment de faire contrer les certitudes de son éditeur. Elle s'y efforça :

— On en est à l'intimité.

— Pas possible ?

— Absolument. On se retrouve à l'hôtel dans quelques jours.

— Formidable, ça va faire un bon bouquin.

Elle ménagea son effet de surprise :

— Au fait, c'est lui qui a payé la rançon, lança-t-elle.

— Qu'est-ce que vous racontez ? gueula d'Armentières, irrité. La rançon, on a fait moitié-moitié avec votre mère. Le type a tardé, mais il est passé hier matin chez Corinne. De toute façon, n'ayez crainte, on va récupérer notre fric. On lui a mis les flics au cul.

— Je vous fais confiance, répliqua Claire, mais permettez-moi de vous dire que Barski est autrement plus généreux que vous. Lui, il n'en a pas demandé la moitié à ma mère. Et en plus, il a réglé en poudre d'or.

— Vous êtes éblouie, n'est-ce pas ? ironisa l'éditeur. Si je comprends bien, il aura bientôt droit à mes soieries !

— Ah ! Vos soieries, alors là, mon cher, répliqua-t-elle d'une voix qui se voulait cinglante, figurez-vous que c'est une histoire incroyable, Barski les a déjà palpées et repalpées, il s'en est régalé tant et plus.

— Qu'est-ce que vous dites ?

— Ça vous en bouche un coin, hein ?

— J'avoue ne pas très bien comprendre. En tous les cas, je vous préviens, si je ne récupère pas mon argent, je vous le retiens sur vos droits.

— Eh bien, franchement, lança Claire, j'espère que vous n'aurez pas à le récupérer, car il sera plus utile là où

savez que dans les à-valoir douteux accordés à vos maîtresses.

Il prit une voix navrée :

– Ça y est, vous avez basculé de l'autre côté, vous aussi.
Vous voilà en train de soutenir la cause de vos ravisseurs.
Merde ! Mais dans quel monde vivons-nous ?


La douche brûlante apaisa son corps et son esprit. La
crasse, les rancunes, les idées noires s'écoulèrent dans un
bruit de tuyauterie. Le savon, le shampooing servirent
plusieurs fois de suite. Quand l'eau chaude fut épuisée,
Claire continua à l'eau froide.

Il y a longtemps qu'elle n'avait plus de gant de crin, de
brosse à ongles, de crème pour la peau sèche, de lotion
anti-rides. Tout cela avait été dispersé par ses amies touaregs. Il ne lui restait qu'une jupe-culotte à poches dans
lesquelles on pouvait enfoncer les mains et faire l'indifférente, une robe de cocktail emmenée à tout hasard dont
Kemeda n'avait pas voulu, l'ayant trouvée trop sobre.
Deux tee-shirts à tête d'éléphant, souvenirs de Katmandou.
Deux chemisiers de chez Kenzo, un pull ras du cou de
chez Bompard. Quant aux sous-vêtements, c'était une
pitié. Et que dire du shatooh, cette merveille des hauteurs himalayennes tissée avec le duvet qui pousse sous la
gorge des chèvres d'altitude ? Il était resté dans le bus avec
l'appareil photo et le Walkman. Le tout avait roulé au sol
sous l'effet du brusque coup de frein. Il s'en était échappé
un bout de mélodie et la douce voix de Véronique
Sanson, aussitôt couverte par les cris des intrus.

Maintenant que Claire se séchait, enroulée dans une
grande serviette mauve qu'un touriste aisé avait sans
doute oubliée à l'hôtel, tout cela lui paraissait loin et sans

beaucoup d'importance. C'est que le désert était passé sur elle en même temps qu'elle était passée par lui. Elle se disait que le désert est la terre du pardon, celle des dons, celle des chocs, des éblouissements, celle des mirages et des métamorphoses, celle des mises à jour, des bilans, des réflexions, des résolutions. Elle pensait qu'il n'y avait pas meilleur confesseur que le désert. Ici, pas de cabines exiguës, pas de cloisons pour atténuer le secret des mots, pas de grillage pour dissimuler son visage. C'était tout le contraire. Le désert confessait à l'air libre dans un espace infini. Pas un mot, pas une question. Le désert était là, debout, tout près d'elle, drapé dans ses dunes. Elle sentait son souffle chaud. Elle écoutait son silence pesant, quelque chose qu'elle n'avait encore jamais perçu, une absence totale de bruit, qui confinait à un bruissement ininterrompu. C'était même à se demander, lorsqu'elle était arrivée directement de Paris, si le désert, qui allait lui montrer peu à peu sa panoplie de sortilèges, ne commençait pas par rendre sourd le visiteur pour mieux se faire entendre par la suite.

Claire se disait que pour supporter ces épreuves et accorder le pardon à ses ravisseurs, elle s'était allongée sur le canapé du désert et que celui-ci l'avait écoutée. Sans vraiment s'en rendre compte, elle lui avait tout sorti : ses tripes et sa mémoire, son fond et son tréfonds, toutes les choses du subconscient enfouies dans la jungle des neurones, y compris les baffes de sa mère, les attouchements limites du beau-père, et ce deuil jamais vraiment fait d'un père disparu trop tôt.

À vingt ans, en crise, ne supportant ni les autres ni elle-même, elle avait accepté de voir un psy. C'était un ponte, un super-gourou médiatisé par les journaux féminins.

Rendez-vous fut pris. Claire s'y rendit, le cœur battant.

L'atmosphère feutrée d'un boudoir chaudement décoré ne la rassura pas. Ni magazines ni musique. Elle était seule avec elle-même, seule avec son angoisse. Pas moyen d'y échapper. Elle s'était dit que le travail débutait peut-être là, dans l'attente, que c'était voulu, pensé pour.

Elle transpirait des mains, les essuyait sur les pans de sa robe.

Un quart d'heure passa, puis encore un autre. À l'endroit des genoux, la robe était trempée.

Elle faisait des efforts inouïs pour ne pas s'enfuir. Finalement, elle n'y tint plus et quitta la pièce. Une fois dehors, elle se mit à courir.

À sa propre surprise, elle s'arrêta chez un coiffeur. C'était une chaîne connue, une franchise où elle n'avait jamais encore mis les pieds. On la prit immédiatement. Elle ne savait pas très bien ce qu'elle désirait. Le garçon était gentil, conciliant. Il avait un accent espagnol. Il était convaincant. Elle accepta le grand jeu : coupe, décoloration et coloration, brushing.

Prise en main, mise en confiance, elle s'était mise à raconter sa vie, intarissable et drôle.

L'épisode du psy et du coiffeur, c'était l'une des choses qu'elle était capable de raconter à Barski.

On pourrait peut-être commencer l'affrontement en délivrant quelques anecdotes. On n'allait pas entrer dans le vif du sujet sans rire un peu.

Elle aimait bien ces premiers moments où chacun joue à donner une fausse image de lui-même : surtout ne pas contrarier, laisser dire, laisser parler, laisser mentir. Laisser l'autre épouser vos goûts, vos idées, vos passions.

Avec Barski, elle le savait pertinemment, ce petit jeu n'était pas gagné d'avance. Lui, c'était plutôt le genre à vous attaquer tout de suite : un dominant, un prédateur blessé. Rien de plus dangereux.

Elle serait fixée d'ici quelque temps. Sait-on jamais, pensait-elle, Barski allait peut-être se montrer sous son meilleur jour, doux comme un agneau ? Ne lui vouait-il pas une reconnaissance éternelle ? N'avaient-ils pas fait, l'un et l'autre, un échange unique : le prix d'une vie contre celui d'un livre ? L'entendait-il comme cela ou s'imaginait-il la détenir, à son tour, en otage ?

Rêveur, Barski roulait en direction de Tamanrasset. Il avait passé la frontière sans incident. Le bakchich d'usage lui avait évité le contrôle de routine. C'était plus rapide.

Ironie du sort, le loueur de voitures lui avait refilé le même 4 x 4 que dix ans auparavant. Rafistolé de partout, il bringuebalait et couinait tant et plus. Au moindre nid-de-poule, la carrosserie s'affaissait brutalement, menaçant de se casser.

Quoi qu'il en soit, l'explorateur espérait bien arriver à Tamanrasset dans les meilleurs délais. Aussi ménageait-il la caisse.

Il prévoyait de se rendre au plus vite à l'Entrepôt et de repartir aussitôt avec le livre. À Garame, tout était prêt pour accueillir le manuscrit précieux et le rendre à l'éternité : les bâtons de dynamite logés dans les trous que Barski avait forés à la base du plus important château de grès ne demandaient qu'à exploser. Cette fois, ce serait la fin de la Garame mystique. Un adieu sans retour possible. Encore que le mot « adieu » fût plutôt malvenu pour une cité qui refusait toute allusion au divin.

De Garame, falaises décapitées, réduites en poussière et en amas d'éboulis, ne resterait qu'une légende pour les uns, qu'un endroit infernal pour les autres, où survivront toujours des cohortes de monstres et de démons, malgré les bouleversements et les dévastations récentes.

Avec une voiture en bon état, Barski escomptait faire l'aller et le retour en moins de quatre jours. Ensuite, il lui faudrait remonter à Tamanrasset. Environ sept jours de route et de piste sans compter les derniers préparatifs : la descente au souterrain. L'installation du Livre dans sa position originelle. La fermeture de la trappe. Enfin, la dernière étape avant les déflagrations, le remblayage, à la main, des interstices.

À cause de cette vieille casserole qu'on lui avait refourguée, sa biographe risquait de ne jamais voir Garame dans son état actuel. Sa demande était pourtant très touchante : « *Cette oasis, disait-elle, que j'ai tant imaginée de Paris et tant cherchée du regard des hauteurs où je suis retenue, qu'elle a fini par m'envahir et que je suis tout ensablée de votre image, incapable de m'en dégager. J'ai besoin de vous y voir. Besoin de confronter ma vision romanesque des choses à une réalité dépoétisée. Besoin de bâtir l'ouvrage que je prépare sur votre insaisissable personne à partir d'une nature en toile de fond et d'un paysage incorporé à votre physique. Ou, si vous préférez, de votre physique incorporé au paysage.* »

Il avait été flatté de cette déclaration d'attention. Maintenant, tout en négociant les virages avec précaution par crainte d'y laisser une roue, il se disait que le loueur de voitures avait travaillé sans le savoir pour Claire Dumas. Le loueur et la distance s'étaient donc ligués contre lui, le contraignant à modifier son emploi du temps.

Il sourit. Jusqu'alors, au cours de ces années passées à Garame, il n'avait pas eu à compter avec le temps. À présent, sa liberté tout juste retrouvée, voici que le temps le bousculait et qu'il faisait entendre sa litanie des impatiences.

Histoire de faire la nique au temps, Barski estima qu'il serait peut-être plus convenable d'attendre sa biographe à Tamanrasset et de retourner à Garame en sa compagnie. Un voyage d'approche, en quelque sorte. Il lui devait bien cela. Elle méritait amplement d'assister aux derniers instants de Garame.

Cette idée se mua en décision. Dès lors, plus rien ni personne ne le pressait. Il avait au bas mot deux jours d'avance sur Claire Dumas qui, à cette heure, croyait-il, était encore sur le chameau d'Illame.

Il espérait que tout s'était bien passé, qu'il y avait eu, comme on le dit dans les cas semblables, un dénouement heureux.

Il s'était montré confiant devant Togo, l'assurant de la probité du Touareg. À vrai dire, ce n'étaient que des mots lâchés comme cela, pour nourrir le sable.

# Chapitre 4

*Le désert se nourrit de toutes les pensées que nous lui abandonnons en marchant. Entre le désert et le voyageur du désert, il y a même un jeu de transmission de pensées qu'ils se renvoient l'un l'autre.*

*Bizarrement, l'aridité du désert, sa nature à la fois désolée et inquiétante, fertilisent le voyageur. En un seul parcours, un imbécile est susceptible de devenir intelligent et prodigieux.*

*Il renverra alors au désert un peu de l'inspiration qui lui a été offerte.*

Tout en se racontant des histoires qui nourrissaient, elles aussi, la piste, Barski écoutait attentivement les bruits inquiétants du moteur. Ça cognait de plus en plus fort sous le capot, à croire que l'embiellage était en train de couler, à moins qu'il ne s'agisse des soupapes ou des cylindres. Il ne s'y connaissait guère en mécanique, mais il ne fallait pas être sorcier pour comprendre que la panne était inévitable. Ce n'était qu'une question de temps, d'une poignée de minutes. Tout au plus d'un ou deux quarts d'heure.

Quand il se rendit compte qu'il n'était plus qu'à quelques kilomètres des dunes de Laouni, l'idée qu'il allait devoir s'arrêter, comme autrefois ou presque, le troubla. Il négocia le premier virage et attaqua la longue côte en lacets du haut de laquelle il pourrait apercevoir les dunes pétrifiées, qui s'étiraient de chaque côté de la route.

À l'intérieur de la voiture, le bruit était assourdissant. C'est tout juste si l'on pouvait entendre ses propres pensées. Elles arrivaient d'ailleurs en vrac. Rien que les interrogations banales : devait-il s'arrêter là, tout de suite, ou poursuivre la montée ? Devait-il faire signe aux rares camions qui le dépassaient ? Devait-il prévenir le loueur, attendre une voiture de remplacement ? Appeler un dépanneur ? Ou essayer, malgré tout, d'aller le plus loin possible ?

Aux bruits de ferraille, aux à-coups furieux des bielles, vint s'ajouter, en plein milieu de la côte, une épaisse fumée blanche qui vira bientôt au noir.

Pas moyen de continuer sans risquer l'incendie. Il se gara à la hâte sur le bas-côté et glissa une grosse pierre sur une des roues arrière.

Pas la peine de chercher l'extincteur. Il n'y en avait pas. Il ouvrit le capot et vida un jerrican d'eau potable sur le bloc-moteur.

Aspergé de partout par un jet de vapeur brûlante, Barski s'étonnait de ses réactions. Sans être serein, il n'éprouvait aucune colère contre le loueur, aucune envie de l'agonir. Il se disait qu'une fois de plus le hasard le désignait, et qu'il était intéressant de le laisser agir à sa guise, de ne rien faire de spécial pour le contrecarrer.

Jusqu'alors, il s'était toujours montré favorable au hasard. En cela, il l'ignorait encore, Barski était semblable à Claire Dumas. L'un et l'autre faisaient confiance aux événements fortuits et inexplicables. Ils se laissaient volontiers guider par eux. Ils étaient ce que l'on pourrait appeler : des aficionados du hasard. D'ailleurs, le hasard allait fatalement dans leur sens, et œuvrait à leur prochaine rencontre.

Craignant l'incendie du 4 x 4, Barski avait sorti du coffre le lourd sac à dos. Il était en train de le traîner loin du véhicule qui menaçait d'exploser quand une Toyota flambant neuve, qui arrivait en sens inverse, s'arrêta à sa hauteur pour repartir aussitôt.

Que s'était-il passé ? Le chauffeur, un notable touareg, avait-il eu peur de se faire agresser par cette espèce de bonhomme à l'accoutrement fantaisiste ? Ou bien, plus probablement, la peur d'être touché par des éclats de ferraille.

Barski ne s'en formalisa pas. Il se doutait bien que le hasard ne le laisserait pas tomber et qu'il lui préparait certainement une surprise à sa mesure.

Toute l'existence de Barski n'avait été qu'une longue suite de bonds, de chutes et de rebondissements inattendus. N'avait-il pas découvert Garame en revenant d'une expédition au Tibesti ? Et que dire de ce trou dans lequel il était tombé et duquel Togo, alors jeune homme, l'avait sorti ? Un peu plus tard, remis de ses émotions, il y était retourné pour découvrir, stupéfait, le livre des Garamantes, déposé sur un muret d'argile. Que dire du choc, du saisissement ressenti ?

Durant des mois, il s'était escrimé à essayer de décoder l'indécodable jusqu'au jour où le hasard, là encore, était venu à son secours sous la forme d'un agame de grosse taille.

La faim au ventre, Barski s'était précipité pour capturer le lézard. Il avait filé entre ses jambes et s'était réfugié sous un rocher. Accroupi auprès de cet énorme bloc de pierre, le jeune explorateur fouillait désespérément la fente dans laquelle la bête s'était glissée quand il aperçut, estompées par le temps mais encore lisibles, une série d'inscriptions en arabe et en garamantin.

Il avait appelé ce rocher sa pierre de Rosette. Elle lui avait permis d'entreprendre la traduction du manuscrit.

Aujourd'hui, il pensait, en divaguant un peu, que le hasard avait le goût de l'extraordinaire et le dégoût de l'ordinaire, qu'il était capable de se montrer follement généreux et atrocement mesquin. Qu'il s'ingéniait à émerveiller autant qu'à décevoir. Qu'il était capable de vous faire marcher passionnément comme de freiner vos aspirations les plus nobles. Capable de vous faire rêver pour mieux vous ramener à la triste réalité du terre à terre. Qu'il n'avait pas son pareil pour jeter des sorts ou les garder en réserve. Qu'il était en mesure de délivrer la vérité ou, au contraire, de l'emprisonner. Qu'il était capable d'enchantements et d'abominations, des pires calamités comme des meilleures fortunes.

Bref, là, sur la route qui va d'Agadès à Tamanrasset, Barski se disait qu'il était peut-être sur le chemin d'une évidence : et si le hasard, c'était Dieu ?…

Il aurait aimé développer sa pensée. Dire, par exemple, que le hasard n'est peut-être qu'une manifestation du divin, l'un des nombreux auxiliaires de Dieu. En cela, et il ne le savait pas encore, il pensait exactement comme Claire Dumas.

Il n'eut pas le temps de philosopher plus avant. Une vieille Land Rover essoufflée vint se ranger à côté de sa ruine.

Penché à la portière, le conducteur, coiffé d'un chèche rouge, la couleur du sultan, le visage à demi mangé par de grosses lunettes noires, demanda avec un drôle de sourire :

— Des problèmes ?

— En effet ! répondit Barski, sur ses gardes.

— Je peux faire quelque chose pour vous ?

— Pour moi, sans doute. Pour mon tas de ferraille, ça me paraît cuit !

Le bonhomme eut un petit rire narquois et dit :

— Vous ne vous êtes pas adressé au bon loueur. Il fallait aller chez Hamidou.

— Hamidou ?

— Vous devriez connaître. C'est en face de la banque.

Il s'était démasqué intentionnellement. À présent, Barski le remettait. C'était Carrera, l'employé de la BAP, le responsable des devises étrangères.

Il en eut froid dans le dos. Merde ! Qu'est-ce qu'il cherchait, celui-là ?

Il voulut en avoir le cœur net. Il se précipita vers la portière et secoua violemment le type :

— Je vous préviens, M. Carrera, si vous ne me lâchez pas une fois pour toutes, ça ira mal, très mal pour vous !

L'autre ramassa ses lunettes et dit :

— Entre tueurs, c'est inutile de se donner du « monsieur ».

Il eut un sourire mauvais et ajouta :

— Si vous le prenez comme ça, c'est même inutile de discuter, je tire tout de suite.

Il sortit un gros calibre de dessous le siège et le pointa sur Barski.

— Et ça vous avance à quoi ?

— Ça m'avance à ceci, gros con ! dit-il en jaillissant de sa Land Rover et en plaquant Barski contre le talus. Premièrement, tu vas fermer ta gueule. Deuxièmement, tu vas m'écouter. Troisièmement, tu vas me répondre. Quatrièmement, tu te tiens peinard ou je te bute.

Barski espérait autre chose. Décidément, le hasard ne le gâtait pas. C'était beaucoup moins bien qu'autrefois, dix ans plus tôt, sur cette même route. À présent, la voiture en panne, agressé par un dingue, il ne voyait pas très bien comment s'en tirer. Une lueur d'espoir subsistait cependant. Quelque chose l'avertissait que ce Luis Carrera se foutait pas mal du livre des Garamantes dont il n'avait sans doute jamais entendu parler. Il ne s'intéressait qu'à l'or dont il avait apprécié l'exceptionnelle qualité. Aujourd'hui, l'orpailleur le mieux outillé, le plus inspiré ne pouvait se vanter de pareille production.

Barski ne se trompait pas. Carrera, un braqueur en cavale, condamné par défaut à la peine maximale pour le meurtre de deux vigiles, voyait fondre à vue d'œil le peu d'économies qu'il avait placées sous une autre identité à la BAP.

Après avoir mené grande vie au Brésil et en Argentine, il végétait depuis une quinzaine d'années entre Agadès et Niamey. C'était un dur, une brute, que le désert n'avait pas adouci. Au contraire, le désert en avait fait un oiseau de proie, un chacal qui n'aurait pas hésité à tuer Roméo pour une simple photo, si les Algériens ne s'en étaient pas déjà chargés.

Récemment, par relations douteuses, il s'était fait embaucher à la BAP où il préparait sûrement un coup fumeux. Le fumeux, c'était peut-être Barski dont il avait consulté le dossier. Une note de la direction l'avait fait tiquer : «*Un orpailleur solitaire au passé trouble.*»

Leur rencontre à l'Hôtel de l'Aïr avait été des plus franches. Il s'y était montré en pleine lumière réclamant, tout de go, sa part de gâteau.

Ce qu'il y a d'ennuyeux avec ce genre d'individus, s'était dit Barski en l'écoutant, c'est que, sauf exception, ils n'évoluent jamais, faute de changer leurs fréquentations. À cinquante-cinq ans, retiré en principe de la fouraille, ce Carrera s'exprimait toujours comme un truand.

Immobilisé contre le remblai, la bouche et les yeux pleins de sable, le canon du revolver contre la nuque, Barski ne se débattait pas. À quoi bon ? L'autre voulait l'or et ne pouvait le prendre qu'avec sa complicité. Mieux valait attendre le moment propice.

— Alors, petite tête, t'as compris ou il faut que je te fasse rentrer ça dans le crâne avec un pruneau ?

Le pruneau, c'était une balle de 9 mm. Tirée à bout portant, elle sortirait de l'autre côté.

Barski n'avait pas le tutoiement facile. Il dit :

— Si vous commenciez par me laisser respirer un peu, on pourrait peut-être discuter.

L'autre fit pivoter l'orpailleur sans relâcher son étreinte et posa l'arme contre sa tempe.

— Il n'y a rien à discuter, mon vieux. Tu n'as qu'une chose à faire, c'est m'obéir, répliqua Carrera en jouant les durs.

— Vous êtes complètement dingue, lança Barski. Garame, c'est fini, le filon est tari. Vous voyez bien que je rentre en France !

— Tu me prends pour un con, ou quoi ? Tu veux me faire croire que tu rentres en France avec cette tire de location, alors que Niamey-Paris c'est direct ? Non, mais tu te branles dans la bouche, ou quoi ?

Barski se contenait avec peine. Il dit :

— Vous ne croyez tout de même pas que je vais faire demi-tour et vous conduire à Garame ?

— Tu n'as pas d'autre solution, mon vieux. On va prendre ma bagnole et en avant !

— Vous déconnez, Carrera, vous imaginez quoi ? Que Garame, c'est le Brésil, l'Eldorado des Garimperos ?

Il gagnait du temps. En contrebas, plusieurs camions commençaient à grignoter les lacets de la côte. Et derrière les camions venait une jeep de l'armée, ou de la police, avec son gyrophare en action.

Il dit :

— Il y a une chose que je ne comprends pas. Si l'or de Garame vous intéresse tellement, pourquoi n'y êtes-vous jamais allé ?

— Qu'est-ce que tu crois, mec, que j'ai une cacahuète dans le crâne ? À Garame, j'y suis allé à plusieurs reprises et, à chaque fois, ces putains de guides touaregs m'ont largué en plein désert. C'était toujours le même refrain :

«Ou bien on rentre tout de suite, ou bien on te laisse tout seul ici!»

— Et alors, demanda Barski, vous n'avez pas eu les couilles de faire quelques kilomètres à pied?

— C'est pas une question de couilles, c'est une question de cheville!

La réplique prêtait à rire. Ce n'était pas vraiment le moment, mais Barski ne put pas s'en empêcher.

L'autre le prit mal et appuya plus fort le revolver contre sa tempe.

— Tu me prends pour une mauviette, connard? Tu crois que j'ai peur de leurs djenouns de merde, de leurs démons à la mords-moi le nœud? Non, mais! T'en es bien revenu, toi!

— Oui, mais moi, si je m'en suis tiré, c'est que je crois aux djenouns et aux démons.

Il jeta un regard vers la route et n'aperçut pas le convoi. Il était sans doute caché dans l'un des nombreux virages de la côte. En revanche, une autre voiture se profilait à l'horizon.

Barski attendait l'instant favorable. Il n'était pas sûr de parvenir à se contrôler. À force de se contenir, il était au bord de l'implosion.

Pour la forme, il demanda:

— Qu'est-ce qu'elle a, votre cheville?

— Ça t'intéresse vraiment? Eh bien, je vais te le dire, ce qu'elle a, c'est qu'un connard dans ton genre me l'a dessoudée au 357 Magnum.

Ça y est. Il voyait à nouveau les fourgons.

Gênée par la fumée noire des pots d'échappement, la voiture de police les dépassa et prit la tête du convoi. Les trois camions, des gros cubes bâchés, faisaient un boucan terrible. On aurait dit que toutes les abeilles, que tous les bourdons de la région s'étaient donné rendez-vous sur cette côte de Laouni.

À mi-pente, le quatrième véhicule, un puissant 4 x 4, se rapprochait à toute vitesse, avalant les virages dont il paraissait s'alimenter.

Assourdi par le vrombissement lancinant qui se répercutait le long de la route, incommodé par les gaz d'échappement qui flottaient en nappes à la hauteur du pare-brise, le conducteur coupa la climatisation.

Il regarda dans son rétroviseur. Sa passagère se réveillait. Ils échangèrent un sourire.

Satisfait, il enfonça dans le lecteur la cassette des Kawa-Banga, son groupe nigérien préféré, et poussa le son au maximum.

C'était l'histoire d'un mari trompé, qui se demandait :

> *Quand on ne peut dire l'indicible*
> *Comment pardonner l'impardonnable ?*
> *Il ne s'est peut-être rien passé*
> *Peut-être même que je l'ai rêvé*
> *Mais si le rêve m'a fait souffrir*
> *Est-ce une raison pour la punir ?*

Claire Dumas n'avait pas eu le cœur de visiter Agadès comme le lui avait conseillé l'explorateur, dans la lettre qui l'attendait à la réception de l'hôtel.

« Conseiller » n'était d'ailleurs pas le mot. Barski y dictait plutôt ses conditions : « *Vous resterez quatre jours à l'Hôtel de l'Aïr. Vous avez besoin de repos et de quiétude. Si d'aventure, pour une raison ou pour une autre, vous ne teniez pas en place, je comprendrais votre impatience de me rejoindre à Tamanrasset. Je préférerais cependant mettre quelques jours de plus entre nous. Ils me permettraient de régler, seul avec moi-même, un sérieux problème de conscience. J'ai pensé un instant que vous pourriez m'accompagner dans ce délicat parcours, mais, franchement, je vois mal nos deux timidités assises l'une à côté de l'autre durant une soixantaine d'heures dans un tape-fesses des plus inconfortables. »*

Le mot était suivi d'un post-scriptum par deux fois souligné : *«Méfiez-vous d'un certain Carrera. Il est dangereux. C'est le genre serpent. Il avance en rampant pour mieux vous mordre. Le meilleur antidote serait de le fuir. Votre dévoué, Victor Barski. »*

Claire avait facilement déchiffré le message de l'explorateur. Il suffisait de lire entre les lignes pour comprendre qu'il lui fallait une soixantaine d'heures pour aller de l'Entrepôt jusqu'à Garame et autant pour retourner à Tamanrasset.

Elle trouvait l'attitude de son libérateur pour le moins désinvolte, et ne se voyait pas attendre comme une petite fille bien sage que celui qu'elle traquait depuis des mois prenne prétexte de leur timidité respective pour la fuir encore un peu plus longtemps. Elle se doutait bien que le sérieux problème de conscience évoqué dans la lettre était lié au livre des Garamantes, qu'il envisageait maintenant de ramener au plus vite à Garame. Et sans elle !

Franchement, la biographe ne voyait pas pourquoi elle serait exclue d'une expédition aussi importante. Grâce à sa perspicacité, à son sixième sens, n'avait-elle pas mis Barski sur la piste du Livre ? Sans elle, il serait encore en train de se morfondre. Où étaient donc passées sa gratitude, sa reconnaissance ? Il pensait peut-être avoir réglé sa dette en payant la rançon.

Elle lui en voulait de la confiner dans une chambre d'hôtel d'Agadès d'où elle était censée partir, plus tard, pour Tamanrasset. Là, il la rencontrerait, disait-il, dans un autre hôtel, un lieu propice à leur première entrevue.

Elle s'était demandé d'où venait, chez un homme du désert, cette obsession des hôtels, jusqu'au moment où elle se rendit compte que l'hôtel, autrefois le caravansérail, était la seule échappatoire à l'immensité désertique. Quand bien même il serait construit au milieu des dunes, qu'il soit une simple baraque en dur et en tôle ou un alignement de tentes autour d'un point d'eau, il procure une dimension humaine au voyageur. Pour le solitaire, il est en tous les cas le meilleur moyen de revenir à la vie sociale. C'est l'étape nécessaire entre le monde que l'on s'apprête à quitter et celui que l'on va aborder.

Claire avait une autre raison de précipiter les choses. Elle avait beau essayer de se raisonner, se dire que l'inclination qu'elle éprouvait pour l'explorateur ne résisterait peut-être même pas aux premiers regards, qu'il s'agissait plutôt d'une lubie sentimentale que d'une passion amoureuse, que la différence d'âge jouerait forcément un rôle négatif car on ne s'enthousiasme pas aussi spontanément à soixante-cinq ans qu'à trente-trois, et qu'il ne s'agissait pas de construire pour l'éternité mais pour une durée forcément limitée, elle avait beau chercher toutes les raisons qui viennent à l'esprit quand on s'emploie à restreindre ses élans à coups de bonnes décisions ou de mauvaise foi, elle ne réussissait pas à s'en convaincre. Il y avait en elle une voix négative et une voix positive. Et quand la voix négative demandait : « Mon inclination résistera-t-elle aux premiers instants de notre rencontre ? », la voix positive répondait : « Tu manques de confiance en toi, ma fille. Tu parles de lubie sentimentale, mais tu meurs d'envie de te jeter dans ses bras. Tu ne penses qu'à lui. Il t'épate, il te bluffe. Il te court dans la tête depuis le début. Tu devrais savoir qu'il est tout aussi inquiet que toi en pensant à votre rencontre. Te dire, qu'en ce moment même, il se pose des questions identiques aux tiennes.»

À la voix négative qui doutait que l'on puisse s'enthousiasmer aussi follement à soixante-cinq ans qu'à trente-trois, la voix positive répondait: «Tu ne t'y connais pas plus en amour qu'en cuisine. Pauvre petite fille, tu parles d'une différence d'âge. En réalité, l'âge n'a rien à voir là-dedans. Il te faut parler d'une différence de génération. Il a vécu beaucoup plus de choses que tu n'en vivras toi-même. Ou bien il te les raconte et cela t'insupporte, ou bien il se tait et tu te dis que tu ne l'inspires guère. Ou bien encore il les distille peu à peu. Et là, tu fonds. Évidemment, ma fille, si tu crois qu'il va te sortir en boîte et te faire danser, tu te trompes. Si tu crois qu'il va te prendre par la main et t'emmener en rollers sur les quais de la Seine, tu te goures. La seule question que tu es en droit de te poser est celle-ci: est-il resté jeune au fond de lui-même? Autrement dit: malgré les contrariétés, les malheurs, la solitude, est-il capable de fous rires, de folies douces? Capable de faire des projets avec toi, de t'emmener en amour comme on emmène en voyage? Capable de t'embarquer comme de te débarquer? Capable d'avancer et même de te devancer? Capable de te faire rougir et de te faire souffrir?»

Persuadée qu'il était en mesure de la faire souffrir, ce qu'elle considérait non comme une épreuve mais bel et bien comme une preuve assez sérieuse dans la graduation du jeu amoureux, Claire ramassa les quelques affaires qui lui restaient et se mit en quête d'un loueur de voitures. Elle ne faisait d'ailleurs que se conformer à ce passage de sa lettre: «*Toutefois, si vous ne tenez plus en place, je comprendrai fort bien votre impatience de me rejoindre.»*

En arrivant devant chez Hamidou, Claire faillit se faire renverser par un dingue à grosses lunettes noires qui sortait à toute vitesse du garage.

— Espèce de salaud ! cria Claire.

L'autre pila sèchement. Il passa la tête par la portière et dit en grimaçant :

— Je t'ai fait peur, ma poulette ?

Ma poulette ! Qui pouvait bien utiliser encore un terme aussi con ? pensa Claire.

— Parfaitement, vous m'avez fait peur.

— Et celui-là, tu en dis quoi, poulette ?

Le type braquait sur elle, à bout portant, un revolver impressionnant.

Elle recula prudemment et chercha à se protéger au milieu des passants.

Quand il la vit s'engouffrer chez Hamidou, il posa l'arme sur le siège du passager et démarra en trombe.

— Vous le connaissez ? demanda Claire à Hamidou.

— Oui, il travaillait en face, à la banque.

— Il est tout le temps comme ça ?

Gêné, Hamidou regarda autour de lui et souffla :

— On dit beaucoup de choses sur lui...

— Mais encore ?

— Ça ne se formule pas, répliqua Hamidou en riant.

— C'est un client à vous ?

Hamidou ne répondit pas.

Il ne lui restait qu'une voiture, très chère : une Toyota Land Cruiser. Il louait l'ensemble, le 4 x 4 et le chauffeur, pour deux cents euros par jour. Il se portait garant des deux. Il n'y avait qu'un petit souci : le chauffeur, un Haoussa, était rentré déjeuner chez lui ; on ne pouvait pas l'y joindre.

Comme Claire demandait s'il habitait loin d'ici, Hamidou eut un sourire en coin :

— Ce n'est pas un problème de distance, c'est une question de digestion.

Il regarda la cliente par en dessous et ajouta :

— C'est que pour digérer, il faut faire la sieste.

— Ça peut durer longtemps ?

— Ça dépend de sa femme. Quelquefois, elle veut. D'autres fois, elle ne veut pas.

Il eut un sourire racoleur et poursuivit :

— Vous savez, Mademoiselle, chez les Haoussas, c'est la femme qui commande. Un jour elle dit oui. Un jour elle dit non. Il ne faut pas chercher à comprendre.

Claire risqua :

— J'espère qu'aujourd'hui, ça sera un jour sans.

— Vous vous trompez, Mademoiselle, lâcha le loueur, parce que chez nous, plus le chauffeur est satisfait, mieux il conduit et mieux il se conduit.

Elle préféra en rester là, mais il ne put s'empêcher d'ajouter :

— Le Français qui vous a menacée, eh bien, lui, il est marié à une Haoussa. Une sacrée matrone, croyez-moi. À mon avis, pour lui, aujourd'hui, c'était un jour sans, comme vous dites. Ça expliquerait sa nervosité.

Le temps de remplir les papiers, le chauffeur finit par arriver. C'était un grand Noir à l'allure joviale, le genre boxeur poids lourd, doté de battoirs à assommer un buffle.

Il se présenta :

— Je m'appelle Bachir, dit-il en broyant la main de Claire.

Elle retint un cri de douleur.

– Excusez-le, dit le loueur en ouvrant la portière arrière, il ne connaît pas sa force.

Il aida sa cliente à monter. Tandis que Bachir relevait les pans de son boubou et s'installait derrière le volant, le loueur chuchota à l'oreille de Claire :

– Vous avez de la chance, c'est un jour avec.


Bachir se tenait bien. Il parlait peu. Un commentaire par-ci par-là sur l'état de la piste et du goudron. Un coup de Klaxon amical quand il croisait un collègue.

En réalité, Bachir parlait bien plus avec ses yeux qu'avec sa langue. C'était un maniaque du rétroviseur. Pas un geste, pas une expression de sa passagère ne lui échappait.

Au bout d'un moment, n'y tenant plus, Claire cacha entièrement son visage dans un taguelmoust au travers duquel elle pouvait voir sans être vue.

Vexé, Bachir se consola avec la casette des Kawa-Banga, son groupe préféré.

Sous son espèce de burka, Claire se demandait ce qu'il lui serait arrivé avec cet homme si elle était tombée sur un jour sans.

Elle se promit de raconter l'anecdote à Barski. C'était effectivement une entrée en matière possible. Elle imaginait leur rencontre à l'hôtel Tahat. Le ferait-elle appeler par la réception ? L'attendrait-elle, assise au bar, les jambes croisées ? Ou bien ferait-elle les cent pas dans le hall ? Était-il capable de la faire monter ? Avait-il retenu deux chambres ou une seule ? Franchement, elle ne se voyait pas entrer dans la chambre et se jeter dans ses bras. Ce serait grotesque.

Elle n'était pas certaine de se rendre directement à l'hôtel. Peut-être indiquerait-elle à Bachir la route de l'Entrepôt. Elle se disait que Barski y serait encore, occupé à faire l'inventaire des manques et des dégâts.

Elle n'était sûre de rien. Mieux valait peut-être s'en remettre au hasard, laisser les choses avancer toutes seules.

À demi assoupie, un doute la traversa : « Et si rien ne se passait ? S'il n'y avait que de la tiédeur, qu'une indolence de l'esprit, qu'une atmosphère de neutralité, qu'une indifférence des corps ? »

Elle s'endormit sur cette image aussi pessimiste qu'invraisemblable pour se réveiller soudainement, peu avant la frontière.

Elle reconnaissait l'endroit d'où ses kidnappeurs avaient surgi deux mois plus tôt. Elle se souvint de son effroi. Elle revit Tawin avec sa kalachnikov prêt à tirer, debout au milieu de la travée.

Au passage de la frontière, Claire déroula son chèche. Le douanier algérien qui examinait son passeport tenait à voir son visage. Manifestement, il appréciait le physique de la passagère.

Il félicita Bachir en arabe et eut un mot pour Claire : « Puisque vous êtes de Paris, dites bonjour à la tour Eiffel pour moi. Elle me connaît, j'étais plongeur au restaurant du deuxième étage. »

C'était gentil. Elle promit de le faire.

Passé la frontière, elle conversa quelque temps avec le chauffeur. Il voulait connaître la hauteur exacte de la tour Eiffel, l'année de sa construction. Ne risquait-elle pas de s'écrouler ? Est-ce que des gens y montaient encore pour se jeter dans le vide ?

Comme les questions n'en finissaient pas de s'enchaîner, Claire prétexta la fatigue et fit semblant de s'endormir. À travers le voile du taguelmoust, elle distinguait les gros yeux noirs du colosse qui la regardait avec convoitise. On aurait dit qu'il l'examinait par le trou d'une serrure. Il n'y avait pourtant rien d'autre à voir qu'une femme voilée. Rien d'autre à découvrir de grisant que le spectacle qu'il était lui-même en train de se jouer.

À force de faire semblant, elle s'endormit vraiment.

Irrité, la trouvant trop fière, trop lointaine, Bachir poussa le son du lecteur à fond. Puisqu'elle ne daignait pas s'intéresser à un pauvre chauffeur, serait-elle capable d'apprécier la musique haoussa du groupe Kawa-Banga ?

*Quand on ne peut dire l'indicible*
*Comment pourrait-on pardonner l'impardonnable ?*
*Quand on ne peut lire l'invisible*
*Comment pourrait-on discerner l'indiscernable ?*
*Il ne s'est peut-être rien passé*
*Peut-être que je l'ai rêvé*
*Mais si le rêve m'a fait souffrir*
*Est-ce une raison pour la maudire ?*

Les paroles accrochaient le rêve de Claire. Elles n'allaient pas du tout dans le sens du songe. La musique non plus. C'était à la fois sirupeux et rugueux.

Au moment où elle pensait qu'elle pensait à lui demander l'indicible, à savoir arrêter ce truc insupportable, Bachir baissa le volume et mit son groupe préféré en sourdine.

Devant lui, quelque chose n'allait plus. Que se passait-il ?

Il s'apprêtait à doubler les camions de l'armée qui lui bouchaient la vue quand ceux-ci ralentirent et s'arrêtèrent brusquement en plein milieu de la route, lâchant plus que jamais leur épais crachat noir.

Dans le silence aussitôt revenu, des coups de feu claquèrent. On vit des soldats descendre des camions et courir pour se mettre en position de tir derrière le parapet.

— Mademoiselle, Mademoiselle, couchez-vous, c'est une attaque de la guerilla.

Claire sursauta et s'allongea aussitôt à même les tapis de sol. Des tirs résonnaient maintenant en écho dans la vallée.

— C'est le GIA ou quoi? demanda Claire d'une voix blanche.

— Restez là, Mademoiselle. Surtout ne bougez pas. Je vais me renseigner.

Bachir se plia en deux et sortit de la voiture. Il avança dans la même position. On ne tirait plus, mais toute la route, les accotements et les hauteurs, étaient pris de fièvre. Ça s'agitait, ça hurlait de partout.

Bachir se faufilait au milieu des camions quand un policier l'intercepta. Il le mit en joue et demanda:

— Qui es-tu, d'où viens-tu?

— Je suis le chauffeur de la Toyota, répondit Bachir, qui n'en menait pas large. Je conduis une cliente à Tamanrasset.

— Une étrangère?

— Oui, une Française.

Le policier abaissa son arme et dit:

— C'est bon. Reste là. Tu vas en profiter pour y conduire ce monsieur.

Sur le bord de la route, il y avait le monsieur, un bras en écharpe. Il était presque aussi grand que lui, dans les soixante ou les soixante-dix ans, vêtu à la touareg. Il portait un énorme sac à dos jaune avec plein de poches et des feuilles de papier qui débordaient.

D'une voix menaçante, le policier ajouta :

— Tu n'as rien vu, rien entendu, tu ne sais rien. Compris ?

Bachir hocha la tête. Effectivement, il ne comprenait rien.

Un peu plus loin, deux soldats traînaient un cadavre sanguinolent. Un troisième se regardait dans un pare-brise et ajustait une paire de lunettes noires qui lui mangeaient la moitié du visage. Satisfait de son image, il aida les deux autres à fourrer le mort dans ce qui semblait être un 4 x 4 de chez Hamidou.

— Passez-moi votre chargement, dit Bachir au monsieur qui s'approchait.

Le monsieur le remercia et garda son chargement. Il demanda :

— Vous allez sur Tamanrasset ?

— Oui, répondit le chauffeur, vous avez de la chance, j'accompagne une cliente.

— J'ai effectivement de la chance, ironisa gentiment le monsieur. Je me fais braquer par un fou. Il a le doigt sur la gâchette et puis, soudain, il voit les flics arriver. Vlan ! Il me lâche, il grimpe sur le remblai et il se met à les mitrailler.

Bachir compatissait :

— Je le connais, dit-il tout bas. Depuis quelque temps, il ne tournait pas rond. Il racontait à tout le monde qu'il était propriétaire d'une mine d'or. Il se promenait même avec des sacs remplis de poudre. La banque le recherchait.

Il y avait un peu moins de tohu-bohu. La route retrouvait ses nerfs. Les soldats quittaient leur position de tir et revenaient vers leur fourgon. C'était à celui qui materait le plus éloquemment la passagère de la Toyota. Elle se recoiffait. Elle était belle, légère, indifférente aux regards. Elle avait eu peur, très peur. Elle s'était dit que ça allait recommencer, qu'on allait à nouveau la prendre en otage.

Elle aperçut enfin son chauffeur. Il venait vers elle. Il paraissait contrarié. De loin, il fit un geste qui ressemblait à une excuse ou à une fatalité.

Un drôle de bonhomme l'accompagnait.

Le bras en écharpe, habillé à la touareg, un énorme baluchon sur le dos.

Elle se demandait ce que Bachir fabriquait avec cette espèce de vagabond.

Elle n'attendit pas les explications de son chauffeur. Elle sortit précipitamment de la voiture et lança :

— Pas question d'emmener qui que ce soit !

Et puis, brusquement, son sang ne fit qu'un tour, et elle se trouva bête à pleurer.

Émue, consternée, elle dit :

— Je suis confuse.

Le visage de Barski s'illumina d'un incroyable sourire. Le désert ne l'avait jamais vu ainsi.

Mi-sérieuse, mi-joueuse, elle ajouta aussitôt :

— Vous êtes toujours habillé comme cela ?

— Toujours, sauf quand je suis nu.

Il la regarda. Il pensait que le hasard, cette fois encore, lui jouait un drôle de tour. Il dit :

— Je vous sais gré de ne pas m'avoir écouté.

— Que croyez-vous ? Bien sûr que je vous ai écouté ! La preuve, j'ai entendu votre appel au secours, et me voici !

Pressé par les policiers, le chauffeur prit peur et démarra en trombe. Quand il fut suffisamment éloigné du convoi, il risqua un œil vers le rétroviseur.

Pas possible ! Sa cliente et le monsieur se tenaient déjà par la main.

Dépité, il jugea préférable de s'isoler. Son monde à lui était plus simple. Il pensa à sa femme, à la sieste, aux jours avec.

Il s'y revoyait déjà.

Il enfonça la cassette des Kawa-Banga. Il régla le son au maximum et, d'un air rancunier, fredonna les paroles :

> *Quand on ne peut dire l'indicible*
> *Comment pourrait-on pardonner l'impardonnable ?*
> *Quand on ne peut dire l'invisible,*
> *Comment pourrait-on discerner l'indiscernable ?*

La musique l'avait-elle adouci ? Il regarda dans son rétro, il se dit que c'était beau à voir, il ne leur en voulait plus du tout.

Ils étaient serrés l'un contre l'autre. Il n'y avait que les yeux, que les mains qui parlaient. Ils n'entendaient personne d'autre qu'eux-mêmes. Aucune autre musique, aucune autre parole que celles de leurs mains et de leurs yeux. Ils se racontaient des histoires de désert, des fables de solitude, des légendes d'oasis, des contes à dormir ensemble.

Ils étaient peut-être tout simplement heureux d'être réunis. Ou bien trop abasourdis pour réaliser qu'ils étaient côte à côte, dans la même voiture, dans le même voyage, dans le même livre.

Les mains, les yeux leur disaient de la même voix grave que le moment était important et qu'ils ne seraient jamais aussi bien ensemble que dans cet empire du silence ; là où ils se sont si longtemps cherchés et espérés.

La voix leur soufflait qu'il serait peut-être temps, maintenant, de s'émanciper du hasard. Leurs mains, leurs yeux s'en firent la promesse. Aussitôt, ils se donnèrent le mot aux lèvres.

Le chauffeur se dit que c'était un jour avec pour ces deux-là comme pour lui, et que cela méritait d'être fêté. Il poussa à fond la cassette des Kawa-Banga :

> *Il ne s'est peut-être rien passé*
> *Peut-être que je l'ai rêvé*
> *Et si le rêve m'a fait souffrir*
> *Est-ce une raison pour la punir ?*

Le rythme était entêtant, les paroles surréalistes ; tandis qu'elles s'écoulaient, on entendit, hachée par le rap, la voix de Barski s'adresser au chauffeur :

— Ce soir nous couchons à Tamanrasset, mais demain nous partons pour Garame.

— Pour Garame, répondit Bachir, c'est d'accord, mais sans votre chauffeur. J'attendrai votre retour pour ramener la Toyota.

Ardente autant qu'émue, Claire se rapprocha un peu plus et murmura dans son cou un doux merci, en cadence avec la mélodie.

Il se dit qu'elle l'envahissait déjà, comme une dune, et qu'un jour ou l'autre, elle allait finir par l'ensabler.

Il n'était pas contre. Il aimait plutôt cette image.

# FIN

# Table

*Impression réalisée sur CAMERON*
*par BRODARD ET TAUPIN*
*La Flèche*
*en mars 2005*

*Imprimé en France*
Dépôt légal : mars 2005
N° d'impression : 28982